MODERN HUMANITIES RESEARCH ASSOCIATION

CRITICAL TEXTS

PHOENIX

VOLUME 1

Editor
THOMAS WYNN

MONVEL

LES VICTIMES CLOITREES

MONVEL

LES VICTIMES CLOITREES

Édition présentée, établie et annotée par

Sophie Marchand

MODERN HUMANITIES RESEARCH ASSOCIATION
2011

Published by

The Modern Humanities Research Association,
1 Carlton House Terrace
London SW1Y 5AF

© The Modern Humanities Research Association, 2011

Sophie Marchand has asserted her right under the Copyright, Designs and Patents Act 1988 to be identified as the author of this work.

Parts of this work may be reproduced as permitted under legal provisions for fair dealing (or fair use) for the purposes of research, private study, criticism, or review, or when a relevant collective licensing agreement is in place. All other reproduction requires the written permission of the copyright holder who may be contacted at rights@mhra.org.uk.

.

First published 2011

ISBN 978-1-907322-21-1

ISSN 1746-1642

Copies may be ordered from www.phoenix.mhra.org.uk

Table des Matières

Introduction... 7

Les Victimes Cloîtrées 92

Annexe 1: Biographie de Monvel 170

Annexe 2: Religion, politique et théâtre pendant la Révolution ... 178

Annexe 3: *Les Victimes cloîtrées* et le théâtre monacal.............. 184

Annexe 4: La mise en scène des *Victimes cloîtrées*................. 203

Annexe 5: La romance des *Victimes cloîtrées* 220

Annexe 6: Lewis et *Les Victimes cloîtrées* 224

Bibliographie 238

Introduction

À l'heure où, au plus haut niveau de l'État, l'on s'interroge sur l'intérêt de lire *La Princesse de Clèves* et sur l'opportunité de la faire étudier, on trouvera peut-être qu'il y a bien de la futilité ou de la vanité à republier ces *Victimes cloîtrées* plongées dans l'oubli depuis près de deux cents ans et qui, certes, n'ont pas la qualité littéraire du chef-d'œuvre de Madame de Lafayette. Le même scepticisme pourrait toucher quiconque constaterait l'ampleur du champ à défricher pour qui souhaiterait remettre au jour un patrimoine dramatique du XVIIIe siècle écarté des scènes et des rayonnages des librairies, à l'exception des anomalies flamboyantes que constituent Marivaux et Beaumarchais et de quelques autres, réhabilités en tant que dramaturges par l'existence d'autres pans de leur production littéraire ou philosophique (Diderot, Voltaire). Pourquoi cette pièce en particulier, alors que tant d'autres offrent des mérites littéraires supérieurs ou connurent un succès plus éclatant?

Aux sceptiques, on objectera tout d'abord que la valeur dramatique n'est pas la valeur littéraire, et que l'histoire du théâtre, pas plus que l'histoire de la littérature, ne se réduit à celle que dessinent les vainqueurs ou les rescapés de la postérité. Qu'il est des œuvres mineures qui, mieux peut-être que les étoiles filantes de génies singuliers, éclairent la vie théâtrale d'une époque, autant que le mouvement des idées et des mentalités. Et l'on est persuadée que *Les Victimes cloîtrées* sont de cette espèce, capables de ressusciter l'esprit d'un certain théâtre révolutionnaire et l'effervescence des débats et des enjeux qui entouraient alors la pratique dramatique. Capables aussi de nous interroger sur ce qui constitue, pour nous, l'essence et la fonction du théâtre.

Et si cette justification de principe ne suffit pas, on ajoutera que la personnalité de l'auteur, à elle seule, légitime qu'on se penche sur *Les Victimes cloîtrées*. Qui sait encore que Jacques-Marie Boutet de Monvel (1745-1812) fut l'une des grandes figures de la Comédie-Française du XVIIIe siècle? Malgré un physique disgracieux et une voix faible, ce « petit homme fluet, décharné, d'une figure hideuse, sans force, sans organe », pour reprendre le portrait peu flatteur qu'en dresse Mlle Clairon dans ses *Mémoires*,[1] possédait une âme sensible, une intelligence des rôles et un naturel dans la déclamation qui lui valurent de grands succès et une place éminente dans l'institution, où il fut reçu en 1770. Il s'y illustra à la fois dans la comédie et la tragédie, créa des rôles importants dans l'évolution du théâtre contemporain, comme le Jeune Brahmine dans *La Veuve du Malabar* de Lemierre (1770), le Curé dans la *Mélanie* de La Harpe (1791), le rôle-titre du *Fénelon* de Marie-Joseph Chénier (1793), et en reprit d'autres, non moins importants: Auguste, dans *Cinna*, qui impressionna en 1802 Napoléon, Belton dans *La Jeune Indienne* de Chamfort (1770), le chancelier de l'Hôpital dans *Charles IX* de Chénier, Éraste dans *Le Légataire universel,* Séide puis Zopire dans *Mahomet,* Dupuis puis Desronais dans la pièce du même nom de Collé, Euphémon fils puis Euphémon père dans *L'Enfant prodigue* de Voltaire, Coucy dans *Gabrielle de Vergy* de de Belloy, Sully dans *La Partie de chasse de Henri IV*, et bien d'autres encore. Il fut de toutes les pièces qui créèrent l'événement dans le dernier quart du siècle.[2] Mais Monvel est aussi auteur dramatique, écrivant aussi bien pour la Comédie-Française que pour la Comédie-Italienne. Nombre de ses pièces, en particulier ses comédies mêlées d'ariettes, figurent parmi les grands succès de la période. Avec 1206 représentations, toutes pièces confondues, entre 1789 et 1799, il se classe au 9e rang des auteurs les plus joués dans le Paris révolutionnaire, devant Voltaire, Sedaine, Beaumarchais, Regnard, Destouches, Marivaux, Fabre d'Eglantine et même M.-J. Chénier. *Blaise et Babet,* comédie mêlée d'ariettes sur une musique de Dezède, créée en 1783, et *Philippe et Georgette,* autre comédie mêlée d'ariettes mais sur une musique de Dalayrac (1791) se hissent, quant à elles, aux 16e et 24e rangs des 50 pièces les plus représentées durant cette même décennie.[3] *L'Amant bourru* (1777), *Les Amours de Bayard* (1786),

---

[1] *Mémoires d'Hippolyte Clairon et réflexions sur l'art dramatique publiés par elle-même* (Paris: Buisson, an V), p. 40.

[2] Voir le livre fondamental de Roselyne Laplace, *Monvel. Un aventurier du théâtre au siècle des Lumières* (Paris: Honoré Champion, 1998), et en particulier les annexes 1 et 2, p. 305-330.

[3] Voir Emmet Kennedy, Marie-Laurence Netter, James P. McGregor and Mark V. Olsen, *Theatre, Opera and Audiences in Revolutionary Paris. Analysis and Repertory* (Wesport-Londres: Greenwood Press, 1996), p. 382-383.

Raoul Sire de Créqui (1789) et, bien évidemment, *Les Victimes cloîtrées* surent se tailler un franc succès public. Si la plupart de ces œuvres tombe dans l'oubli au cours du XIXe siècle, la mémoire de Monvel survit à travers sa fille, la célèbre actrice Mlle Mars. Le personnage se signale enfin par un certain nombre d'épisodes qui en font une figure quasi romanesque: sa fuite de Paris et son abandon de la Comédie-Française, en 1781, alors qu'il se trouve poursuivi pour dettes, accusé de bigamie et soupçonné de sodomie; son séjour, entre 1781 et 1786, à la cour de Gustave III, roi de Suède, où il contribue à la création d'un théâtre national; son engagement révolutionnaire, qui le pousse à prononcer, en 1793 et 1794, des discours particulièrement virulents; ses relations avec Napoléon à la fin de sa vie...

Indépendamment de son auteur, la pièce des *Victimes cloîtrées* marque une date dans l'histoire institutionnelle de la Comédie-Française. Elle est, le 28 mars 1791, la dernière pièce créée dans ce théâtre avant la scission de la troupe en deux camps rivaux et politiquement opposés, qui ne se réuniront qu'en 1799. Les « Rouges », favorables aux idées nouvelles (Dugazon, Grandmesnil, Mme Vestris, Mlle Lange, Mlle De Garcin...), menés par Talma, font sécession, et vont s'installer au Palais-Royal, où, rejoints par Monvel qui, depuis son retour de Suède avait trouvé asile aux Variétés Amusantes, ils fondent, sur le Théâtre de la rue de Richelieu, ce qui deviendra le Théâtre de la République. Là seront reprises les pièces les plus politiques de l'ancien répertoire, notamment les tragédies, et créées des œuvres nouvelles comme *Henri VIII* et *Calas* de Chénier, les tragédies de Ducis... Royalistes, les « Noirs » (Dazincourt, Molé, Saint-Prix, Vanhove, Naudet, Mlle Raucourt, Mlle Sainval cadette, ainsi que Mlle Contat et Fleury, créateurs des rôles principaux des *Victimes cloîtrées*) demeurent fidèles à l'ancien Théâtre-Français, rebaptisé Théâtre de la Nation, engagement qui les conduira à l'emprisonnement et presque à la guillotine en 1793-1794. Ils continueront néanmoins à jouer le drame de Monvel, même après 1795, où la pièce se voit récupérée par le Théâtre de la République. Revendiqué simultanément par les deux troupes, ce drame, qui évoque des événements quasiment contemporains, pose donc la question de l'articulation du répertoire, des circonstances politiques et des institutions théâtrales.

D'autant plus qu'il apparaît comme l'un des exemples les plus frappants de ce qu'on a appelé le « théâtre monacal ».[4] Né bien avant la Révolution, ce sous-genre, qui fédère comédies, tragédies et drames, se définit par une thématique – la claustration conventuelle – et une ambition: remédier aux disconvenances sociales en éclairant l'opinion sur les dérives et les méfaits des pratiques ecclésiastiques. En 1768, Dubois-Fontanelle avait tenté de faire représenter un drame en trois actes et en vers, *Éricie ou la vestale,* où, sous couvert de la couleur locale de la Rome antique, il stigmatisait l'inhumanité de vœux forcés bien actuels. Reçue par les Comédiens-français, mais interdite par la censure, la pièce, publiée à Londres, devra attendre août 1789 pour être enfin jouée. Baculard d'Arnaud, lui, n'avait même pas essayé de faire représenter, en 1768, son drame *Euphémie ou le triomphe de la religion,* se contentant de le publier, tout comme il avait fait, en 1765, avec *Le Comte de Comminge.* Outre leur aspect anticlérical (bien moins évident et radical toutefois que dans la pièce de Dubois-Fontanelle et celles qui allaient suivre),[5] ces drames introduisaient les éléments d'un pittoresque gothique et religieux appelé à faire les beaux jours des pièces à venir et qui trouverait place sur les scènes parisiennes en 1790 et 1791. La Harpe, en revanche, avait pris le parti, en 1770, dans *Mélanie,* drame en vers, de confier au dialogue et aux déclamations de ses personnages le soin de critiquer une institution conventuelle dévoyée. La pièce, que la nature du sujet et du costume condamnait, selon son auteur même, à n'être pas représentée,[6] ne devait être portée à la scène que le 7 décembre 1791, au Théâtre-Français de la rue de Richelieu. La période révolutionnaire permit

---

[4] Sur cette notion et sur cette vogue, Edmond Estève a fourni une synthèse décisive, 'Le théâtre "monacal" sous la Révolution, ses précédents et ses suites', dans *Études de littérature préromantique* (Paris: Honoré Champion, 1923) p. 83-137.

[5] Baculard d'Arnaud écrit dans la préface d'*Euphémie*: 'Ce pouvoir surnaturel de la religion qui nous subjugue et nous arrache à nous-mêmes: tel est le grand tableau que j'avais à représenter dans *Comminge* et dans *Euphémie*'; voir *Euphémie ou le triomphe de la religion,* drame par M. d'Arnaud, troisième edition (Paris, Le Jay, repris dans *Théâtre,* t. I, Slatkine reprints, 1972, p. vi).

[6] C'est ce qu'affirme La Harpe dans sa préface; voir *Mélanie,* dans *Théâtre du XVIIIe siècle,* éd. J. Truchet (Paris: Gallimard, « Bibliothèque de la Pléiade », 1974), II, 833.

ainsi à la thématique anticléricale de s'exprimer au grand jour, sur des scènes publiques libérées du joug de la censure et vibrant à l'unisson des réformes politiques et religieuses. Le théâtre monacal allait trouver là un nouvel élan, selon deux orientations complémentaires, la veine comique, voire bouffonne et grivoise (illustrée notamment par *Le Couvent ou les fruits du caractère et de l'éducation* de Laujon, représenté à la Comédie-Française le 16 avril 1790, *Les Dragons et les Bénédictines,* comédie de Pigault-Lebrun, représentée en novembre 1793, et par un certain nombre de parades antireligieuses), et la veine sérieuse, pathétique voire mélodramatique, dans laquelle viennent s'inscrire *Les Victimes cloîtrées,* après *Les Rigueurs du cloître,* comédie mêlée d'ariettes de Fiévée et Berton, représentée le 23 août 1790 à la Comédie-Italienne et *Le Couvent ou les vœux forcés,* drame d'Olympe de Gouges, donné au Théâtre français comique et lyrique en octobre 1790. Suivront encore deux sombres peintures de la réalité claustrale: *Fénelon ou les religieuses de Cambrai*, tragédie de Marie-Joseph Chénier, représentée pour la première fois sur le Théâtre de la République le 9 février 1793, et *Julie ou la religieuse de Nîmes,* drame historique de Charles Pougens, qui, quoique écrit « au bruit du canon de la Bastille » et commenté dans les journaux en 1792, ne sera publié qu'en 1796 et ne sera jamais représenté. *Les Victimes cloîtrées* participent donc d'un mouvement d'ensemble, qui, en ces premières années de la Révolution, tient de l'effet de mode. Fleury, qui fut l'un des principaux acteurs de leur création, en témoigne:

> Malgré mon extrême désir d'attribuer le succès de l'ouvrage à la manière dont il fut rendu, je suis obligé d'avouer qu'il y eut dans la vogue qu'il obtint de la fureur que faisaient alors toutes les pièces où l'on montrait des nonnes et des prêtres. Tous les couvents de France étaient en scène, et ils étaient partout: on ne faisait point d'argent si l'on n'avait à se moquer chaque soir d'un petit bout d'étole. Beaumarchais aurait pu continuer ses variations sur le proverbe « il faut que le prêtre vive de l'autel »; les prêtres n'en vivaient guère, mais bien les comédiens. Ce mouvement avait commencé sur le théâtre sans conséquence de l'Ambigu-comique; c'était dans la belle pantomime de *Dorothée* qu'on avait vu et accueilli pour la première fois des moines et des archevêques, et, grâce à l'heureuse liberté de tout mettre en scène, bientôt cet exemple fut suivi. Chaque acteur des grands, des petits et des moyens théâtres eut pour pièce obligée de sa garde-robe la chasuble, le surplis, le surtout et le

cordon de saint François. On chanta vêpres partout; nul théâtre ne put se passer de son clergé régulier et séculier et de son haut clergé; nous eûmes, pour notre part, un cardinal dans *Charles IX;* un cardinal dans *Louis XII*; des chartreux dans *Le Comte de Comminge*; de gentilles nonnes dans *Le Couvent ou les fruits de l'éducation;* notre *Mari directeur* offrit ses bernardines; le théâtre des Variétés amusantes montra des Ursulines; puis, comme il ne fallait point qu'une seule scène fût privée de ce genre de nouveauté si piquant, la Comédie-Italienne donna *Les Rigueurs du cloître* et bientôt après, ou précédemment, car mes souvenirs se brouillent un peu sous ces frocs, ces guimpes et ces capuchons, on y joua *Vert-Vert*, pièce légère comme le conte de Gresset, dans laquelle le compositeur fit usage d'une licence musicale qui aurait fait crier au scandale autrefois. [...] L'ouvrage de Monvel était pris plus sérieusement; il avait vu en grand les abus de la clôture.[7]

La *Correspondance littéraire* se livre, en septembre 1790, au même inventaire,[8] et Anatole France écrira plus tard: « Quand tombèrent avec la Bastille les contraintes et les règlements, quand les acteurs purent jouer, sans contrôle, ce qu'ils voulurent, ce sont les pièces religieuses qu'ils choisirent, et à cause du décor et des costumes. La liberté de la scène débuta par des nonnes, des moines, des prêtres... On se rua sur les chasubles, les surplis, le cordon de saint François. On fermait les églises, mais on chantait vêpres sur le théâtre. Pour faire recette, il fallait un cardinal, ou tout au moins un petit bout d'étole ».[9] Monvel était parfaitement conscient de cette vogue, à laquelle il participa également en tant acteur, comme on a pu le voir dans la liste de ses rôles (il assumera, de même, le rôle du Père Louis lors d'une reprise des *Victimes cloîtrées*). On peut donc supposer que son parti pris de s'inscrire dans cette mouvance monacale procède, tout autant que d'une volonté

---

[7] *Mémoires* de Fleury de la Comédie Française, publiés par J. B.P. Lafitte (Paris: Gosselin, 1844), II, 116-17.

[8] Septembre 1790, *Correspondance littéraire, philosophique et critique par Grimm, Diderot, Raynal, Meister, etc.*, éd. Maurice Tourneux, 16 vol. (Paris: Garnier Frères, 1877), t. XVI, p. 76. Voir aussi E. C. Van Bellen, *Les Origines du mélodrame* (Paris: Nizet, 1928), chapitre 2 « Le noir après 1790. Le thème monacal ».

[9] J. J. Brousson, *Anatole France en pantoufles* (Paris: Crès et Cie, 1926), p. 190.

d'engagement civique, d'un choix esthétique et de considérations pragmatiques.

Les Victimes cloîtrées prennent ainsi sens dans un panorama global de la production révolutionnaire, à l'échelle de l'histoire des spectacles et de l'inscription de ceux-ci dans l'actualité politique. Et c'est dans l'analyse de cette double nature de l'œuvre, à la fois idéologique et proprement spectaculaire, que se révèle l'intérêt de cette pièce, pour l'histoire du théâtre mais aussi pour notre manière moderne d'envisager le *medium* dramatique.

LES VICISSITUDES DU TEXTE: UNE ŒUVRE DANS L'HISTOIRE

La création en 1791 et la vogue du théâtre monacal

Créée le lundi 28 mars 1791, la pièce de Monvel suit de près l'actualité révolutionnaire et s'inscrit, autant que dans l'histoire du théâtre, dans celle des mutations de l'institution religieuse. Réalisant le vœu de Diderot qui, dans les *Entretiens sur le Fils naturel*, déclarait en 1757: « je crois qu'en un ouvrage, quel qu'il soit, l'esprit du siècle doit se remarquer. Si la morale s'épure, si le préjugé s'affaiblit. [...] Si le peuple s'intéresse aux opérations du ministre, il faut qu'on s'en aperçoive, même dans une comédie »,[10] elle manifeste la prégnance d'un nouveau type d'*inventio* qui puise dans l'univers et les événements contemporains l'exemplarité de ses fables et le réalisme de ses tableaux.

Tout commence dans le décor familier d'un salon de la petite noblesse provinciale. On attend le retour des maîtres, Mme et M. de Saint-Alban, et du frère de Madame, M. de Francheville, le nouveau maire de la ville. La maison a connu un deuil: celui d'Eugénie, fille du couple, emportée par une mystérieuse maladie, dans le couvent voisin où elle avait été placée pour l'éloigner de son fiancé Dorval, roturier fortuné. Cette décision avait été prise à l'initiative de sa mère, mal conseillée par son confesseur, le P. Laurent, responsable du monastère des dominicains. Ce dernier n'est plus guère en odeur de sainteté dans la maison et ne trouve grâce qu'aux yeux de Mme de Saint-Alban, victime d'un reste de préjugés obsolètes, et à ceux de Dorval, qui, aveuglé par la douleur,

---

[10] Diderot, *Entretiens sur Le Fils naturel,* dans *Œuvres complètes,* éd. Roger Lewinter (Paris: Le Club Français du Livre, 1970), III, 166.

a choisi de finir ses jours sous l'habit religieux. L'action se déroule la veille de la cérémonie au cours de laquelle il doit prononcer ses vœux.

Dès son retour, Francheville s'inquiète du parti pris de Dorval, non seulement parce qu'il est idéologiquement hostile à l'institution conventuelle, mais parce qu'il soupçonne les visées intéressées du P. Laurent. L'intervention du P. Louis, qui prétend détenir des informations compromettantes, le confirme dans cette idée, et il se rend au monastère, au début du troisième acte, afin de convaincre son ami de renoncer à ses vœux. Sa tentative est mise en échec par l'habileté du P. Laurent, mais le P. Louis trouve le moyen de révéler à Dorval l'horrible vérité: le supérieur du monastère, avec la complicité de la supérieure du couvent de femmes voisin, aurait machiné la séduction d'Eugénie. Devant la résistance de la jeune fille, ils auraient choisi de la faire mourir. Et les soins du P. Laurent à l'égard de Dorval n'auraient d'autre motif que la volonté de capter la fortune du jeune négociant. Dorval, fou de rage, affronte alors Laurent. Celui-ci le fait jeter dans un cachot souterrain, où il est condamné à périr.

Le quatrième acte s'ouvre sur un tableau double: d'un côté de la scène, le cachot de Dorval, qui s'efforce, avec l'énergie du désespoir, de trouver un moyen de s'échapper et de se venger; de l'autre, séparé par le mur mitoyen qui lie le monastère des Dominicains au couvent des religieuses, un caveau plus sombre encore, où agonise une jeune femme: il s'agit évidemment d'Eugénie, que Dorval, au prix de vigoureux efforts et de la destruction du mur, retrouvera dans une pathétique scène de reconnaissance, juste avant que le couple ne soit délivré de ses cachots par l'intervention providentielle de Francheville et d'une troupe de gardes nationaux, venus ouvrir les portes des couvents suite à la suppression des vœux décrétée par la Révolution.

Prolongeant la série des drames monacaux antérieurs à 1789, l'attaque anticléricale portée par *Les Victimes cloîtrées* ne présente rien de radicalement neuf dans ses thèmes et ses motifs. Mais elle se distingue de celles d'*Euphémie*, d'*Éricie* ou de la *Mélanie* de La Harpe par le contexte historique dans lequel elle prend place. La Révolution est passée par là, modifiant la donne et abolissant à la fois l'institution, ses abus et ses symboles. Le tableau de la religion idéale, moralisée et sécularisée, brossé par Francheville à la scène 4 de l'acte II, et opposé aux pratiques monastiques dévoyées de l'Ancien Régime, est en train de devenir réalité. Dès le 2 novembre 1789, les biens du clergé ont été déclarés biens de la Nation. Le 13 février 1790, l'Assemblée Constituante a interdit les vœux monastiques et supprimé les ordres contemplatifs, ne laissant subsister que les ordres dont la vocation était de prodiguer soins, assistance et éducation. La Constitution civile du clergé a été, quant à elle, promulguée le 12 juillet 1790 et les premiers évêques constitutionnels élus le 2 février 1791. La claustration conventuelle, en 1791, ne représente plus une ombre menaçante mais un souvenir qui s'estompe; et, au cœur de la pièce, se trouve un enjeu de nature désormais moins polémique que commémorative.

Ce dernier donne forme à l'intrigue et aux discours des *Victimes cloîtrées*. L'emprise de la grande histoire sur la fable dramatique transparaît dans un certain nombre de formules et de répliques qui témoignent de l'évolution des esprits et des mœurs et égrènent les articles du catéchisme révolutionnaire, en matière religieuse autant que politique ou sociale. Quand Picard, évoquant ses maîtres avec ses collègues domestiques, évoque « la joie que nous ressentons d'avoir su les forcer à redescendre vers nous, puisqu'ils n'ont pas eu la sagesse de nous élever jusqu'à eux » (I, 2), quand Francheville, émerveillé d'avoir été élu Maire, récuse l'ancien mode d'attribution des rangs et des grades (II, 3), quand, dans une vibrante diatribe, le même Francheville célèbre la justice et la religion réformées et stigmatise les abus de l'ancien régime (II, 4), la scène reproduit les discours dont les rues, les journaux et les salons sont alors agités. À ces thématisations qui prennent parfois la forme de slogans, s'ajoute la présence scénique, fortement soulignée, d'éléments symboliques comme l'écharpe de maire ou l'irruption, au dénouement, d'une troupe de gardes nationaux en uniforme, qui créent un effet de réel. L'actualité factuelle est, elle aussi, explicitement évoquée et l'intrigue est ponctuée par les anticipations du décret abolitionniste de l'Assemblée constituante[11], au point qu'on peut précisément situer l'action de la pièce à la mi-février 1790.

Le schéma actantiel et la polarisation des personnages portent eux aussi la trace de ces préoccupations politiques. Le P. Laurent représente le mal absolu, non seulement parce qu'il se révèle hypocrite, concupiscent et criminel, mais parce qu'il professe des opinions contre-révolutionnaires. La *Chronique de Paris,* dans le

---

[11] Voir I, 6; III, 1; III, 7.

compte-rendu de la pièce qu'elle publie à l'époque de la création, note que le P. Laurent « fait connaître la bassesse de son âme et son hypocrisie par ses discours incendiaires contre l'Assemblée nationale et contre la Révolution ».[12] Le religieux s'obstine à user des titres de noblesse, désormais caducs, et entretient Mme de Saint-Alban dans ses lubies aristocratiques[13] en vitupérant contre « l'esprit de vertige qui paraît s'être emparé de la France entière, et les pièges cachés de l'Éternel ennemi des hommes dont de hardis novateurs ne font aujourd'hui qu'accomplir les desseins » (II, 4). L'opposition à ce personnage devient dès lors un gage d'orthodoxie idéologique et de valeur morale, comme le signale un échange de l'acte I, où, au P. Louis qui lui expliquait qu'il n'avait pas les faveurs de son supérieur, le domestique Picard répond: « En vérité? Touchez là, vous serez de mes amis, vous êtes un honnête homme » (I, 5). Si elle se distingue, elle aussi, par des proclamations politiquement incorrectes, s'offusquant par exemple de la familiarité de ses domestiques qui prétendent à son amitié (II, 1 et 2) ou marquant du mépris à l'égard des nouvelles fonctions civiques (II, 3), Mme de Saint-Alban ne se voit toutefois pas irrémédiablement disqualifiée. Mère aimante et éplorée, elle est rachetée par ses larmes et son repentir, au terme de l'épreuve explicitement cathartique que représente le dévoilement du portrait d'Eugénie à la scène 7 de l'acte II.[14] Francheville lui accorde alors l'absolution, concluant, en une sentence didactique: « Le mal serait sans remède si l'on eût perverti son cœur comme on a par degrés égaré sa raison » (II, 9). Au cœur de la fable, se met donc en œuvre une pédagogie morale et politique, où s'affirme la puissance réformatrice de la représentation.

L'intrigue assume également une dimension allégorique, synthétisée par le tableau de la scène 6 de l'acte IV:

La porte du cachot est renversée, le premier qui paraît est le Père Louis, conduisant M. de Francheville, décoré comme un maire de ville, suivent des gardes nationaux armés de fusils et de haches; viennent ensuite M. et Mme de St. Alban, Picard et tous les domestiques, les officiers municipaux et la troupe se répandent également dans les deux cachots.

---

[12] *Chronique de Paris,* du mercredi 30 mars 1791, n°89, p. 354.

[13] Voir I, 2 et II, 4.

[14] Voir aussi I, 8 et I, 9.

Ainsi que par la réplique de Francheville: « Ô mes concitoyens! Vous voyez les bienfaits de la loi. Vous jugez quels affreux abus elle vient de détruire. [...] Il est enfin détruit ce pouvoir inique, cet empire odieux; et l'auteur de tant d'atrocités va subir les peines qui lui sont dues » (IV, 7). Cette valeur allégorique du dénouement est signalée dans les comptes rendus contemporains de la création[15] et soulignée par les commentateurs modernes.[16] Le rôle de l'espace, et en particulier du mur, dans ce symbolisme politique est essentiel. L'effraction des portes du couvent et l'irruption des représentants du progrès dans l'espace gothique des cachots marquent, d'une certaine manière, une rupture du quatrième mur: elles réintègrent la fiction à la scène publique, dans une coïncidence du temps de la fable et du temps politique qui vaut comme célébration. Ce à quoi aboutit le spectacle, c'est à l'avènement scénique – qui se confond presque avec l'évènement historique – d'une société purgée des vices de l'Ancien Régime. La pièce s'achève dans un tableau de communion générale qui, unissant personnages et spectateurs, fournit l'occasion d'une sacralisation du réel élaboré par la Révolution.

L'intrication complexe des enjeux narratifs et spectaculaires avec des préoccupations de nature idéologique explique peut-être l'échec que rencontra, dans un premier temps, l'adaptation de la pièce de Monvel à Londres, en 1808. Œuvre de Matthew Gregory Lewis (l'auteur du *Moine*), cette adaptation, intitulée *Venoni or The Novice of St. Mark's*, avait été délestée des tirades politiques du texte original et de tout ce qui renvoyait trop explicitement au contexte révolutionnaire français. Mais le dispositif scénique et symbolique du dernier acte avait, lui, été conservé. Or, si l'on en croit Lewis, « le soir de la première représentation, les deux premiers actes furent bien reçus, mais le dernier ne fut en aucun cas aussi favorablement accueilli. Quant à la dernière scène, elle eut un tel effet sur les muscles zygomatiques du public, qu'il m'apparut comme évident, lors de la troisième représentation, qu'à moins

---

[15] *Journal de Paris*, mercredi 30 mars 1791, n° 89.

[16] « Francheville, ceint de l'écharpe de maire, entouré symboliquement du clergé (le Père Louis est en instance de défroque il est vrai) et de la noblesse (de fraîche date avec Saint-Alban), fait pénétrer air et lumière dans ces lieux de ténèbres et d'oppression. Belle métaphore scénique » (Paul-Édouard Levayer, 'Le « noir » au théâtre, des *Victimes cloîtrées* au mélodrame', *Europe, Le roman gothique*, 659 (mars 1984), p. 91).

d'inventer de toutes pièces un nouveau troisième acte, il faudrait renoncer à jouer la pièce ».[17] En vingt-quatre heures, il parvint à refondre le troisième acte, en substituant au décor double de la version originale une succession de tableaux dérogeant à l'unité de lieu et en motivant davantage l'arrivée des secours. Cette nouvelle version connut un succès éclatant, qui ne fut interrompu que par l'incendie du théâtre de Drury Lane. La reprise de la pièce française, en 1831, à Genève souffrit, elle aussi, de l'éloignement de la fable par rapport aux circonstances historiques. Le *Journal des comédiens* rapporte à cette occasion: « Le dernier acte, bien que le plus court de la pièce, paraît encore d'une longueur désespérante. La situation des amants dans leurs cachots respectifs, leur pathos, leurs éternelles prières, fatiguent le spectateur, qui aspire au dénouement; et ce dénouement, exécuté par un maire en écharpe et des bisets, prend une teinte de ridicule ».[18] L'allégorie (et l'émotion commémorative qu'elle entraînait en 1791) ne fonctionnent plus, mettant en péril le succès de la pièce.

Les Victimes cloîtrées seraient-elles une œuvre de circonstances? C'est ce que semblent penser de nombreux commentateurs du XIXe et du XXe siècles. Réagissant, en 1876, à la parution de l'anthologie de Louis Moland, *Le Théâtre de la Révolution*, Alphonse Daudet estime que la pièce donne bien « la caractéristique de la Révolution à son début » et qu'on « comprend bien l'effet sur le public, surtout en le rapportant à l'époque où la pièce fut représentée ».[19] Quant à Félix Gaiffe, il considère la pièce comme représentative de l'« intense et hâtive production » de la période révolutionnaire, où l'on « bâcle en quelques heures un ou deux actes sur le dernier fait divers; on écrit à la diable des scènes décousues, mais toutes farcies de platitudes patriotiques ».[20] Sous le jugement littéraire dépréciatif, perce une vérité attestée par les

---

[17] *Venoni or The Novice of St. Mark's, a drama in three acts*, by M. G. Lewis (Londres: Longman, 1809), preface, p. v-vi . Voir annexe 6.

[18] *Journal des comédiens. Feuille spéciale des théâtres de la France et de l'étranger*, 20 janvier 1831, à propos d'une représentation à Genève, le jeudi 6 janvier.

[19] Alphonse Daudet, *Chroniques dramatiques,* éd. A.-S. Dufief (Paris: Champion, 2006), p. 651.

[20] Félix Gaiffe, *Le Drame en France au XVIIIe siècle* (Paris: Armand Colin, [1910] 1971, p. 548.

contemporains: celle d'une production et d'une réception dramatiques indissociables de leur contexte historique. Bouilly, relatant, en 1842 « soixante ans du Théâtre Français », juge que la pièce de Monvel « était [...] une massue placée dans la main du peuple pour la double extermination des ordres religieux et de l'inégalité des droits entre les enfants » et qu'elle avait été « conçue dans le but d'allumer des haines populaires ».[21] Animée d'une autre idéologie, la *Chronique de Paris* témoignait elle aussi, dès le 30 mars 1791, d'une réception placée sous le signe de l'actualité:

> Cette représentation a offert une scène qui ajoutait à l'intérêt de la pièce; au moment où le P. Laurent faisait arrêter Dorval, un homme a crié du parterre: *en enfer le misérable gueux!* Cet homme est un religieux qui a éprouvé le même traitement que Dorval dans la chartreuse de Grenoble; nous l'invitons à publier son histoire
>
> Ce fait prouve assez contre ceux qui prétendent que le drame de M. Monvel est invraisemblable. Qu'ils lisent l'ouvrage du P. Mabillon *Sur les peines et les prisons monastiques*, dans ses œuvres, tome II, p. 321-336, ils y verront qu'autrefois les abbés entre le jeûne et la flagellation se permettaient de mutiler leurs moines et de leur arracher les yeux, qu'ils les ensevelissaient dans des gouffres affreux appelés de nos jours la paix ou *vade in pace;* qu'ils lisent les *Singularités historiques* de M. Dulaure, p. 283-297, ils y verront qu'il existait entre les cordeliers de Provins et les sœurs de Sainte-Catherine de la même ville, en 1648, un commerce semblable.
>
> Cet ouvrage est donc un de ceux qu'il est utile de représenter, malgré les cris des hommes, connus par leur corruption, qui criaient dans le foyer que la religion est perdue.[22]

La Révolution, dès 1791, perçoit la valeur d'une telle pièce et le parti à tirer d'une œuvre qui s'inscrit aussi explicitement et efficacement dans les circonstances contemporaines. La pièce, qui connaît quatre éditions entre 1792 et 1793, incarne à merveille les ambitions que la Révolution nourrit pour un théâtre conçu comme école du peuple. Revendiquées comme partie prenante du répertoire révolutionnaire, *Les Victimes cloîtrées* sont jouées lors

---

[21] Bouilly, *Soixante ans du Théâtre-français par un amateur né en 1769* (Paris: Charles Gosselin, 1842), p. 98-99.

[22] *Chronique de Paris*, 30 mars 1791.

de séances solennelles exceptionnelles, à la frontière entre événement culturel et célébration politique. Le samedi 18 août 1792, la pièce est représentée au profit des victimes du 10 août (blessés, veuves et orphelins). Noëlle Guibert et Jacqueline Razgonnikoff notent que les Comédiens-Français avaient choisi de jouer ce texte le jour même où disparaissaient les derniers ordres religieux, les congrégations enseignantes et hospitalières.[23] Le jeudi 16 mai 1793, le bénéfice de la représentation est reversé pour la guerre de Vendée.[24] En août 1793, la Commune établit une liste des pièces patriotiques appelées à être représentées de préférence, au nombre desquelles se trouvent notamment *Guillaume Tell*, *Le Comte de Comminge* et les *Victimes cloîtrées*.[25] Car c'est bien une pièce « par et pour le peuple »[26] que le drame de Monvel. Cette conviction habite encore, en 1965, Jean Duvignaud, qui voit dans le succès de la pièce l'apparition d'un public neuf et d'un nouveau rapport au théâtre:

> Au moment où sont jouées *Les Victimes cloîtrées,* l'effusion sentimentale et l'émotion collective provoquées par le spectacle de l'innocence persécutée ont une portée singulière. Le nouveau public « non cultivé » où se mêlent le faubourg, la boutique, la fabrique et le bureau s'amalgame en un tout « populaire », un « Nous » citoyen à l'occasion de cette fusion sympathique, de cette projection sur le héros persécuté et souffrant. [...] Il semble que ces masses de population se soient perçues elles-mêmes comme des « victimes innocentes », innocentes parce que « peuple », victimes parce qu'opprimées. Le public qui applaudit aux *Victimes cloîtrées* se reconnaît dans les héros persécutés, parce qu'il prend conscience du *Nous* peuple qu'il forme et qu'il commence à appeler « sans culotte ». Cette participation n'est donc plus tout à fait ce qu'était la participation à la comédie « larmoyante », elle représente un

---

[23] Noëlle Guibert et Jacqueline Razgonnikoff, *Le Journal de la Comédie-Française, 1787-1799. La comédie aux trois couleurs*, (Paris: SIDES, 1989), p. 197-198.

[24] Registre journalier de la Comédie-Française.

[25] Guibert et Razgonnikoff, *Le Journal de la Comédie-Française*, p. 228.

[26] C'est à ce titre qu'elle est représentée le 27 août 1793; voir P. Porel et G. Monval, *L'Odéon. Histoire administrative, anecdotique et littéraire du second Théâtre-Français (1782-1818)* (Paris: Alphonse Lemerre, 1876), p. 109.

effort d'intégration dans une société qui s'ouvre, autant qu'une affirmation complaisante de ses malheurs passés.[27]

À la manière de nombreuses pièces de circonstances contemporaines, Les Victimes cloîtrées vaudraient comme témoignage, autant que comme catalyseur, d'une idéologie en cours de formation, et relèveraient d'une approche historique plutôt que strictement dramatique. Comme un miroir que la Révolution se tendrait à elle-même pour mieux s'affirmer. Cette dépendance de la pièce vis-à-vis du contexte idéologique va se trouver confirmée au moment de la reprise de la pièce dans une seconde version.

La reprise de 1795 et l'édition de 1796, ou comment on devient un dramaturge révolutionnaire

Lorsque la pièce est reprise, dans de nouveaux décors et avec une distribution en partie renouvelée, sur les scènes concurrentes du Théâtre Feydeau (qui venait d'accueillir les Comédiens-Français rescapés du Théâtre de la Nation et de la guillotine) et du Théâtre de la République, en février-mars 1795,[28] les circonstances ont bien changé, tant sur le plan idéologique que sur celui du paysage théâtral. La lutte de ces deux théâtres et de ces deux troupes pour jouer le drame de Monvel trahit,[29] tout autant que l'attractivité financière de la pièce, l'enjeu politique que revêt la représentation de cette œuvre révolutionnaire et la possible ambiguïté de sa signification idéologique.[30] Le succès semble

---

[27] Jean Duvignaud, *Sociologie du théâtre* [1965] (Paris: PUF, « Quadrige », 1999), p. 390-391.

[28] Le directeur du théâtre Feydeau « envisage de remettre à la scène, dans de nouvelles décorations, toutes les pièces qui ont marqué le répertoire de la Comédie-Française pendant la Révolution. Il a réussi à afficher *Les Victimes cloîtrées* le 24 pluviôse (13 février), devançant les projets du théâtre de la République, où le drame de Monvel n'a pu être donné qu'hier » (Guibert et Razgonnikoff, *Le Journal de la Comédie-Française*, p. 264).

[29] La liberté des théâtres avait été décrétée le 13 janvier 1791, mettant fin aux situations de monopole et permettant à tout théâtre de représenter les pièces de son choix. Pour représenter une pièce d'un auteur vivant, ou mort depuis moins de 5 ans, le théâtre devait cependant obtenir un consentement écrit de celui-ci.

[30] Monvel avait cédé, en 1791, les droits de son drame aux Comédiens-Français (document du 15 mars 1791 conservé à la Bibliothèque de la Comédie-Française, dossier Monvel). Un billet adressé à Monvel, et signé Fleury, Naudet et Saint-Fal, alors acteurs au théâtre de la rue Feydeau, semble laisser croire que l'auteur avait renouvelé son traité avec ses anciens camarades le 9 février 1795. Mais il fait

encore au rendez-vous, comme en témoignent les registres journaliers du Théâtre de la République, qui affichent généralement une recette plus importante les jours où l'on joue *Les Victimes cloîtrées*.[31] Entre 1795 et 1799, la pièce est jouée dans pas moins de 10 théâtres (Feydeau, Théâtre de la République, Théâtre de l'Émulation-Gaîté, Théâtre de la Cité, Théâtre du Marais...).[32] Mais son effet semble cependant s'émousser, si l'on en croit Grimod de la Reynière, qui commente une reprise de 1797 au Théâtre Feydeau: « L'effet de cette représentation a été médiocre; [...]. On commence à se lasser de ces compositions exagérées, tellement hors de la nature qu'elles manquent leur but en l'outrepassant. Il n'a peut-être jamais existé en France, dans un ordre religieux, un scélérat comme le P. Laurent. Jamais on n'y a fait passer pour morte une religieuse, parce qu'il devenait impossible de justifier son décès, et qu'en cas de doute, le ministère public avait soin de faire des recherches ».[33] Tout se passe comme si la pièce perdait peu à peu de son actualité et de sa pertinence politique.

À l'occasion de la reprise de 1795 au Théâtre de la République, paraît, en 1796, chez Barba, une nouvelle édition des *Victimes cloîtrées,* revue et corrigée, dont la publication est soigneusement dramatisée par un avant-propos du « Citoyen Monvel ». Celui-ci y explique que, « victime du brigandage littéraire et typographique », il a vu jusqu'à présent ses œuvres défigurées par des contrefaçons:

écrire le lendemain, 10 février, par un huissier au citoyen « directeur administrateur et entrepreneur du théâtre de la rue Feydeau » qu'il s'oppose à la représentation de ses œuvres dans son établissement (tous ces documents sont conservés dans le dossier Monvel). Le théâtre de la Gaîté aurait, lui aussi, mis *Les Victimes cloîtrées* à l'affiche, mais sans grand succès ; 'On avait beau offrir aux spectateurs le *Brutus* de Voltaire, le *Fénelon* de M.-J. Chénier, *Les Victimes cloîtrées* de Monvel, etc, le public se faisait rare' (Georges Cain, *Anciens théâtres de Paris* [Paris: Eugène Fasquelle, 1906], p. 74).

[31] Voir le CD-ROM réalisé par J. Razgonnikoff et B. Daniels, qui reproduit les registres du ce théâtre, en complément de leur précieux ouvrage, *Patriotes en scène. Le Théâtre de la République (1790-1799)* (Vizille: Artlys, 2007).

[32] Voir Kennedy, Netter, McGregor et Olsen, *Theatre, Opera and Audiences in Revolutionary Paris. Analysis and Repertory*, p. 118; A. Tissier, *Les Spectacles à Paris pendant la Révolution: Répertoire analytique, chronologique et biographique*, 2 vol. (Genève: Droz, 1992 et 2002).

[33] Grimod de la Reynière, *Le Censeur dramatique,* reprise du 10 novembre 1797, p. 484.

Les Amours de Bayard, Les Victimes cloîtrées, Raoul, sire de Créqui, Sargines ou l'Élève de l'amour, Philippe et Georgette ont été imprimées « sans [sa] participation ». Aussi annonce-t-il que ces pièces « vont reparaître, imprimées par le citoyen Barba, et telles au moins [qu'il les a] faites, surtout *Les Amours de Bayard ou le chevalier sans peur et sans reproche* et *Les Victimes cloîtrées* », qui « ont paru absolument différents de ceux [qu'il a] composés et qui ont été joués sur les Théâtres de la Nation et de la République ». Il déclare donc qu'il ne reconnaît « pour être [ses] ouvrages que ceux qui sortiront des presses du citoyen Barba, et qui seront signés par [lui] » et qu'il poursuivra juridiquement tous ceux qui débiteraient d'autres éditions de ses pièces. Plus que d'un micmac éditorial (pratique à laquelle Monvel, au cours de sa carrière, ne se montra pas tout à fait étranger),[34] plus que d'un témoignage sur le caractère problématique de la propriété dramatique, cette mise au point liminaire nous semble révélatrice des enjeux idéologiques qui entourent la perpétuation du texte de 1791, joué par les Comédiens-Français du Théâtre de la Nation.

Certes, l'édition de 1796 semble plus conforme (quoique présentant des différences sensibles) à la version du manuscrit autographe de la Comédie-Française, qui correspond au texte représenté à la création sur le Théâtre de la Nation; certes, elle corrige quelques fautes et coquilles, et propose, en deux endroits, des modifications (peu significatives) du découpage des scènes,

---

[34] Voir, sur ce point, les *Souvenirs de Jean-Nicolas Barba, ancien libraire au Palais-Royal,* Paris, Ledoyen et Giret, 1846, p. 233-234, et surtout, la querelle qui entoura, en 1796-1796, la réédition de *L'Amant bourru* par Barba, d'une part, et la veuve Duchesne, de l'autre: '« Je « soussigné fondé de procuration de M. de Monvel, reconnais avoir cédé et abandonné la pièce intitulée *L'Amant bourru,* comédie en trois actes, à Madame la Veuve Duchesne, Libraire, à Paris, pour qu'elle la fasse imprimer autant de fois que bon lui semblera, et jouisse de la vente elle et ses représentants, comme de chose à elle appartenante, en ayant reçu le prix convenu entre nous, dont je l'acquitte. À Paris, ce 19 août 1777, Barrachin, fondé de Procuration ». [...] Malgré la connaissance de cette cession, un contrefacteur très connu a cru pouvoir réimprimer cette pièce en 1796, en y supprimant les qualités de Marquis, Comte etc. et a poussé l'effronterie jusqu'à mettre en tête de cette contrefaçon « qu'il regardait cet ouvrage comme sa propriété, d'après l'accord fait entre lui et le citoyen Monvel »... Je laisse au public à juger qui de nous deux a droit sur cet ouvrage... Quant à moi, j'aime mieux présumer cet acte faux, que de croire le citoyen Monvel capable d'autoriser un pareil brigandage, en vendant deux fois son ouvrage. Duchesne'. Voir *L'Amant bourru,* comédie, nouvelle édition conforme à la représentation, par M. de Monvel (Paris: Duchesne, 1797, Avis liminaire).

mais là n'est pas l'essentiel des variantes qu'elle apporte par rapport aux éditions antérieures. La nouvelle édition des *Victimes cloîtrées,* comme celle de *L'Amant bourru,* autre pièce essentielle dans la carrière de Monvel, créée en 1777 et rééditée par Barba en 1796, est l'occasion d'une « sans-culottisation »[35] de ces textes. L'auteur explique dans l'avertissement de la nouvelle édition de *L'Amant bourru* que, « Comme il faut se conformer aux lois de son pays, [il a] supprimé [...] tout ce qui pouvait rappeler cette inégalité de rangs, jadis admise, abolie aujourd'hui. Ces légères corrections ne changent rien au fond de l'ouvrage, et n'en altèrent que bien faiblement quelques détails. J'invite tous les acteurs qui ont joué la pièce, d'après l'ancien texte, à vouloir bien adopter celui-ci. Ce n'est pas un grand effort de mémoire, et d'ailleurs, il est exigé par la prudence et par l'amour de l'ordre ».[36] La Marquise de l'édition de 1777 devient ainsi Cidalise, le domestique Saint-Germain se voit rebaptisé Germain et promu au rang d'« homme de confiance », et, bien évidemment, la dédicace à la Reine disparaît. Les transformations apportées aux *Victimes cloîtrées* sont, dans leur grande majorité, du même ordre, et trahissent la volonté de Monvel de radicaliser le propos idéologique du drame pour adapter celui-ci à l'évolution de la Révolution.

La version primitive de la pièce pouvait en effet sembler bien modérée aux yeux des lecteurs de 1796, ce que pouvait paraître confirmer le fait que les « Noirs » du Théâtre de la Nation n'avaient jamais cessé de la jouer. Monvel y apparaissait comme réformateur, davantage que comme révolutionnaire. Théodore Muret note que « dans les *Victimes cloîtrées,* des réserves sont faites, des distinctions sont posées en faveur du culte épuré des

---

[35] Au sens où l'entend Fleury, qui dans ses *Mémoires*, raconte: 'Au milieu de toutes ces crises, qu'était devenu le théâtre? Où l'avait-on conduit? On le sans-culottisa, comme on sans-culottisait tout. Nos chefs-d'œuvre passèrent au scrutin épuratoire: Gohier refit à Racine les vers qui n'étaient pas à la hauteur; on mit au pas Lesage et Destouches; Regnard ne se présenta qu'avec un certificat de civisme. On avait mutilé Corneille; par exemple, le roi du *Cid* était devenu une espèce de *général des armées républicaines* au service du *royaume d'Espagne*' (*Mémoires de Fleury de la Comédie-Française*, II, 283).

[36] *L'Amant bourru,* comédie en trois actes et en vers libres, représentée pour la première fois aux Tuileries sur le théâtre des Comédiens Français le mercredi 14 août 1777, Nouvelle édition revue et corrigée par le citoyen Monvel (Paris: Barba, 1796), Avertissement de l'auteur, p. iii.

abus »[37] et Pierre-Mourad Mansouri, lorsqu'il met en scène la pièce en 1989, relève que « Monvel prend parti, mais sans jamais attaquer la religion sur ses principes constitutifs ».[38] Lorsque, dans le texte de 1791, Picard réaffirme son zèle à l'égard de ses maîtres, expliquant: « Madame peut avoir ses défauts, n'avons-nous pas les nôtres, et pouvons-nous lui faire un crime de tenir à des idées qui sont nées avec elle, que tout ce qui l'entourait a nourries dans son âme, que des siècles entiers, l'aveu des rois et le consentement des peuples semblaient autoriser. [...] rougissons d'avilir à nos propres yeux ceux dont nous ne rougissons pas d'accepter les bienfaits » (I, 2), lorsque Francheville s'exclame: « Rien n'est anéanti, mon père; tout est respecté, tout subsiste. Le roi n'a rien perdu de sa puissance puisqu'il a conservé celle de faire le bien » (II, 4), la pièce fait entendre un idéal conciliateur qui, dès la fuite du roi à Varennes en juin 1791 et, à plus forte raison, après son arrestation et son exécution en 1793, n'est plus guère audible ni admissible. Telle est pourtant la tonalité générale de la pièce, qui réserve la radicalité de ses traits au déploiement d'un pittoresque sombre et prend soin de ménager, sous les attaques visant le P. Laurent, incarnation archétypale du dévoiement monastique, l'institution religieuse. Francheville prend soin de distinguer le culte, à la scène 4 de l'acte II, des « abus dont on le dégage », qui « ne sont pas la religion ». Il ambitionne de rappeler « à leur institution primitive ceux que nos préjugés en avaient trop écartés ». Et le discours sur les couvents, loin d'adopter une teinte strictement anticléricale, se contente, dans le texte de 1791, de reprendre les arguments sociaux et économiques développés contre l'institution conventuelle dans maints drames antérieurs, notamment *Le Fils naturel* et *Le Père de famille* de Diderot.[39] La réplique finale est parfaitement emblématique de cette ambition irénique: « Venez, mes amis, s'écrie Francheville, courons tous aux pieds des autels, remercier le Dieu qui nous a réunis, ce Dieu de bonté, qui permet que l'on épure enfin son culte des abus honteux qui le dégradaient; ce Dieu qui

---

[37] Théodore Muret, *L'Histoire par le théâtre (1789-1851)* (Paris: Amyot, 1865), I, 56-57.

[38] *Les Cahiers du Théâtre des Pays du Nord*, Centre Dramatique National du Nord Pas de Calais, 17 (1989), p. 4.

[39] Les arguments développés par Francheville, à la scène 3 de l'acte III sont assez proches de ceux de M. d'Orbesson dans *Le Père de famille* de Diderot (II, 2).

pour mieux signaler sa justice permet quelquefois aux méchants le triomphe d'un jour; mais qui ne souffre pas que nous confondions dans nos jugements sévères l'homme de bien, modèle des vertus, objet de nos respects et de l'honneur de la religion, avec le scélérat qui la trahit, mais sans jamais l'avilir » (IV, 7).

On conçoit bien qu'une telle modération, tout à fait adaptée au climat de 1791, ne pouvait manquer de mettre Monvel en difficulté aux alentours de 1793, d'autant plus que d'autres éléments, liés à son passé courtisan, contribuaient à faire de lui un révolutionnaire sur la sellette. En tant qu'acteur, Monvel, dans les années 1770, avait connu les faveurs de la cour, jouant fréquemment devant la famille royale, en particulier devant le Dauphin et la Dauphine qui, en 1773, s'étaient déplacés incognito pour assister à la première de sa comédie *Le Stratagème découvert*. En 1777, il avait fait représenter à la Comédie-Française *L'Amant bourru*, pièce dédiée à la Reine. Certes, Monvel avait depuis manifesté son allégeance à la Révolution, en donnant le 10 juillet 1790 à la Comédie-Italienne *Le Chêne patriotique ou La Matinée du 14 juillet,* comédie en deux actes mêlée d'ariettes, reprise le 14 juillet lors de la fête de la Fédération. Certes, il avait, dès le 27 avril 1791, lors de la scission du Théâtre-Français, rejoint au Théâtre de la République le clan des « Rouges » mené par Talma. Et cet engagement public lui avait valu, en 1792, d'être nommé secrétaire du directoire du département de Paris. Mais cela pouvait-il suffire? Deux jours après avoir créé, le 9 février 1793, le rôle de Fénelon dans la pièce de Marie-Joseph Chénier et avoir été couronné sur scène, Monvel voit rejaillir sur lui les attaques qui accusent l'auteur de complaisance à l'égard de l'institution ecclésiastique. Le *Journal des spectacles* du 11 septembre 1793 déclare que « si l'auteur est coupable, il faut avouer qu'il a un grand complice dans M. Monvel qui met dans le rôle de Fénelon toute la subtilité dont il est capable, et certes ce n'est pas peu dire ».[40] Quant à sa comédie mêlée d'ariettes sur une musique de Dalayrac, *Urgande et Merlin*, créée le 14 octobre 1793, elle lui attire un blâme de la part de la *Feuille du salut public*, qui lui reproche la frivolité de son inspiration:

> Ces lectures [*Amadis de Gaule*, dont s'inspire la pièce] pouvaient être fort bonnes sous les Capet, où le bonheur se faisait chercher dans les illusions et le prestige de l'imagination.

---

[40] Cité par R. Laplace, *Monvel*, p. 218.

Mais pourquoi nous entretenir dans l'habitude des rêves et des colifichets, quand la réalité nous environne, et nous faire chercher hors de nous le plaisir que le républicain trouve en lui-même et dans tout ce qu'il voit autour de lui? Voilà les enchantements dont il faut remplir les cœurs, et qui doivent se reproduire surtout au théâtre, s'ils veulent concourir à propager la morale républicaine et pétrir le pain des hommes libres. Nous invitons le citoyen Monvel à se rappeler que le Conseil de la Commune a cru devoir refuser un certificat de civisme à Palissot pour avoir laissé moisir sa plume dans l'encrier; n'est-ce pas encore plus inexcusable de ne l'en tirer que pour abaisser son style à des sujets efféminés, et n'offrir aux yeux qu'une illusion stérile? Un acteur accoutumé à représenter avec tant de vérité les vertus républicaines mérite ce reproche plus qu'un autre si, devenant auteur, il ne leur fait pas hommage de ses talents.[41]

Monvel, conscient du danger, s'empresse de répondre, le 17 octobre:

Citoyen, [...] Je n'ai point laissé moisir ma plume dans l'encrier. J'ai fait, lors de la première fédération, *Le Chêne patriotique ou La Journée du 14 juillet 1790,* joué sur le théâtre des Italiens avec succès, j'ai donné au Théâtre de la Nation *Les Victimes cloîtrées* ouvrage attaquant directement des préjugés religieux qu'il était alors bien important d'anéantir. On répète maintenant au Théâtre de la République un drame en cinq actes qui fera à lui seul la durée d'un grand spectacle et que j'ose croire plus révolutionnaire qu'aucun de ceux qui ont paru jusqu'à présent.

[...] *Urgande et Merlin* est reçue depuis 1788. Vous la croyez d'un genre trop insignifiant pour un temps de révolution; je la supprime. La pièce devait être jouée aujourd'hui, elle va disparaître de dessus l'affiche. Je ferais bien d'autres sacrifices au bien de ma patrie.

---

[41] *Feuille du Salut public*, CVIII, du 25e jour du premier mois, an IIe de la République française, p. 3. Monvel avait déjà encouru le même type de reproche à propos du *Chêne patriotique:* « Quelques spectateurs ont paru désapprouver que des objets aussi grands, aussi sacrés, aussi respectables que ceux représentés dans cette pièce fussent traduits sur le théâtre et surtout mêlés à des intrigues amoureuses » (compte rendu du *Moniteur universel* du 4 juillet 1790, p. 32-33).

Veuillez bien, Citoyen, insérer ma lettre dans votre journal. C'est ma justification, et vous êtes trop équitable pour me priver des moyens de la rendre publique.[42]

Une note du rédacteur de la *Feuille du Salut public* salue cette preuve d'abnégation civique,[43] et, le 15 novembre 1793, Monvel est l'un des cinquante membres nommés par la Convention sur présentation du Comité de l'instruction publique pour former le Jury des arts. Quinze jours plus tard, le jour de la fête de la Raison, il prononce devant la section de la Montagne, dans la ci-devant église Saint-Roch, un discours remarqué, où il fustige à la fois les « crimes de nos rois »,[44] stigmatisant un « trône où siégèrent, douze siècles entiers, la mollesse, l'incapacité, l'oubli des droits de l'homme, l'abus de tous les pouvoirs, la soif du sang et l'affreux despotisme »,[45] et l'« esprit saint, ou plutôt esprit de mensonge et d'erreur, conception bizarre d'une imagination en délire ».[46] Ce discours, où il s'en prend violemment à l'« altière Autrichienne qui jura, dès le berceau, une haine éternelle aux Français, qui ne monta sur le trône que pour consommer leur ruine »,[47] lui vaut un grand succès, et une souscription est ouverte pour la publication du texte à 3000 exemplaires. Le 29 janvier 1794, il prononce un autre discours, dans le Temple de la Raison, section Guillaume Tell, sur le caractère et les devoirs du républicain, dont le ton est tout aussi radical.[48] Curieusement, cela ne semble pas suffire à le mettre à

---

[42] *Feuille du Salut public*, CIX, du 26ᵉ jour du premier mois, an IIᵉ de la République française, p. 3.

[43] « Nous admirons sincèrement la résignation civique du républicain Monvel. Elle doit servir d'exemple à tant d'auteurs éphémères à qui il en doit moins coûter, si l'on doit mesurer leur amour-propre sur la nature de leur production » (*Ibid.*, p. 4).

[44] *Discours fait et prononcé par le Citoyen Monvel, dans la section de la Montagne, le jour de la fête de la raison, célébrée dans la ci-devant église de St.-Roch, le 10 frimaire an II de la république une et indivisible* [30 novembre 1793], se trouve chez le citoyen Lefer, Paris, An II. Reproduit dans *Monvel, Théâtre, discours politiques et réflexions diverses*, éd. R. Laplace (Paris: Honoré Champion, 2001), p. 67.

[45] *Ibid.*, p.68.

[46] *Ibid.*, p. 67.

[47] *Ibid.*, p. 69.

l'abri des soupçons, et E. de Manne rapporte que, le 31 mars 1794, son drame en cinq actes, *Evrard Rixleben ou l'Homme à la main de fer* (adapté de Goethe), annoncé dans la presse pour le 1er avril au Théâtre de la République, est interdit à la veille de la représentation, et son manuscrit détruit.[49] Ce qui n'empêchera pas Monvel d'être élu à l'Institut le 15 décembre 1795.

L'attitude du dramaturge a, on s'en doute, fait couler beaucoup d'encre. Brissot, dans ses *Mémoires*, l'évoque en ces termes, témoignant de la manière dont elle fut interprétée par ses contemporains:

> *La Matinée du 14 juillet* et *Les Victimes cloîtrées* que j'ai louées dans mon journal seront plus vite oubliées que ce premier ouvrage de Monvel [*L'Amant bourru*]. Il a embrassé avec enthousiasme les idées nouvelles; elles le purifieront de ce que ses mœurs ont eu de trop analogue à celles de l'Ancien Régime. Il faut qu'avec le républicanisme, les vertus austères pénètrent partout, même au théâtre. Je ne m'étonne point que des hommes habitués à s'identifier avec les Brutus et les Caton trouvent dans leurs nobles âmes de nobles inspirations, et quelquefois un penchant vers l'exagération qui semble les rapprocher de leurs modèles héroïques; mais qu'ils laissent à des garçons bateleurs à prendre dans leurs écrits, dans leur langage et leur personne, la sale démagogie et la nature des corps de garde et des ruisseaux.[50]

Les commentateurs plus tardifs n'ont, eux, pas de mots assez durs pour mettre en doute la sincérité de l'engagement public de Monvel. Celui-ci se trouve accusé de « hurler avec les loups » par intérêt et instinct de conservation,[51] de manquer de conviction;[52] il

---

[48] *Discours sur le caractère et les devoirs du républicain, fait et prononcé par Monvel, dans le temple de la raison, section de Guillaume Tell, le premier decadi pluviôse de l'an second de la république française une et indivisible* [29 janvier 1794]. Reproduit dans *Monvel, Théâtre, discours politiques et réflexions diverses*, p. 93-115.

[49] E. de Manne, *Galerie historique des comédiens français de la troupe de Voltaire* (Lyon: N. Scheuring, 1877), p. 285, note 4.

[50] Brissot, *Mémoires*, publié par A. Lescure (Paris: Firmin Didot, 1877), p. 49.

[51] P. Régnier (de la Comédie-française), *Souvenirs et études de théâtre*, troisième édition (Paris: Paul Ollendorff, 1887), p. 31.

[52] A. Royer, *Histoire universelle du théâtre* (Paris: s.n., 1870), p. 169.

aurait, par « incommensurable lâcheté »,[53] formulé des diatribes révolutionnaires qu'il allait s'empresser de renier sous l'Empire. E. de Manne affirme que « Monvel, venu à résipiscence et témoignant un sincère regret de ses erreurs, en fit rechercher les exemplaires afin de les anéantir ».[54] Sans s'attarder sur ces jugements, il convient de noter que les mésaventures de Monvel témoignent de la précarité et de l'instabilité du statut d'homme de théâtre à cette époque. À une période où il n'est pas, et ne saurait être, question d'une autonomie esthétique des Lettres, et moins encore du théâtre, c'est à la lumière de cet itinéraire complexe et de cette histoire tourmentée que prennent sens les modifications observables dans la deuxième version de la pièce.

Avant même cette seconde édition, Monvel avait pris la mesure des risques que lui faisaient courir le ton modéré du texte de 1791 et ses œuvres antérieures à la Révolution. Le 6 février 1793, il écrivait à Delaporte, secrétaire-souffleur du Théâtre de la Nation pour décliner l'offre des Comédiens-français de monter l'*Amant malgré lui,* qui, jugeait-il, « n'est pas en état d'être joué à présent. [...] il y a dans cette pièce des choses qu'il faut changer vu les circonstances ».[55] En mars 1793, il rédige une note demandant à ce que, sur le manuscrit de la Comédie-Française, la phrase « Le Roi n'a rien perdu de sa puissance » (II, 4) soit judicieusement remplacée par « Des Lois puisées dans la nature ont remplacé celles qu'inventèrent l'ignorance, le fanatisme et la superstition ».[56]

L'édition de 1796 s'inscrit dans le prolongement de ces adaptations idéologiques. Elle se signale tout d'abord par la volonté, conforme à l'air du temps, de « sans-culottiser » le texte. Les indications techniques de la didascalie initiale du 4e acte: « côté de la reine », « côté du roi » deviennent « à la droite des acteurs » et « à la gauche ». Les noms des ci-devant aristocrates se voient privés de leur particule (sauf, bien entendu, dans les

---

[53] F. Ambrière, *Mademoiselle Mars et Marie Dorval au théâtre et dans la vie* (Paris: Le Seuil, 1992), p. 33-34.

[54] E. de Manne, *Galerie historique des comédiens français de la troupe de Voltaire*, p. 283.

[55] Voir R. Laplace, *Monvel*, p. 192.

[56] Bibliothèque de la Comédie-Française, Dossier Monvel, Feuillet manuscrit (quart de feuille découpée) signé Monvel.

répliques du contre-modèle qu'incarne le P. Laurent). On ne parle plus de « domestique », mais « d'homme de la maison » (I, 2); « votre maître » (désignant Francheville) est partout remplacé par « votre élève », ce qui fait porter l'accent non plus sur les hiérarchies sociales mais sur le statut de mentor de Picard; plus significativement encore, la femme de charge qui, à la scène 1 de l'acte II disait « quand on est si longtemps loin de ses maîtres », se plaint désormais de l'absence de « ceux qu'on aime » (M. et Mme Saint-Alban).

Le texte publié par Barba développe considérablement les répliques à teneur idéologique (et les propos proleptiques annonçant l'abolition des couvents), tout en radicalisant les positions. La femme de charge, qui se contentait de dire en 1791 « maintenant que nous sommes tous égaux » (I, 2), ajoute en 1796: « et que la noblesse est presque un péché ». Le ton se durcit également, à la scène 3 de l'acte II, où Francheville, qui expliquait simplement en 1791 qu'il préférait son statut de Maire élu aux titres que lui avait valus sa naissance, avant la Révolution, déclare désormais:

> Sous cet ancien régime, dont vous ne parlez qu'avec un si tendre regret, je n'ai voulu rien être, parce que je ne pouvais être qu'un instrument de despotisme, un esclave décoré, qui, à sa honte autant qu'à prix d'argent, eût acheté le droit de tourmenter d'autres esclaves, le privilège de mentir à la nature qui nous a créés tous égaux, et la noble prérogative de vivre oisif du travail et de la sueur du pauvre... J'en demande pardon à votre mari, qui est un honnête homme [...]; mais je n'eusse jamais eu comme lui, pour complaire à ma femme, la faiblesse d'échanger mon antique, ma bonne et modeste roture, contre une noblesse vénale que méprisait le peuple, et que les grands tournaient en ridicule...

Quant au fameux passage de la scène 4 de l'acte II, « Rien n'est anéanti, mon père; tout est respecté, tout subsiste. Le roi n'a rien perdu de sa puissance puisqu'il a conservé celle de faire le bien », il devient en 1796: « Rien n'est anéanti, Monsieur; tout subsiste, mais sous d'autres formes... Le despotisme n'est plus, il est vrai... ».

La radicalisation du propos passe aussi par l'apparition d'un thème nouveau: celui de la noblesse récente du couple Saint-Alban, qui ne la doit pas à sa naissance aristocratique mais à l'achat de titres. Les prétentions de Mme Saint-Alban en paraissent d'autant plus absurdes. Autre innovation: le ciblage plus insistant de l'adversaire religieux, désigné explicitement comme dominicain. L'adjectif est fréquemment ajouté aux évocations du P. Laurent, à tel point que le mot, présent 7 fois seulement dans la première version, l'est 13 fois dans celle de 1796.

Mais la modification la plus spectaculaire concerne les derniers mots de la pièce. L'apologie de la religion épurée énoncée par M. de Francheville laisse place à une célébration combative de l'ordre nouveau par le P. Louis: « Vous allez vous unir par des nœuds éternels; et moi je vais briser les chaînes que la violence m'imposa si longtemps... On m'avait fait un besoin de l'égoïsme, un devoir du mensonge, une loi de l'hypocrisie... Un décret bienfaisant me rend à la vérité, à ma patrie, à la nature!.... ». Par ces quelques modifications, Monvel a su faire de son drame une pièce véritablement révolutionnaire, épousant le mouvement de l'histoire.

Cette version fut-elle jouée? Difficile, en l'absence de document, de l'affirmer. Le manuscrit conservé à la Comédie-Française, et qui correspond au texte de la création au Théâtre de la Nation en 1791, ne porte pas trace de modifications postérieures. Mais peut-on pour autant en déduire que les Comédiens-français réfugiés au Théâtre de la rue Feydeau continuèrent à jouer cette version? Et en l'absence de manuscrit de ce type récupéré dans les archives du Théâtre de la République, ainsi que d'allusion précise au texte dans les comptes-rendus de journaux contemporains (curieusement peu diserts sur cette reprise), on ne peut formuler que des hypothèses.

1799-1830: *Les Victimes cloîtrées* au purgatoire de l'histoire

Ainsi ajustée aux dogmes et aux discours nouveaux, la pièce, on l'a vu, survit scéniquement jusqu'en 1799. Monvel, lui, a, depuis quelque temps, adopté un nouveau visage politique. Évoqué, dans une lettre de Bonaparte de 1795 comme un « parfait ami »,[57] très apprécié de l'empereur, qui, grâce à son interprétation d'Auguste dans *Cinna*, comprit enfin le sens politique de la pièce, il renie ses discours de Saint-Roch et de la section Guillaume Tell. En mai 1799, il participe activement, en tant que commissaire, à la réouverture de la Comédie-Française réunifiée (rôle justifié, tant *Les Victimes cloîtrées* avaient continué, tout au long de la

---

[57] Citée par R. Laplace, *Monvel*, p. 241.

Révolution, à faire le lien entre les frères ennemis). En avril 1807, il obtient une chaire de professeur au Conservatoire impérial.

Si Antoine-François Arnault peut encore, en 1798-1799, témoigner avoir assisté, à Gênes, à une représentation triomphale des *Victimes cloîtrées*,[58] la pièce semble cependant peu à peu disparaître des scènes. Cette éclipse, ainsi que l'absence d'édition entre celle (vraisemblablement pirate) de 1798 et l'année 1826 s'expliquent par l'évolution du rapport à la religion et par la prégnance d'une réaction catholique contre-révolutionnaire. La position de Geoffroy à l'égard du théâtral monacal de la Révolution est, à cet égard, emblématique. En décembre 1802, il revient sur le *Fénelon* de Chénier, dans une critique acerbe dont les arguments valent aussi pour le drame de Monvel:

> La Harpe avait du moins le mérite de la témérité et d'une sorte de hardiesse en s'élevant contre les cloîtres lorsqu'ils subsistaient encore [dans *Mélanie*]. Chénier ne fit pas une action virile, lorsqu'il insulta et calomnia les religieuses au moment où la révolution les proscrivait. Il faut que l'auteur de *Charles IX* et de *Fénelon* se soit toujours bien défié de ses forces, puisqu'il a constamment cherché à s'appuyer du fanatisme anarchique et des passions d'une multitude égarée: l'impiété l'a dispensé du génie; ses vers ont été soutenus par la haine de la religion et des prêtres.[59] Quel sort pour un poète dramatique d'être réduit à spéculer sur les désordres de la société! Que peut-on penser d'une muse qui agiote ainsi ses succès et qui, pour se produire avec quelque avantage, a besoin des malheurs publics? [...] Quant à l'absurdité, à l'atrocité, je doute que la priorité appartienne à Chénier. Nous avons à l'Opéra-comique un souterrain supérieur au cachot des religieuses de Cambrai [*Camille ou le souterrain*, de Marsollier des Vivetières], et, pour toute espèce de mérite révolutionnaire, *Les Victimes cloîtrées* l'emportent même sur *Fénelon*.[60]

---

[58] Antoine-François Arnault, *Souvenirs d'un sexagénaire*, éd. R. Trousson (Paris, Honoré Champion, 2003), p. 682.

[59] Curieux retournement: la pièce qui, en 1793, avait été jugée par certains journaux comme trop complaisante devient l'incarnation paroxystique de l'extrémisme anticlérical.

[60] J.-L. Geoffroy, *Cours de littérature dramatique* (Genève: Slatkine reprints, 1970), IV, 120-22.

Si la pièce demeure encore présente dans les discours, c'est en tant qu'épouvantail, esthétique autant qu'idéologique. Les histoires de l'Église et, en général, les ouvrages écrits par des ecclésiastiques brossent des *Victimes cloîtrées* un tableau terrifiant et de Monvel le portrait d'un révolutionnaire fanatique, assoiffé du sang des religieux.[61] Chez Geoffroy aussi, le théâtre anticlérical est présenté sous un aspect négatif, comme l'émanation dangereuse d'une scène attisant les haines et la discorde civile:

> Pourquoi ne pas ensevelir dans le même silence les crimes de la superstition et ceux de la démagogie? Il faut oublier et les couvents et les clubs, et les attentats des prêtres et ceux des proconsuls. [...] Quelle témérité de réveiller des haines si récentes, de déchirer des plaies qui saignent encore, pour le vain plaisir de faire débiter sur la scène de misérables déclamations, rebattues depuis un demi-siècle, et qui n'ont aucun mérite littéraire! Tous les honnêtes gens savent que la destruction des autels a été comme le signal de la destruction de la société, et que, par la proscription des prêtres, on a préludé aux massacres des citoyens. Peuvent-ils voir aujourd'hui sans alarmes cette mascarade de *Fénelon*? Peuvent-ils entendre de sang froid des diatribes qui semblent avoir pour objet de rendre odieuse une religion dont le rétablissement est le gage de leur salut et l'un des plus signalés bienfaits de l'auguste chef de la république. Essayer en ce moment de rallumer les flambeaux de l'impiété et de la haine sacerdotale, n'est-ce pas en quelque sorte sonner le tocsin de la guerre civile? [...] Ne serait-il pas beaucoup plus sage d'éloigner de la scène tout ce qui peut réveiller l'esprit de parti? N'avons-nous pas un assez grand nombre de bonnes pièces sans qu'il soit nécessaire d'aller déterrer ces monstruosités dramatiques dans la fange de l'anarchie? Les applaudissements insensés qu'on a prodigués à des vers qui n'avaient d'autre mérite que de flatter une faction prouvent assez clairement qu'il reste encore dans la masse une trop

---

[61] 'Le théâtre qui se vengeait des sévérités de l'Église contre les histrions réunissait tout son esprit pour railler les couvents. [...] *Les Victimes cloîtrées* du comédien Monvel présentaient le tableau odieux et menteur de l'esclavage d'un couvent: s'il y avait tant de vœux forcés et d'inclinations méconnues, d'où vient que lorsqu'on rendit la liberté à ces jeunes victimes, elles s'exilèrent pour retrouver le cloître au-delà des frontières?' (Jean-Baptiste H. R. Capefigue, *L'Église pendant les quatre derniers siècles* [Paris: Amyot, 1854], p. 255).

grande quantité de ferments révolutionnaires qui pourraient s'enflammer à la première occasion favorable, et porter encore la désolation dans la société.[62]

Rien d'étonnant donc à ce que le purgatoire scénique auquel se trouve condamnée la pièce de Monvel se voit, çà et là, assorti de mesures de censure. L'*Almanach des spectacles pour 1827* compte ainsi *Les Victimes cloîtrées* au nombre des pièces dont la représentation a été ajournée par « l'un des grands théâtres de province ».[63] Et quand la pièce reparaîtra sur la scène du théâtre de la Porte Saint-Martin en 1830, ce sera avec la réputation d'un drame « mis à l'index depuis 1792 ».[64] Qu'elle s'appuie ou non sur les faits,[65] cette réputation n'en est pas moins révélatrice d'un repli du répertoire révolutionnaire, motivé par des raisons idéologiques.

La résurrection des *Victimes cloîtrées* sous la forme d'une édition apocryphe en 1826 à Paris le confirme: si, globalement, elle reprend plutôt le texte de 1796, cette version, à laquelle Monvel, mort en 1812, n'a pas pris part, se caractérise par une atténuation du propos politique. Ayant retrouvé sa particule, M. de Saint-Alban se contente de parler de « révolution », là où M. Saint-Alban, en 1796, glorifiait « l'heureuse révolution à qui nous devons en France le rétablissement des droits de l'humanité ». La sortie de Francheville contre l'Ancien Régime est supprimée, tout comme la dernière partie de la réplique finale du P. Louis, qui se réduit désormais à l'annonce du mariage des héros. Mais le soubresaut de 1826 n'en préfigure pas moins le retour de la pièce sur le devant de la scène théâtrale et politique.

1830: au reflet d'une autre révolution

C'est, significativement, à une autre révolution, celle de juillet 1830, et à la renaissance d'un théâtre anticlérical que *Les Victimes*

---

[62] J.-L. Geoffroy, *Cours de littérature dramatique*, IV, 123-25.

[63] *L'Almanach des spectacles pour 1827* (Paris : Barba, 1827), p. 21.

[64] Voir *Le Corsaire, journal des spectacles, de la littérature, des arts, mœurs et modes*, 19 août 1830.

[65] La pièce ne figure pas à l'index romain, qui ne s'intéresse guère aux pièces de théâtre, et elle n'apparaît pas dans le catalogue établi par Odile Krakovitch, *Les Pièces de théâtre soumises à la censure (1800-1830)* (Paris: Archives Nationales, 1982).

cloîtrées vont devoir leur seconde heure de gloire. Et ce, au nom de la dimension politique de la pièce.

Théodore Muret explique, dans *L'Histoire par le théâtre*, ce regain d'intérêt pour le théâtre monacal:

> La Restauration avait trouvé en face d'elle une génération nombreuse qui avait grandi pendant la période révolutionnaire, qui avait passé par les casernes de l'Empire, à qui l'Église était totalement étrangère, sinon tout à fait antipathique, et c'est en face de cette génération, si foncièrement sceptique et voltairienne, qu'on avait eu l'imprudence de rétablir une *religion de l'état*. Napoléon avait jugé que le culte officiellement reconstitué et organisé entrerait comme un élément utile dans l'édifice de son pouvoir; mais il n'accordait pas d'autre rôle au clergé, rigoureusement plié sous sa discipline générale. Au retour des Bourbon, le clergé ne se contenta pas de vivre, comme tout le monde, d'une vie plus libre. Cette prétention lui fut extrêmement fâcheuse, comme elle le fut au gouvernement qu'on identifia avec lui, et la lutte des quinze ans exaspéra jusqu'à la haine l'incompatibilité d'humeur par laquelle la France de la révolution était séparée de l'Église. De là l'explosion effrénée qui frappa tout ensemble, en 1830, le pouvoir déchu et le clergé, enveloppé dans le stigmate attaché au nom de *Jésuite*. [...] Les théâtres se jetèrent sur cette pâture avec une émulation avide, et l'exploitation du prêtre et du jésuite fut une ressource, une mine qu'ils fouillèrent jusque dans les derniers filons.[66]

La Monarchie de Juillet ayant aboli la censure préventive, les pièces du vieux répertoire révolutionnaire reparaissent sur les scènes. On reprend *Les Dragons et les Bénédictines* de Pigault-Lebrun, *Fénelon* de Chénier (réduit en trois actes).[67] On crée des mélodrames dans cette veine anticléricale, comme *Le Jésuite* de Ducange et Pixérécourt.[68] *L'Incendiaire ou la Cure et l'Archevêché* met en scène un archevêque particulièrement odieux.[69] Et Muret de conclure: « Bientôt tous les théâtres eurent ajouté, comme jadis, à leur magasin de costumes et d'accessoires, un assortiment complet

---

[66] Muret, *L'Histoire par le théâtre*, III, 65-66.

[67] *Ibid.*, p. 70; et E. Estève, 'Le théâtre monacal sous la Révolution', p. 125.

[68] Muret, *L'Histoire par le théâtre*, III, 69.

[69] Estève, 'Le théâtre monacal sous la Révolution', p. 125.

de robes de cardinal, de rochets, de soutanes, de surplis, de frocs, de croix, de bannières, etc., et ce n'était pas précisément dans un but d'édification pour les âmes dévotes ».[70]

François-Louis Crosnier, qui, en février 1830, avait présidé à la réouverture du Théâtre de la Porte Saint-Martin, temple du mélodrame sur les boulevards, habitué à accueillir des spectacles plus audacieux sur le plan idéologique que les salles officielles, prend vite la mesure de cet engouement pour les sujets monacaux et, en habile entrepreneur de spectacles, il fait annoncer dès le 8 août la reprise, pour le 19 du même mois, des *Victimes cloîtrées*, qui coïncide avec la rentrée sur scène de Marie Dorval.[71]

La stratégie publicitaire mise en place, si elle joue évidemment sur la popularité de l'actrice, ne s'appuie pas moins sur l'actualité politique de la pièce de Monvel. Le *Courrier des Théâtres* annonce que le public « sera curieux de voir *Les Victimes cloîtrées* au Théâtre de la Porte Saint-Martin. Jadis il fit courir à la Comédie-Française. Aujourd'hui, les circonstances lui sont encore plus favorables. Presto! ».[72] Et, le lendemain de la première, *Le Corsaire* salue le « succès brillant » de la pièce, en expliquant: « On ne peut pas s'étonner de la longue proscription qui pesait sur ce drame dans un pays où la religion catholique était la religion de l'état: car de semblables représentations sont de terribles réquisitoires contre le fanatisme et les envahisseurs de l'esprit-prêtre ».[73] Le comte Joseph d'Estourmel, qui avait assisté à la création de la pièce en 1791, se rend, quarante ans plus tard, à sa reprise: « Je veux juger de l'effet que la pièce me fera aujourd'hui et jusqu'à quel point le parterre et moi pouvons être vieillis depuis quarante ans. Eh bien, je dois au parterre la justice de déclarer que je l'ai trouvé parfaitement conservé: il n'a pas pris une année, il est resté le même. [...] Quel succès d'enthousiasme: " Voyez l'affreux scélérat! criaient les prêtrophobes; il ne montre que le blanc de ses yeux! " et c'était une joie et des transports et des marseillaises qui

---

[70] Muret, *L'Histoire par le théâtre*, III, 70.

[71] F. Ambrière, *Mademoiselle Mars et Marie Dorval*, p. 198.

[72] *Courrier des théâtres*, n°4258, dimanche 8 août, p. 4.

[73] *Le Corsaire, journal des spectacles, de la littérature, des arts, mœurs et modes*, 20 août 1830.

se répondaient du parterre au paradis ».⁷⁴ Le succès des représentations est renforcé par la longue relégation qu'a subie la pièce et par les difficultés qu'on éprouve, dans certains cas, à Genève notamment, pour la faire représenter.⁷⁵ Partout, le triomphe des *Victimes cloîtrées* est mis au compte de leur pertinence politique, interprété en termes idéologiques. Le correspondant orléanais du *Journal des Comédiens* rend compte de la « révolution » qu'a occasionnée sur le théâtre de sa ville, qui manifestait jusqu'alors « un faible pour le bréviaire », « le sang [des] braves, qui a improvisé cette merveilleuse régénération politique » : « On nous donne ici les *Visitandines*, et qui pis est *Les Victimes cloîtrées,* et non dans le désert, car la salle est comble ! [...] Nous osons prédire plusieurs bonnes recettes à l'administration, avec toutes les pièces de ce genre qui stigmatisera le fanatisme. Nous en avons été trop longtemps victimes pour ne pas le berner, du moins au théâtre ».⁷⁶ Même réaction à Strasbourg, où, selon le chroniqueur local, au spectacle des horreurs relatées par Monvel, « chacun semblait dire: Voilà bien ce qui existait, voilà ce qui fût revenu si on les eût laissé faire ».⁷⁷

Cette reprise est indéniablement un succès. La pièce attire la foule. Selon *Le Corsaire,* « Les spectateurs trépignent d'enthousiasme et les spectatrices répandent des torrents de larmes. Jamais drame n'a produit plus d'effet sur un public français ».⁷⁸ Le *Courrier des Théâtres* note pour sa part le 25 août que « Les recettes grossissent à vue d'œil et le succès avec »,⁷⁹ et il salue quotidiennement l'affluence à la Porte Saint-Martin, qui, en

---

⁷⁴ *Souvenirs de France et d'Italie dans les années 1830, 1831 et 1832*, par le comte Joseph d'Estourmel, Paris, Crapelet, 1848, à la date du 1ᵉʳ octobre [1830], p. 47-48.

⁷⁵ Voir le *Journal des comédiens. Feuille spéciale des théâtres de la France et de l'étranger* du 27 janvier 1831, p. 7, à propos d'une représentation à Genève, le samedi 15 janvier.

⁷⁶ *Journal des comédiens*, 15 octobre 1830, Théâtre d'Orléans, p. 2-3.

⁷⁷ *Ibid.*, 20 octobre 1830, Strasbourg, p. 3.

⁷⁸ *Le Corsaire*, 22 août 1830.

⁷⁹ *Courrier des Théâtres*, n°4275, mercredi 25 août 1830. Voir aussi n°4276, jeudi 26 août 1830; n° 4277, vendredi 27 août 1830; n°4278, samedi 28 août 1830; n° 4280, lundi 30 août 1830.

rapportant à ce théâtre plus de 3000 francs par soirée[80] commence à sérieusement inquiéter la Comédie-Française. La recette est encore supérieure les soirs où le drame est couplé avec d'autres pièces de circonstance, comme *La Barricade*.[81] En septembre, le public parisien se partage entre *Les Victimes cloîtrées* à la Porte Saint-Martin et *Le Jésuite* à la Gaîté.[82] Mais la recette demeure importante, au point que Crosnier prend l'initiative de « payer à Mme Veuve Monvel un droit d'auteur dont il était fort légalement affranchi, puisque *Les Victimes cloîtrées* sont tombées dans le domaine public ».[83] Le succès ne se circonscrit pas à la capitale. Les revues théâtrales rendent compte, au jour le jour, des reprises en province. Entre octobre 1830 et février 1831, *Les Victimes cloîtrées* sont jouées, devant un public nombreux et enthousiaste, à Orléans, Calais, Strasbourg, Tours, Marseille, Dijon, Laon, Bordeaux, Metz, Valenciennes, Besançon, et, dans la région parisienne, au Théâtre de la rue Chantereine et à Saint-Denis.

De manière révélatrice, le succès des *Victimes cloîtrées* reproduit les types de comportements réceptifs et les rites civiques qui avaient caractérisé la pratique théâtrale de l'époque révolutionnaire. Avec le drame de Monvel, c'est aussi une certaine conception de l'inscription du spectacle dans la vie sociale que l'on ressuscite. Et ce, dès la première:

> […] l'administration du théâtre de la Porte Saint-Martin avait annoncé que les places des étages supérieurs seraient offertes gratis aux Parisiens. Ceux-ci ont tellement voulu répondre à cette aimable attention que le théâtre a été mis en état de siège pendant près d'une grande heure, et que le public payant a eu beaucoup de peine à pénétrer dans la salle. Grâce à l'intervention des gardes nationaux de service, qui ont fait comprendre à ces affamés de spectacles qu'il ne pouvait entrer qu'un certain nombre d'entre eux aux places désignées, l'ordre a été rétabli.[84]

---

[80] *Ibid.*, n°4284, vendredi 3 septembre 1830.

[81] *Ibid.*, n°4287, lundi 6 septembre 1830.

[82] *Ibid.*, n°4293, dimanche 12 septembre 1830.

[83] *Ibid.*, n°4294, lundi 13 septembre 1830.

[84] *Journal des comédiens*, 21 août 1830, p. 3.

Le samedi 18 septembre, la Porte Saint-Martin donne une « seconde représentation au bénéfice des blessés dans les glorieuses journées des 27, 28 et 29 juillet ».[85] Elle est, ce soir-là, le seul théâtre de Paris à annoncer un chant national.[86] Avec *Les Victimes cloîtrées,* rejaillit aussi l'idéal d'un théâtre « populaire », comme le montre cette note du correspondant marseillais du *Journal des comédiens* en janvier 1831: « Il y a un mois environ, M. Grudère pouvait compter sur deux recettes par semaine [...]. Les lundi et samedi, *Bonaparte, Les Victimes cloîtrées, Fénelon* ou *Charles IX* faisaient foule, et le peuple, moyennant 55 centimes pour cinq heures de spectacle, se reposait du travail d'une semaine, et croyait assister à cette glorieuse révolution dont on devrait chercher davantage à lui faire comprendre le principe et les espérances ».[87]

S'il réitère en apparence les formes révolutionnaires de la fortune originelle de la pièce, ce triomphe récompense, en fait, une pièce qui n'est plus tout à fait celle de 1791, et moins encore celle de l'édition de 1796. Le texte joué en 1830 n'est plus le texte de Monvel, mais une réduction de celui-ci en trois actes, adaptée aux canons du mélodrame, alors en vogue. C'est d'ailleurs sous cette étiquette générique, mais encore sous le nom de Monvel, que la pièce est offerte au public, dans le temple du genre. Les deux premiers actes de la pièce d'origine sont condensés en un seul, les répliques resserrées. Surtout, les propos politiques se voient considérablement réduits et leur teneur révolutionnaire soigneusement estompée, le texte de 1830 se situant bien en deçà de celui de 1791. Toute allusion à l'orgueil de Mme de Saint-Alban ou à la question des ordres disparaît, le rôle de Francheville est amputé, le mot « maîtres » fait son grand retour, quant à la phrase litigieuse de 1791, « le roi n'a rien perdu de sa puissance », elle est réintégrée: on substitue seulement « gouvernement » à « roi ». Le mot de la fin manifeste, lui aussi, un retour à l'état le plus modéré du texte. Il revient à Francheville, qui s'exclame: « Venez mes amis, courons tous aux pieds des autels remercier ce Dieu qui ne souffre pas que nous confondions, dans nos jugements sévères, l'homme de bien, modèle des vertus et l'honneur de la religion,

---

[85] *Courrier des Théâtres*, n°4298, vendredi 17 septembre 1830.

[86] *Ibid.*, n°4299, samedi 18 septembre 1830.

[87] *Journal des comédiens*, mercredi 12 janvier 1831, Marseille.

avec le scélérat qui la trahit, mais sans jamais l'avilir ». Le décret de la Constituante n'est plus alors qu'un prétexte narratif, une facilité dramaturgique qui permet de dénouer l'intrigue, et la pièce substitue aux références à la chronologie révolutionnaire des allusions à une actualité plus contemporaine. À la scène II de l'acte 6, l'adaptateur (anonyme) de la version de 1830 ajoute au discours du sinistre P. Laurent cette phrase menaçante: « Tu ne sais pas ce que c'est que la haine d'un prêtre » et une note explique au lecteur qu'il s'agit d'un mot historique, prononcé par un certain Frilay, curé jugé à Rouen pour assassinat et condamné aux travaux à perpétuité en mai 1830. Du point de vue de l'imaginaire et de l'imagerie littéraires, on est désormais bien loin du texte de 1791.

Ce décalage historique finit par se faire sentir, nuançant progressivement le succès de la pièce. Ressuscitée au nom de son exemplarité révolutionnaire, celle-ci devient peu à peu l'incarnation d'une *autre* révolution, révolution dépassée qui ne saurait correspondre absolument à la situation actuelle. La perception de l'altérité et de l'obsolescence des *Victimes cloîtrées* s'insinue dans les comptes rendus. Dès le 10 août, le *Journal des comédiens* note que le drame de Monvel décrit une réalité abolie depuis longtemps: « Ce n'est donc pas tant dans l'intention de donner une leçon à la génération actuelle qu'il peut être utile de reprendre le drame de Monvel. Les Jésuites se sont bien gardés, en remettant les pieds sur le sol d'où on les avait chassés, de reprendre des costumes qui les auraient rendus ou la risée ou l'horreur des populations ».[88] Le combat de Monvel n'est assurément plus celui de la Monarchie de Juillet: « Aujourd'hui qu'il n'y a plus de couvents, plus de monastères, plus de riches abbayes, le sujet est loin d'imprimer la même terreur dans l'esprit des spectateurs, et par conséquent, il est bien loin d'offrir l'intérêt que ce drame pouvait produire il y a quarante ans ».[89] Au nom de l'anachronisme du propos, l'anticléricalisme de la pièce se trouve ainsi mis à distance et atténué: « [...] Les mœurs du père Laurent ne sont plus celles de notre siècle, où, sous un ministère qui n'a qu'une force d'inertie, la société sait, de son propre mouvement, maintenir l'ordre et paralyser les perturbateurs; mais les principes qui ont

---

[88] *Ibid.*, 20 août 1830.

[89] *Journal des comédiens*, 2 décembre 1830 (Théâtre de Metz, représentation du 28 novembre), p. 6.

présidé à la composition du poème nous intéressent vivement, au moment où le pouvoir temporel s'infiltrait dans une classe qui ne doit avoir qu'une puissance morale, et qui gagnera beaucoup à ne chercher d'autre appui que ses vertus ».[90] L'efficacité originelle de la pièce, qui a, en son temps, « porté le coup mortel » aux jésuites et « moines de toutes sectes »[91] est précisément ce qui fait son obsolescence politique en 1830.

Elle ne vaut plus alors, sur le plan idéologique, que comme illustration de l'utilité civique du théâtre et comme argument à l'encontre de la censure: « Depuis vingt jours, constate le *Journal des comédiens,* on joue sur tous les théâtres de la capitale des pièces dans lesquelles on retrace, avec la plus énergique vérité, les grands événements qui se sont passés dans les trois immortelles journées; on chante *la Marseillaise, la Parisienne, la Tricolore,* on crie: *Vive la liberté!* on accable le despotisme et ses séides d'épigrammes et de couplets; on a représenté *Les Victimes cloîtrées, Les Visitandines* [...] et Paris est tranquille, et l'on se promène dans les rues comme par le passé, et on ne violente, et on ne tue personne, et le souverain, la religion, les prêtres, les lois sont respectés!.... En présence de pareils faits, venez donc reparler de la censure! Osez donc faire pressentir le retour des censeurs! ».[92] Désormais, *Les Victimes cloîtrées* « n'attestent qu'une chose, le droit acquis de tout dire et de tout faire figurer sur le théâtre ».[93]

C'est là, semble-t-il, son seul mérite: l'attrait de la nouveauté passant, les comptes rendus se font de plus en plus critiques, stigmatisant, sur le plan littéraire, la « faiblesse extrême » de la pièce, qui « [sent] le *perruquisme* »[94] et est un ouvrage « trop en arrière [du] goût » actuel: « l'art dramatique a fait des pas de géant depuis la création des *Victimes cloîtrées* et le dialogue de cette pièce surtout sent la décrépitude ».[95] Jules Janin aura alors beau jeu d'écrire, en 1853, dans son *Histoire de la littérature dramatique,* à

---

[90] *Ibid.*, 1er novembre 1830 (théâtre de Laon, représentation du 30 octobre, p. 4.

[91] *Ibid.*, 15 novembre 1830 (Théâtre de Bordeaux, représentation du jeudi 11 novembre), p. 7.

[92] *Ibid.*, 21 août 1830, p. 3.

[93] *Ibid.*, 30 janvier 1831 (Théâtre de Valenciennes), p. 6.

[94] *Ibid.*

[95] *Ibid.*, 16 décembre 1830, p. 7.

rebours de la vérité historique mais à l'unisson du discours ambiant sur la pièce, qu'à l'occasion de la reprise des *Victimes cloîtrées* en 1830, « le public des boulevards les a supportées à peine un jour ou deux; le dégoût en a fait justice et il faudra de bien cruelles révolutions pour que *Les Victimes cloîtrées* s'emparent même de la plus humble affiche du boulevard ».[96] Une tentative de reprise à l'Odéon, en mars 1848, est un échec financier,[97] et la pièce, rééditée quelques fois, notamment au sein de l'anthologie du *Théâtre révolutionnaire* de Louis Moland, ne connaîtra plus les faveurs de la scène pendant près d'un siècle et demi. Elle reste cependant présente, en arrière-fond, dans la mémoire culturelle du XIXe siècle, qui en ressuscite le souvenir chaque fois qu'un scandale public met au jour un cas de vocation forcée ou d'enfermement arbitraire.[98]

1989: l'ère de la commémoration

C'est, une fois encore, à son ancrage historique, que la pièce de Monvel devra son exhumation au moment des célébrations du Bicentenaire de la Révolution française en 1989, sous la double forme d'une lecture publique et d'une mise en scène.

La lecture (partielle) a lieu au Carré Silvia Monfort le 30 janvier 1789, dans le cadre d'une série de lectures-conférences organisée en collaboration avec France Culture, intitulée « La Révolution sur les tréteaux ». Conçue, écrite et présentée par Michèle Santacroce et Silvia Monfort, cette série envisage la pièce de Monvel dans le

---

[96] Jules Janin, *Histoire de la littérature dramatique* (Paris: Michel Levy, 1853), I, 270.

[97] Paul Porel et Georges Monval, *L'Odéon, histoire administrative, anecdotique et littéraire du second théâtre français (1818-1853)* (Paris: Alphonse Lemerre, 1882), p. 288.

[98] Voir, par exemple, la *Revue nationale et étrangère politique, scientifique et littéraire*, article signé Paul Brenier, le 25 mars 1861, p. 307: 'Permettez-moi de vous demander [...] si nous sommes revenus au temps où les couvents recelaient les fruits d'une propagande opiniâtre et clandestine. La triste affaire qui vient de se dérouler devant la cour d'assises de Douai a laissé un épilogue qui ramène l'attention publique sur ces récits de vocation forcée dont les romans de la fin du XVIIIe siècle sont pleins. Une jeune fille a été enlevée à sa famille qui la cherche et ne peut la trouver. On sait qu'elle est dans un couvent. [...] En attendant, on assure qu'un théâtre du boulevard va reprendre les *Victimes cloîtrées* du citoyen Monvel. Ce drame est redevenu de circonstances et sa reprise aura plus de cent représentations'.

contexte exclusif du répertoire révolutionnaire, « abordé dans un esprit historique, vu sous l'angle d'un théâtre événementiel, reflet de l'esprit du temps, plus engagé dans son actualité que soucieux d'école littéraire; metteur en scène de ses grands moments politiques et guerriers, comme de l'évolution des mœurs et de la sensibilité ». *Les Victimes cloîtrées* y ont naturellement leur place, au cœur d'une soirée envisageant la question religieuse sur les scènes, « de l'anti-cléricalisme à la déchristianisation de l'an II ». Outre la lecture du drame par Silvia Montfort, Nicolas Pignon et Christian Benedetti, la représentation propose la lecture de comptes rendus de séances de la Convention. Tous les textes abordés lors de ces « lundi de la révolution » (*Charles IX* de Chénier, *Le Réveil d'Épiménide à Paris* de Flins des Oliviers, *Le Siège de Thionville* de Saulnier et Dutheil, *Le Camp de Grandpré ou le triomphe de la République* de Chénier et Gossec, *La Mort de Marat* de Barrau, *L'Ami des lois* de Laya, *Le Jugement dernier des rois* de Maréchal, *Le Vieux Célibataire* de Collin d'Harleville, *Le Souper des jacobins* de Armand Charlemagne, *Madame Angot*) sont ainsi rapportés à l'actualité événementielle, appelés à compléter les documents historiques pour brosser le tableau, riche et vivant, d'un art dramatique fondamentalement ancré dans son époque. Dans cette ambition pédagogique plus que légitime et cette programmation pertinente, ce qui se perd cependant, c'est évidemment le théâtre.

On retrouve celui-ci dans la série de représentations des *Victimes cloîtrées* donnée par le Théâtre des Pays du Nord, Centre Dramatique National du Nord Pas-de-Calais, alors dirigé par Jean-Louis Martin-Barbaz, à Seclin, Laon, Maubeuge, Béthune et Bruay-la-Buissière, en avril et mai 1789, puis à la Cité Internationale de Paris. Soutenue par les Ministères de la Culture, de la Communication, du Bicentenaire et des Grands Travaux, avec le parrainage de la Mission nationale du Bicentenaire de la Révolution et des droits de l'homme, la mise en scène de Pierre-Mourad Mansouri inscrit, elle aussi, le texte de Monvel dans un cycle illustrant le répertoire révolutionnaire, où elle côtoie *Charles IX*, *L'Ami des lois*, *Le Jugement dernier des rois*, *L'Intérieur des comités révolutionnaires* et *Madame Angot*. La programmation est assortie, ici encore, d'une ambition pédagogique, sensible dans les dossiers qui accompagnent, dans *Les Cahiers du Théâtre des Pays du Nord*, chacune des pièces mises en scène. Les notes d'intention publiées par Pierre-Mourad Mansouri et Jean-Louis Martin-Barbaz dans le dossier consacré aux *Victimes cloîtrées* insistent sur le caractère à la fois populaire et « militant » de ce théâtre, tissant implicitement un lien entre la pratique du théâtre révolutionnaire et les enjeux modernes du théâtre décentralisé. La lecture du drame qu'ils y proposent se veut ostensiblement actualisante: ils invoquent le feuilleton *Dallas* à propos des rapports de force entre les personnages et de la figure du « méchant » et invitent à lire la charge anticléricale de Monvel à la lumière d'une autre révolution, contemporaine des représentations, qui « s'affirme comme une révolution religieuse » et réclame des têtes. Ces comparaisons qui, avec le recul, peuvent paraître forcées et peu convaincantes, méritent néanmoins d'être mentionnées, dans la mesure où elles trahissent l'embarras et la difficulté auxquels se trouve confronté quiconque envisage de redonner vie à une œuvre aussi intimement liée aux circonstances historiques de sa création que *Les Victimes cloîtrées*. Faut-il mettre en scène ce texte dans une optique patrimoniale strictement historicisante? Mais alors quel sens donner à sa reprise, dès lors que le contexte qui a légitimé son écriture nous est devenu étranger? Une pièce de théâtre ne doit-elle pas nous parler aussi de nous et d'aujourd'hui? On peut ainsi être amené à penser que ce répertoire est peut-être aussi précieux *par ce qu'il nous donne à penser de notre rapport au spectacle*, *parce qu'il nous donne à penser l'historicité du théâtre*.

Et si la pièce valait par elle-même, hors de toute annexion circonstancielle, autrement que dans l'histoire? L'hypothèse est clairement posée par le metteur en scène, sensible aux enjeux spectaculaires et au statut mélodramatique de la pièce de Monvel. Ce dernier, acteur autant qu'auteur, nous donne aujourd'hui, selon Pierre-Mourad Mansouri, « l'occasion de raconter une fable avec tous les moyens du théâtre: le rire, l'émotion, la fureur, la violence, le rêve, la fantaisie, la folie et la magie, bref tous les moyens de faire du spectacle et, en même temps, de traiter un des sujets les plus graves de cette époque ». Autant dire que la lecture idéologique de la pièce, qui a déterminé durant deux siècles sa fortune scénique et critique, n'est peut-être pas suffisante.

UNE EXPÉRIENCE DRAMATIQUE

Cette lecture idéologique, de fait, ne rend pas compte à elle seule de la première réception des *Victimes cloîtrées* et de leur succès. Et il semble, finalement, que ce n'est qu'à partir de la reprise de 1830 que la pièce se trouve envisagée exclusivement sous l'angle politique, comme une pièce de pure circonstances, vouée à s'effacer en même temps que le combat qui l'instrumentalise. Point de vue réducteur qui, comme l'a montré Pierre Frantz, minore la portée du glissement de la production dramatique de la fin du XVIII⁰ siècle vers le spectacle.[99]

L'hypothèse d'une autre révolution

Dès 1791, un certain nombre de comptes rendus, non content de souligner la part d'opportunisme de Monvel, qui reprend les *topoi* du théâtre monacal alors en vogue, dénonce le caractère déjà obsolète de ce type d'*inventio*. Le *Mercure de France* écrit, dès le 16 avril 1791:

> [...] pourquoi choisir un sujet qui ne présente que des situations pénibles et révoltantes [...]? La représentation de *Mélanie* aurait épargné bien des crimes à des pères barbares: quel est ici l'objet de l'auteur? Il eût été louable sans doute s'il avait fallu désabuser la Nation sur des établissements dangereux et lui en faire désirer le renversement; mais aujourd'hui que leur suppression est décrétée et consacrée par un assentiment général, à quoi bon fouiller dans leurs ruines pour nous montrer les horreurs qu'elles recèlent? Les esprits ne sont-ils pas assez échauffés sans agiter de nouveaux brandons? Est-ce après tant de meurtres qu'il faut repaître les yeux de cadavres et de sang? Encore quelques-uns de ces spectacles atroces, qui nous défendra du spectacle des gladiateurs? D'ailleurs, ces sujets de nonnes et de moines, répétés à l'envi sur tous les théâtres commencent à vieillir. Développer sur la scène les principes de la Constitution, en faire sentir les inestimables avantages, exciter aux plus grands sacrifices pour la soutenir; [...] pénétrer de plus en plus les bons citoyens de l'amour de leurs devoirs; ramener les plus rebelles par la modération et la générosité; porter dans tous les cœurs le désir de la concorde; leur imprimer la soumission à la loi et le respect pour ceux qui la font exécuter: voilà des objets qui, habilement fondus dans une action dramatique, réuniraient le charme de la nouveauté à l'intérêt le plus puissant pour un peuple qui vient de se

---

[99] Pierre Frantz, « L'espace dramatique de *La Brouette du vinaigrier* à *Cœlina* », *Revue des Sciences humaines,* 162 (avril-juin 1976), p. 151-52.

conquérir une patrie, et qui seraient bien plus dignes d'exercer le talent que M. Monvel a montré dans la pièce dont nous venons de présenter l'analyse.[100]

Cette double obsolescence des sujets monacaux, à la fois esthétique et idéologique, avait été dénoncée, avant même la création des *Victimes cloîtrées*, par la *Chronique de Paris*, qui notait que les « déclamations éternelles sur la liberté, l'égalité, les droits de l'homme, dont on sème aujourd'hui toutes les pièces de théâtre » avaient pu plaire, avant la Révolution, « parce que c'étaient des idées fortes et hardies. Au commencement de la Révolution, elles devaient plaire encore parce que c'était le premier élan de la liberté et qu'on devait éprouver du plaisir à entendre exprimer sans crainte ces pensées qui, quelques mois avant, auraient conduit leurs auteurs à la Bastille; mais, heureusement pour nous, ces idées sont aujourd'hui des vérités communes, rebattues, triviales, et ne peuvent frapper les esprits que lorsqu'elles sont revêtues de formes nouvelles ».[101] Le même journal, quelques jours plus tard, salue pourtant la pièce de Monvel, qui a su éviter les écueils des drames monastiques en suscitant un effet théâtral véritablement neuf. C'est également là son principal mérite pour le *Journal de Paris*: « L'ouvrage entier est d'un terrible effet. C'est vraisemblablement tout ce que l'auteur a eu en vue: car il n'est pas probable qu'il ait eu dessein [...] de jeter de l'odieux sur des institutions détruites, dont il est par conséquent fort inutile d'attaquer les abus ».[102] Nombreux sont les témoignages de ce type. Les *Affiches, annonces et avis divers ou Journal général de France*, rapportant qu'à une représentation, le Maire de Grenoble aurait raconté comment il avait secouru une malheureuse exposée au même sort que l'héroïne de la pièce, concluent: « Ces affreux événements ne sont donc point imaginaires!... Mais devrait-on les reproduire, quand ils ne peuvent ajouter ni à notre façon de penser, ni à nos intentions pour une classe d'hommes sur qui les lois ont prononcé?... ».[103]

---

[100] *Mercure de France*, 16 avril 1791, p. 128-130.

[101] *Chronique de Paris,* 20 mars 1791, n°79, p. 315.

[102] *Journal de Paris,* mercredi 30 mars 1791, n°89.

[103] *Affiches, annonces et avis divers ou Journal général de France*, Supplément du mercredi 30 mars 1791, p. 1177-1179.

La proximité avec l'événement apparaît donc davantage comme un moyen que comme une fin. De là à n'être considérée que comme un prétexte... *Le Moniteur universel* le perçoit bien, qui écrit le 1er avril 1791: « [...] le sujet de la pièce dont nous venons de rendre compte est plutôt horrible que terrible; [...] il y a du danger pour l'art dramatique à accoutumer le public à des émotions trop fortes; [...] d'ailleurs le but moral de l'ouvrage est inutile, aujourd'hui que les cloîtres sont renversés et que le monarchisme est détruit sans retour. [...] S'il avait été nécessaire de donner à ce sujet une grande secousse à l'opinion publique, l'auteur eût sagement et courageusement agi en rembrunissant ses tableaux, en développant la sacrilège et barbare hypocrisie de quelques moines. Mais ils ne sont plus ».[104] Cherchant ailleurs que dans l'actualité politique du sujet la justification des *Victimes cloîtrées* et de leur succès, les chroniqueurs soulignent les effets sombres et violents de la pièce, ainsi que son pittoresque funèbre. Tous débusquent, sous l'alibi idéologique, une pulsion foncièrement théâtrale, celle de l'effet paroxystique et d'une esthétique de l'horreur qui comporte une double dimension, objective – la mise en place d'un dispositif scénique original - et subjective – la captation ambivalente du public. Excédant son message historique, la pièce serait emblématique d'une autre révolution, touchant cette fois directement la *représentation* théâtrale.

C'est sur l'évocation du caractère horrible du spectacle que s'ouvre le compte rendu du *Mercure de France:*

> Il était aisé de deviner, par le titre des *Victimes cloîtrées*, l'intrigue de cette pièce; mais on était loin de soupçonner le degré d'horreur qu'elle pouvait inspirer. Tout ce qu'il y a de plus sombre dans les romans anglais se trouve réuni dans ce drame noir, à côté duquel *Le Comte de Comminge*, les *Calas* et *Le Souterrain* sont des comédies. Ce genre de spectacle réussit enfin, et Thalie éplorée a fui pour longtemps la scène; ou, si elle paraît dans quelques petites pièces, son rire est forcé, et l'on reconnaît en elle plus de grimace que de bon comique. Le drame enfin, au regard sinistre, à la marche inégale, l'emporte sur elle, et nous voyons nos auteurs bien dramatiques se disputer à qui donnera la plus belle horreur: mais nous n'avons

---

[104] *Gazette nationale ou Le Moniteur universel*, vendredi 1er avril 1791, n°91, p. 7-8.

encore rien vu; il s'en prépare de tous les côtés, et bientôt la scène, après avoir chanté les héros, va remettre sous nos yeux les plus infâmes brigands, les tortures, les bûchers et peut-être les échafauds. On dit, en voyant ces sortes d'ouvrages, *il y a de l'intérêt...* Quand cessera-t-on de confondre l'intérêt, ce sentiment doux qui effleure l'âme sans la déchirer, avec l'horreur qui glace les sens, qui suspend toutes les facultés, et produit le même effet que le saisissement? [...] Mais revenons à notre drame qui, comme tel, est un ouvrage très estimable et dont l'intérêt est réellement puissant sur le physique comme sur le moral.[105]

La fascination horrifiée ne porte pas seulement sur les éléments violents mis en scène: les hypotyposes et autres hallucinations (image récurrente d'Eugénie, réactivée par la présence du portrait, ressassement, à travers les récits, des événements traumatiques, anticipations complaisantes du trépas), les sentiments exacerbés, la mise au jour de la noirceur de l'âme humaine à travers le personnage particulièrement démoniaque de Laurent déploient, à partir de l'acte III, un véritable théâtre de la cruauté. Les commentateurs gloseront à l'infini sur cette horreur théâtrale, en des termes presque toujours négatifs, mêlant jugement esthétique et considérations morales, voire sociales, mais avec une insistance qui, sous la réprobation, laisse entrevoir, chez eux aussi, une forme de fascination. Étienne et Martainville notent qu'« il appartenait à Monvel de réveiller par une forte secousse les esprits dramaturgiques et de poser le *nec plus ultra* de l'horrible. [...] et si quelque émule [...] avait entrepris de lutter contre lui et de reculer encore les bornes du drame, il n'aurait eu d'autre parti à prendre que de mettre en scène un auto-da-fé ou une question extraordinaire ».[106] La pièce, selon eux, « dut tout son succès aux effets monstrueux dont elle est pleine ».[107] Pour La Harpe, « Tout ce qu'on peut imaginer d'atrocités dégoûtantes et d'invraisemblances absurdes se trouve réuni dans ce drame

---

[105] *Mercure de France* du 16 avril 1791, p. 130.

[106] C. G. Etienne et B. Martainville, *Histoire du théâtre français depuis le commencement de la Révolution jusqu'à la réunion générale* (Paris: Barba, 1802), II, 49-50, et II, 55.

[107] *Ibid.,* II, 55. Voir aussi H. Lucas, *Histoire philosophique et littéraire du théâtre français*, 3ᵉ édition (Paris: Flammarion, s . d.), II, 109-10.

monstrueux; [...] voilà ce qui remplace aujourd'hui *la terreur et la pitié*, ressorts devenus trop communs et trop usés ».[108] Théodore Muret reconnaît, pour sa part, que, si *Mélanie* est une œuvre supérieure sur le plan littéraire, Monvel, avec ses scènes violentes et ses « noirs tableaux arrangés avec une entente assez habile », « [frappe] bien autrement fort »;[109] Béatrix Dussane ira jusqu'à voir dans la pièce « l'entrée au théâtre du sadisme révolutionnaire ».[110]

Cet effet violent sur les spectateurs est attesté par les récits de représentations, qui en révèlent l'ambivalence: si, à Rouen, en ventôse an V, cette « farce ultra-lugubre » ne peut être achevée, « une partie des spectateurs [la] regardant comme immoral[e] »,[111] si, selon *Le Moniteur universel,* « toutes les âmes ne sont point assez fortes pour supporter » l'effet de ce drame,[112] si les femmes s'évanouissent en nombre au spectacle du 4e acte,[113] le public continue à venir nombreux et demeure suspendu aux coups de théâtre et aux scènes pathétiques.[114] L'effet est comparable lors de la reprise de 1830: « l'on veut des émotions fortes et ce drame vous en donne à souhait » note le *Journal des comédiens*.[115] Encore faut-il que « les sensations pénibles que font éprouver ces tableaux effrayants » soient dissipées par les vaudevilles qui terminent alors le spectacle.[116]

Finalement, aux yeux de beaucoup, *Les Victimes cloîtrées* apparaissent surtout comme une préfiguration du mélodrame,

---

[108] La Harpe, *Correspondance littéraire adressée à Son A. I. Mgr le Grand-Duc, aujourd'hui empereur de Russie et à M. le comte André Schowalow, depuis 1774, jusqu'à 1789* (Genève : Slatkine reprints, 1968), IV, 233-34.

[109] Muret, *L'histoire par le théâtre*. I, 56-57.

[110] Béatrix Dussane, *La Célimène de Thermidor Louise Contat* (Paris: Charpentier et Fasquelle, 1929), p. 80-81.

[111] Jules Édouard Bouteiller, *Histoire complète et méthodique des théâtres de Rouen* (Rouen: Giroux et Renaux, 1860), p. 395.

[112] *Gazette nationale ou Le moniteur universel*, vendredi 1er avril 1791, n° 91, p. 7-8.

[113] Bouilly, *Soixante ans du Théâtre-français par un amateur né en 1769*, p. 98-99.

[114] Muret, *L'histoire par le théâtre*, I, 60.

[115] *Journal des comédiens*, 20 janvier 1831, p. 4.

[116] *Ibid.*, 20 octobre 1830 (Tours, représentation du 16 octobre), p. 3.

appelé à connaître son heure de gloire avec Pixerécourt et dans les premières décennies du XIXe siècle. Pour Edmond Estève, qui salue le « sens dramatique » de Monvel, la pièce a surtout le mérite de relier « de la façon la plus certaine notre théâtre "monacal" à la littérature à venir ».[117] Et E. Van Bellen, dans *Les Origines du mélodrame,* considère que ce qui importe, dans le thème des vocations forcées, c'est « l'occasion qu'il fournit aux auteurs, une fois que le public s'est familiarisé avec ces sombres tableaux, de renouveler leurs décors et leurs effets et de loger, dans un sujet qui prête à l'exagération, tout ce que l'époque semble demander d'excitations et d'angoisses ».[118] Or tout ceci ne découle pas du propos idéologique de la pièce, mais de sa capacité à mobiliser et à transcender scéniquement des motifs littéraires qui existaient déjà bien avant la Révolution et indépendamment d'elle.

Les innovations spectaculaires des *Victimes cloîtrées* se trouvent en effet annoncées dès 1775, dans *Frédégonde et Brunehaut,* roman historique de Monvel, où elles apparaissent détachées de tout enjeu anticlérical. L'exaltation de Mérovée, séparé de celle qu'il aime, n'a rien à envier à celle de Dorval:

> Mérovée ignorait le destin de Brunehaut. Il la savait au pouvoir de ses cruels ennemis, mais il n'était point instruit des maux affreux qu'on lui faisait souffrir. [...] Frédégonde le lui fit apprendre; on lui détailla par ses ordres les persécutions qu'elle avait essuyées, et celles qu'elle éprouvait encore. On ne lui en déguisa point l'horreur. On ne voulait qu'enflammer son courroux, le porter à quelque éclat funeste, on y réussit. Le malheureux Mérovée, au récit des fureurs qu'on avait exercées sur la reine d'Autrasie, perdit le peu de fermeté qu'il avait conservée parmi tant d'infortunes. Il exhala sa douleur et sa rage par les imprécations et par les menaces. Il se permit tout ce qu'inspire l'excès de la colère, l'emportement du désespoir, le désordre impétueux des sens, tout ce que hasarde une impétueuse fureur, tout ce que désavoue la raison, quand elle a repris son empire.[119]

---

[117] E. Estève, 'Le théâtre monacal sous la Révolution', p. 107.

[118] E. C. Van Bellen, *Les Origines du mélodrame* (Paris: Nizet, 1928), p. 92-96.

[119] Monvel, *Frédégonde et Brunehaut*, roman historique (Londres et Paris: chez la veuve Duchesne, 1775), p. 83-84.

Quant à l'héroïne, Brunehaut, elle se trouve dans une situation comparable à celle d'Eugénie, enfermée dans un cachot lugubre:

> Le plus profond silence régnait dans ces lieux écartés. [...] Ils traversent les plus horribles lieux, descendent dans des caveaux profonds et arrivent enfin au souterrain qui renferme Brunehaut. La porte s'ouvre, ils entrent. Une seule lampe répandait dans ce cachot un jour sombre et funèbre. Quel spectacle s'offre aux yeux de Mérovée! Brunehaut couverte de lambeaux, pâle, défigurée, assise sur une pierre et le corps enchaîné à l'un des piliers qui soutiennent la voûte du souterrain. Elle voit le fils de Chilperic, elle jette un cri de surprise et de joie….. Est-ce vous, Mérovée, dit-elle? Ô mon dieu tutélaire! venez-vous m'arracher aux tourments dont je suis la proie? Ah! Brunehaut! s'écrie le prince de Soissons, dans quel horrible état vous retrouve votre amant! Vous des fers! Vous au fond d'un cachot! Ah, les cruels! Leur inhumanité justifie mon audace. Il oblige le geôlier à briser les chaînes de la fille d'Athanagilde, elle est libre. Mais ce n'est point assez. Le jour va paraître, cette nouvelle va se répandre, on les poursuivra.[120]

Même si les trames narratives du roman et du drame ne se superposent pas totalement et si les événements s'enchaînent dans un ordre différent, Mérovée, comme Dorval, risquera d'être victime de moines criminels, « déshérité, ordonné prêtre et confiné dans un monastère ».[121] Bien des éléments du spectaculaire gothique préexistent donc, chez Monvel lui-même, aux *Victimes cloîtrées* et à la Révolution.

Du reste, les tableaux sombres présentés par *Les Victimes cloîtrées* sont, pour certains, mis en œuvre à peine quelques jours avant la création de la pièce de Monvel, le 19 mars 1791, à la Comédie-Italienne, dans *Camille ou le souterrain,* comédie en trois actes mêlée d'ariettes de Marsollier des Vivetières, sur une musique de Dalayrac, familier de Monvel. L'imagerie gothique du 3e acte, saluée par la critique, y est cette fois mise au service d'une dénonciation de la jalousie conjugale, sans la moindre allusion politique, et le mur percé au dénouement pour libérer l'héroïne n'est pas celui d'un couvent, mais celui du château d'Alberti.

---

[120] *Ibid.,* p. 85-86.

[121] *Ibid.,* p. 111.

De même que ses sources littéraires, un certain nombre des survivances de la pièce de Monvel dans l'imaginaire littéraire et artistique se distinguent par l'absence de toute préoccupation idéologique. Les textes inspirés par *Les Victimes cloîtrées* frappent par leur apolitisme et le recentrage de la fable sur l'intrigue amoureuse ou les rebondissements mélodramatiques. C'est ce que l'on observe dans le texte de la romance de Collignon-Dumont intitulée *Les Victimes cloîtrées ou les Infortunes de Dorval et d'Eugénie*,[122] chantée sur l'air de Céphise dans *Renaud d'Ast: Comment goûter quelque repos*.[123] Quoique l'œuvre d'un citoyen engagé (auteur notamment d'un *Catéchisme républicain ou La France par l'abolition des rois et de la royauté* en 1792), cette romance diffusée sous la forme d'une brochure de 4 ou 6 pages et plusieurs fois rééditée jusque dans les années 1810, évite toute référence au contexte révolutionnaire du texte-source. Conformément aux règles du genre, l'accent est mis, dans le texte versifié comme dans le résumé qui l'accompagne, sur l'amour contrarié des deux héros et sur leurs retrouvailles inespérées. Le ton se veut exclusivement lyrique; l'enfermement de la jeune fille est le fait des seules manœuvres crapuleuses du moine libidineux, sans que vienne s'en mêler le préjugé nobiliaire; les parents d'Eugénie surgissent seuls au dénouement pour libérer leur fille; il n'est plus, nulle part, question du décret abolissant les vœux monastiques.

Plus significative et plus intéressante d'un point de vue littéraire, est l'adaptation anglaise des *Victimes cloîtrées* que M. G. Lewis propose en 1808 au Théâtre de Drury Lane, sous le titre de *Venoni ou le Novice de Saint-Marc*, pièce en trois actes.[124] Dès la préface, Lewis, qui avait assisté, lors de son séjour parisien de l'été 1791, à une représentation de la pièce de Monvel, rend hommage au texte-source, tout en signalant qu'il a dû procéder à certaines adaptations. La principale d'entre elles consiste à transformer le personnage de maire représenté par Francheville en un vice-roi. L'action est transportée à Messine, choix qui offre le double avantage de permettre l'estompage du contexte historique du texte

---

[122] Voir annexe 5.

[123] Où l'on retrouve Dalayrac, qui avait composé pour Monvel les airs de *Raoul de Créqui* et *Sargines*.

[124] Voir annexe 6.

français[125] en même temps que l'ajout de tableaux pittoresques (procession marine, scènes de pêcheurs, banquet donné par le vice-roi en son palais...). Pour Lewis, les sentiments et comportements représentés dans la pièce de Monvel ne sont adaptés ni au goût anglais, ni à la situation contemporaine de la Grande-Bretagne.[126] Une lettre à sa mère du 8 mars 1792 explicite, par ailleurs, ce qui l'a séduit dans la pièce de Monvel, que, de manière révélatrice, il associe à *Camille ou le souterrain* de Marsollier: il s'agit essentiellement des peintures lugubres de l'enfermement, de la faim et du désespoir, contrastant avec la gaieté et le cours ordinaire de la vie extérieure.[127] Les pièces de Monvel et Marsollier constituent pour lui la preuve que les tableaux scabreux peuvent réussir sur scène, et c'est de cela précisément qu'il entend s'inspirer dans ses tentatives dramatiques (rarement couronnées de succès). Les souvenirs des *Victimes cloîtrées* qui parsèment l'œuvre majeure de Lewis, son roman *Le Moine*, publié en 1795, où l'aventure d'Eugénie se trouve transposée dans la séquestration d'Agnès, ne sont pas davantage associés à une ambition idéologique ou à un argumentaire politique.

La pièce s'inscrit donc dans une autre histoire: celle des formes et des genres dramatiques, et y figure comme l'un des premiers mélodrames. C'est sous cette forme et sous cette étiquette qu'elle

---

[125] Travail de réécriture d'autant plus important que le texte sur lequel Lewis s'appuie, et dont il traduit littéralement certains passages, est celui de l'édition Barba de 1796, plus nettement révolutionnaire que celui de 1792.

[126] M. G. Lewis, *Venoni or The Novice of St. Mark's,* a drama in three acts (Londres: Longman, 1809), preface, p. v.

[127] 'I forgot to say that concerning the story you told me I do not see well how a dead body can be brought upon the stage besides which it does not merely consists in writing an Opera which will succeed when acted, be the difficulty lies in getting it acted. I know at least twenty French Operas which if translated would undoubtedly succeed but after Kemble's refusing *Blue Beard* the most interesting production of that kind I quite despair. There is an Opera called *Le Souterrain* where a Woman is hid in a cavern in her jealous husband's house and afterwards by accident her child is shut up there also without food and are not released till they are perishing with hunger. The situation of the characters the Tragic of the Principal Characters the Gaiety of the under parts and romantic turn of the Story make it one of the prettiest and most affecting things I ever saw but I shall not throw away any more time till I have got one of the things I have already finished upon the Stage. *Les Victimes cloîtrées* of which I spoke to you is another which undoubtedly succeed' (cité dans Louis F. Peck, *A Life of Matthew G. Lewis* [Cambridge, MA: Harvard University Press, 1961, p. 187]).

sera remise à la scène en 1830, au prix de quelques adaptations, comme la réduction à 3 actes et l'accentuation de la noirceur du P. Laurent. Mais l'essentiel des caractéristiques du mélodrame était déjà présent dans la pièce de Monvel, si l'on en croit P. Ginisty, qui invoque *Les Victimes cloîtrées* pour mieux dénier à Pixerécourt la paternité du genre.[128] Et si l'on admet que le *Traité du mélodrame, par MM. A! A! A!,* publié en 1817, résume bien, sous ses dehors parodiques et son grossissement comique, les caractéristiques principales de cette dramaturgie et de cet imaginaire, force est de constater que la pièce de Monvel satisfait à la plupart des critères énumérés.

Au deuxième [acte], une prison; les deux amants dans cette prison; ensemble, on ne sait pas trop pourquoi, mais un tyran est toujours amoureux, sot et cruel. Ensemble dans une prison! quel bonheur pour eux! nouveaux serments d'amour, bons principes de philosophie, voilà ce qui les occupe.[129]

D'abord, nous voulons voir une prison; car rien n'est plus propre à captiver notre esprit et notre cœur qu'une prison de mélodrame! À l'aspect de cette porte de fer, de ces énormes barreaux, de ces petites ouvertures qui laissent à peine entrer un rayon de lumière, vous vous figurez peut-être que là gémit le crime, condamné à de justes châtiments; eh bien! pas du tout: cette prison ne vous offrira qu'une innocente réunion de bonnes gens.[130]

Montrez-nous aussi un souterrain: oh! que c'est gracieux un souterrain! Que j'y voie çà et là des ossements dispersés, errants, vagabonds! Que les vents y poussent comme des cris lamentables! Qu'au milieu de la noire obscurité un fantôme blanc se promène avec lenteur et à pas comptés; qu'il s'arrête quelquefois pour baiser la pierre froide et inanimée d'un mausolée!... Car le souterrain est un tableau qui ne saurait être trop noir, et auquel par conséquent vous ne sauriez mettre trop d'ombres. Qu'avons-nous aperçu à ces lueurs pâlissantes qui s'étendent lugubrement comme des draps mortuaires? C'est un

---

[128] Paul Ginisty, *Le Mélodrame* (Paris : Éditions d'Aujourd'hui, « Les introuvables », 1982), p. 22.

[129] *Traité du mélodrame*, par MM. A! A! A!, (Paris: Delaunay, Pélicier, Plancher, 1817), p. 12.

[130] *Ibid.*, p. 36.

> autel mystérieux, où les squelettes embrasés de trois cierges, n'ayant plus que le dernier souffle de l'agonie, entrecoupent les ténèbres! Encore sur les parois en décrépitude se dessine le cadavre d'une lampe sépulcrale et demi-éteinte; une cloche funéraire y murmure par intervalles... Ses sons sont sourds... et lorsque sa grande voix vient à prononcer minuit, chacun pressent la dernière heure![131]
>
> On terminera par une exhortation au peuple, pour l'engager à conserver sa moralité, à détester le crime et les tyrans et surtout on lui recommandera d'épouser de préférence des femmes vertueuses.[132]

Indéniablement, le 4e acte des *Victimes cloîtrées* réunit tous les ingrédients de cette formule spectaculaire.

Le Triomphe du spectacle

Le drame de Monvel fut, dès sa création, considéré comme une pièce à grand spectacle. Dans un document manuscrit daté du 15 mars 1791, par lequel l'auteur cède à ses camarades de la Comédie-Française les droits des *Victimes cloîtrées* et définit les modalités de sa rétribution, Monvel tient compte des « frais extraordinaires qu'exigent la mise et la représentation de cette pièce », qui seront « comptés et prélevés sur la recette totale avant de faire le partage ».[133] Les comptes rendus publiés dans la presse confirment cette expansion visuelle et matérielle: pour la *Chronique de Paris*, les deux derniers actes « annoncent un homme consommé dans la connaissance du théâtre, et qui sait soutenir et faire croître l'intérêt avec un art infini », et le journaliste d'imputer à la double qualité de Monvel, « accoutumé à des succès, et comme auteur et comme comédien » le succès de la pièce, « établie avec beaucoup de soin, et parfaitement jouée ».[134] Les *Affiches* saluent, de leur côté, les « beaux effets, [les] scènes bien faites » et la « grande connaissance de la scène » de Monvel.[135] Et au moment de la reprise de mars

---

[131] *Ibid.*, p. 37-38.

[132] *Ibid.*, p. 9-10.

[133] Bibliothèque de la Comédie-Française, dossier Monvel.

[134] *Chronique de Paris*, mercredi 30 mars, n°89, p. 354.

[135] *Affiches*, Supplément du mercredi 30 mars 1791.

1795 au Théâtre de la République, c'est encore le spectacle qui vaut à la pièce des louanges: « Cette pièce a été jouée avec beaucoup d'ensemble: Monvel, Talma et la cit. Vanhove ont été fort applaudis; nous pensons qu'ils méritaient de l'être. [...] Nous ne parlerons ni des décorations, ni des costumes: au théâtre de la République, cette partie du spectacle est toujours parfaite ».[136] Car une pièce du type des *Victimes cloîtrées* exige toutes les ressources de l'incarnation scénique et de ce qu'on n'appelle pas encore, en 1791, la mise en scène. L'efficacité du drame semble même en dépendre, comme le suggère une critique publiée à l'occasion de sa reprise au Théâtre de la rue Chantereine en novembre 1830: « En général, les pièces à grand spectacle ne peuvent être bien représentées sur d'aussi petites scènes, et nous pensons que les amateurs et les jeunes acteurs qui s'essaient sur les théâtres de société devraient se borner à jouer des vaudevilles et des comédies de genre qui n'exigent pas trop de spectacle ni d'accessoire, car la négligence que l'on apporte presque toujours à ce dernier objet est souvent cause de la chute des pièces et du désagrément qu'éprouvent les acteurs ».[137]

Or c'est en homme de scène, plus qu'en homme de plume, que Monvel a conçu sa pièce. Sur le plan du style et de l'écriture, celle-ci n'est d'ailleurs guère défendable et, à la simple lecture du dialogue, force est de se ranger à l'avis de Félix Gaiffe, pour qui, « dès le début de la Révolution, [...] le Drame littéraire est bien compromis ».[138] Alphonse Daudet, découvrant la pièce, en 1876, à la lecture de l'anthologie de Louis Moland, juge pour sa part que, si « *Les Victimes cloîtrées* ont de la verve, de la chaleur, un certain intérêt », « tout cela est si grossier comme invention, d'une peinture tellement appuyée et criarde que la lecture aujourd'hui en est à peine soutenable ».[139]

De manière révélatrice, l'écriture du drame privilégie les didascalies, particulièrement développées, à tel point que le dernier acte semble parfois une narration entrecoupée de répliques. Monvel applique ici les leçons des théoriciens du drame, Diderot et

---

[136] *Journal des Théâtres*, 11 mars 1795.

[137] *Journal des comédiens*, 27 novembre 1830, p. 5.

[138] Gaiffe, *Le Drame en France*, p. 548.

[139] Daudet, *Chroniques dramatiques*, 25 décembre 1876, p. 651.

Beaumarchais en particulier, qui préconisaient l'écriture de la pantomime, mais il s'inspire également de l'exemple de Baculard d'Arnaud, qui ornait ses pièces de longues didascalies descriptives, vouées à déployer un univers gothique, matérialisation d'un espace mental tout autant que d'une ambition spectaculaire[140]. Monvel accorde également un grand soin à la mise en place de tableaux. C'est évidemment le cas au quatrième acte, mais aussi dans la première phase de la pièce, alors que l'action se déroule encore dans le cadre familier et rassurant du salon bourgeois, où un certain nombre de tableaux-combles[141], comme le dévoilement du portrait d'Eugénie à la scène 7 de l'acte II ainsi que l'évanouissement de Mme de Saint-Alban et la scène de réconciliation familiale qui s'ensuivent, viennent concurrencer les déclamations politiques.

Ce souci pour le spectacle et cette connaissance des *realia* scéniques font de Monvel un véritable *dramaturge*, « homme habile et qui [connaît] parfaitement l'illusion théâtrale ».[142] Né dans une famille de comédiens (son père fut directeur de troupes à Amiens et à Liège et débuta – mais sans être reçu- à la Comédie-Française en 1764), Monvel commence à jouer avec les Comédiens-Français le 28 avril 1770. Dans les quinze jours qui suivent, il est distribué dans 19 rôles, puis, après sa réception à l'essai le 8 mai 1770 et jusqu'à la fin de l'année, il participe à 238 représentations. À cette pratique intensive du plateau viennent assez vite s'adjoindre des responsabilités administratives et pratiques: le 23 novembre 1774, il est nommé au Comité d'administration de la Comédie-Française comme responsable des décorations, du magasin, des machinistes, tailleurs et autres gagistes. Après son départ de la Comédie-Française, lors de son séjour en Suède, il se voit chargé par le roi Gustave III, fervent amateur de théâtre, lui-même auteur et acteur à ses heures, de reconstituer une troupe de comédiens français capable de fournir des modèles aux acteurs suédois et de contribuer ainsi à la fondation d'un théâtre national. Le 15 novembre 1793, Monvel est nommé par la Convention comme membre du jury des arts. En 1798, il sera désigné « maître de la scène » au Théâtre de la

---

[140] Voir annexe 3.

[141] Voir sur cette notion, Pierre Frantz, *L'Esthétique du tableau dans le théâtre du XVIIIe siècle* (Paris: PUF, 1998), p. 167-182.

[142] *Journal des comédiens*, 2 décembre 1830.

République et des Arts. En avril 1807 enfin, il obtiendra une chaire de professeur au Conservatoire impérial. Rien de ce qui touche le théâtre, y compris en tant que pratique scénique, ne lui est donc étranger, et les documents conservés nous le montrent, à l'époque des représentations des *Victimes cloîtrées*, attentif aux représentations, se mêlant volontiers de tout, y compris de la distribution, comme en témoigne cette lettre non datée, adressée à l'un de ses « camarades », conservée à la Bibliothèque de la Comédie-Française:

> On vient de me dire que l'on comptait remettre les *Victimes cloîtrées* et que l'on avait disposé du rôle de St Fal en faveur de M. Dupont. On ne m'en a pas prévenu. Lors de la première maladie de Fleury dont on ne pouvait prévoir la durée, il fut question de le suppléer. St Fal s'en chargeait et Mlle Raucourt nous proposa monsieur Dupont pour doubler le P. Louis. Il me parut bien jeune pour jouer un rôle qui exige une représentation un peu forte, un peu marquée, surtout quand il faut se trouver en opposition avec un Dorval qui a passé la première jeunesse. Nous ne convîmes de rien à cette époque, et les choses restèrent en suspens. J'aime beaucoup le talent de Dupont, je suis persuadé qu'il jouerait le P. Louis à merveille mais n'est-ce pas faire un passe-droit à Dunant qui a sur lui l'ancienneté? Vous concevez que je dois, plus qu'un autre, respecter les lois de la comédie, moi qui ai été la victime d'une pareille infraction, moi à qui cela a donné assez d'humeur pour renoncer au Théâtre Français, quitter mon état et aller chez l'étranger chercher des gens plus justes que je n'en trouvais dans ma patrie. Je n'autoriserai donc jamais un abus dont j'ai si fortement souffert. Que Dunant et M. Dupont s'arrangent à l'amiable, j'y souscrits de bon cœur. Si Dunant se démet de ses droits en faveur de son concurrent, j'adhère à tout ce qui résultera de leur arrangement, mais la comédie elle-même me blâmerait d'affliger un honnête homme qui fait bien son devoir, qui a des droits, et dont je ne veux ni ne dois affecter désagréablement l'amour-propre et humilier le talent.[143]

Si Monvel se montre à ce point soucieux du choix des acteurs, c'est que le succès de son drame repose en grande partie sur l'incarnation scénique et l'énergie des interprètes. Les comptes

---

[143] « Dossier Monvel », Lettre autographe non datée. Le sujet touche d'autant plus Monvel qu'il incarnera lui-même le P. Louis au Théâtre de la République en 1795.

rendus critiques qui suivent la création soulignent unanimement le talent, voire le génie des comédiens, et l'accueil triomphal qui leur a été réservé. Le *Mercure* du 16 avril 1791 note que « Cette pièce est jouée avec une perfection qui ne laisse rien à désirer. On a surtout distingué le naturel piquant de M. Dazincourt dans le rôle d'un vieux domestique, le jeu animé de M. St-Phal dans celui de l'honnête Père Louis, la diction franche et éloquente de M. Vanhove dans celui de Francheville. On a applaudi à la manière dont Mlle Contat, belle dans ses larmes comme la Magdeleine de Lebrun, a rendu plusieurs expressions touchantes d'Eugénie. Mais on doit les plus grands éloges à M. Fleury, qui, dans tout le cours de son rôle, exprime avec la plus grande énergie l'amour, la frénésie et le désespoir, toutes les passions qui agitent Dorval ».[144] Cette variété des types de jeux, qui ménage des contrastes intéressants, n'empêche pas le « jeu d'ensemble », loué par les *Affiches*,[145] qui, à cette époque où la fonction de metteur en scène n'existe pas encore, est loin d'être la norme sur les théâtres français. Le public, reconnaissant, appelle donc, à l'issue de la représentation, non seulement l'auteur, mais les principaux interprètes, Mlle Contat et Fleury.[146]

C'est surtout à ce dernier que les chroniqueurs rendent hommage. Pour les *Affiches,* il a joué le rôle de Dorval « en comédien profond et consommé dans son art », passant de « l'abandon du désespoir » et de « l'accent de la douleur » au « délire d'une tête exaltée ».[147] *Le Moniteur universel* évoque une « perfection que nous appellerions presque inabordable. Il est impossible d'être plus vrai, plus profond, plus naturel au fond, plus exact dans les nuances d'expression que ne l'a été cet acteur qui, tous les jours, acquiert encore de nouveaux droits à l'estime publique et aux suffrages des connaisseurs ».[148] Et Grimod de la Reynière, reconnaît, en 1797, dans son *Censeur dramatique*, que « le rôle de Dorval est de ceux qui ont mis le sceau à la réputation

---

[144] *Mercure de France* du 16 avril 1791, p. 130.

[145] *Affiches*, Supplément du mercredi 30 mars 1791.

[146] *Journal de Paris*, mercredi 30 mars 1791, n° 89.

[147] *Affiches*, Supplément du mercredi 30 mars 1791.

[148] *Gazette nationale ou Le moniteur universel*, vendredi 1er avril 1791, n°91, p. 7-8.

de M. Fleury », et que « le succès mérité qu'il y obtient » dans les reprises confirme son talent.[149] Les *Mémoires* (vraisemblablement apocryphes, mais néanmoins instructifs) de l'acteur confirment la place singulière qu'occupa ce rôle dans la carrière de Fleury. *Les Victimes cloîtrées* auraient été pour lui l'occasion de s'essayer au jeu pathétique propre au drame et son témoignage révèle les tensions qui entourent la mythologie du jeu passionné :

> Monvel me destinait un rôle principal dans *Les Victimes cloîtrées*, et tout en me trouvant fort honoré de la confiance de M. de Ségur, je jouai *Le Fou par amour* à peu près comme on tire au blanc pour préparer sa main à de plus rudes combats.
>
> J'étais peu propre à donner toutes voiles dehors dans le grand pathétique ; nous avons bien aussi, nous comédiens, nos plagiats ; avec un peu d'adresse, il n'y a guère de gens qui reconnaissent dans un grain d'or le filon dont il est tiré, j'aurais donc pu tailler à facettes quelques effets de Molé ; mais la dextérité dans le vol n'est pas la propriété. […]
>
> Je pensai que, dans les arts, la vérité n'était pas tant la vérité que la chose à laquelle on trouvait le secret de faire croire ; la vérité de Molé n'avait nulle conformité avec celle de Préville, celle de Dazincourt ne portait aucune ressemblance de celle de Dugazon ; je pouvais donc trouver en moi une vérité propre aux insuffisances de ma nature, propre à rendre le drame, ou, si je ne trouvais une vérité, donner au public une illusion à ce sujet. […]
>
> Je me mis à la tâche d'après ces données ; […] et quand je jouai *Le Fou par amour*, quand le jour des *Victimes cloîtrées* arriva, ma moquerie devint de l'amertume ; mon œil saillant ne fut plus qu'un œil égaré ; ma voix insuffisante rappela l'abattement d'une âme trop longtemps en souffrance ; mes éclats furent de ces efforts de malade qui imposent toujours, parce qu'ils semblent être le débat d'une grande force morale contre un physique affaibli. Je mis de la pompe dans mon ironie, et, traitant la destinée en Trissotin de haut étage, je fis descendre dans mon âme le sentiment qui d'ordinaire semblait partir de mon esprit. Je réussis, je réussis pleinement, et (dans le sens du drame) j'obtins mon succès avec mes défauts. […]

---

[149] Grimod de la Reynière, *Le Censeur dramatique,* reprise du 10 novembre 1797, p. 472.

> Nous avions besoin du succès des *Victimes cloîtrées*, car nos dissidents faisaient leurs malles pour la rue Richelieu; dans quinze jours ils partaient et entraînaient avec eux quelques-uns de MM. les auteurs qui n'étaient pas les moins recommandables.
>
> Il nous fallait maintenant redoubler de courage et de zèle; j'y mis, je puis dire, autant de cœur que personne. J'avais pour la vieille Comédie-Française un amour tout chevaleresque, l'amour qu'un vrai gentilhomme a pour le manoir de ses ancêtres, où chaque écusson lui rappelle un titre de gloire et lui prescrit une vertu. Pour soutenir l'honneur de l'antique maison, je voulus me surpasser dans le drame de Monvel; mais je montai mon exécution plus à la hauteur de mon courage que de mes forces; je la montai même à la hauteur de mon chagrin. Tout Paris dit que j'avais bien mérité; moi seul je sus ce qu'il m'en coûterait, et le lundi 2 mai 1791, tout Paris put lire sur l'affiche: « En attendant la troisième représentation des *Victimes cloîtrées*, retardée par indisposition de M. Fleury ».[150]

L'art (intellectualisé) de l'acteur se heurte aux exigences d'un rôle exceptionnellement physique, puisque tout le dernier acte est fondé sur la dépense corporelle de Dorval autant que sur le paroxysme des émotions qu'il exprime. Les didascalies insistent copieusement sur cet engagement total des acteurs et sur la nécessité d'une pantomime et d'une diction énergiques: l'amoureux frénétique ne cesse de « s'élancer », il s'exprime « avec explosion » (III, 4; IV, 5) ou « impétuosité » (III, 9), par des « cris » (III, 9); il a des « mouvements de douleur » (III, 4), tombe à plusieurs reprises dans un fauteuil (grand classique du jeu « dramique »,[151] III, 9). Cette agitation devait être exacerbée à la représentation: le manuscrit de souffleur ajoute, à la scène 9 de l'acte III, que tous les mouvements de Dorval sont « convulsifs » (l'adjectif revient deux fois). La fin de l'acte III et le début de l'acte IV nous le montrent luttant avec les moines, puis bâillonné, jeté sur la paille du cachot « comme un homme dont les forces sont épuisées », tout en « rage concentrée » (IV,5). C'est pourtant avec « toutes les marques de la fureur et du délire » qu'il parcourt bientôt sa cellule et libère Eugénie. La

---

[150] *Mémoires de Fleury*, II, 110-13.

[151] Néologisme forgé par Beaumarchais pour désigner les caractéristiques du drame, entendu comme genre.

longue maladie de Fleury, qui entraîna la suspension des représentations entre le 2 avril et le 23 mai 1791, ne fit qu'exacerber l'appétit du public pour cette pièce singulière.

Lors de la reprise de la pièce en 1830, c'est sur une autre vedette du théâtre, Marie Dorval, que se focalisent l'attention des commentateurs et la stratégie publicitaire des entrepreneurs de spectacles. La présence de l'actrice fétiche du Théâtre de la Porte Saint-Martin, future égérie du drame romantique, alors auréolée du succès de *Trente ans ou la vie d'un joueur* (de Ducange, 1827) ou de *La Fiancée de Lamermoor*, opère un déplacement des enjeux de la pièce et une sorte de rééquilibrage de l'intérêt, motivé en partie par l'atténuation des propos idéologiques et la transformation en mélodrame de la pièce de Monvel. Si l'intérêt se concentrait, en 1791, sur le protagoniste masculin, ce dernier, interprété en 1830 par Gobert (qui avait reçu un accueil favorable dans le rôle de Napoléon), semble éclipsé par le personnage d'Eugénie, victime exemplaire dans la lignée des héroïnes de mélodrames, mais qui n'est présente que dans le dernier acte. Il est vrai que cette présence constitue en elle-même un coup de théâtre, puisque la jeune fille est censée être morte, et que cette réapparition, échevelée, les vêtements en lambeaux, au comble du désespoir et de l'égarement, tenait toutes les promesses spectaculaires qui avaient fait le succès de la Porte Saint-Martin. La presse concentre donc son attention sur l'actrice, faisant porter sur sa rentrée dans ce théâtre, qu'elle avait quitté au début de l'année pour rejoindre Frédérick Lemaître à l'Ambigu, tout le poids de l'événement de la première des *Victimes cloîtrées*: le *Corsaire, journal des spectacles* note le 19 août que « Mme Dorval fait sa rentrée dans cet ouvrage qui offre des situations fort touchantes » et annonce que « la deuxième galerie et le troisième amphithéâtre seront mis en places gratuites ».[152] Le lendemain, le journaliste signale que « Mme Dorval a produit beaucoup d'effet dans son rôle. Le public a revu avec plaisir cette actrice qui de son côté ne doit pas se plaindre de l'accueil qu'on lui a fait ». Quant à la *Semaine* du 22 août, elle exalte les « moments sublimes » de l'actrice.[153] Le *Journal des comédiens* constate, pour sa part, le 20 août que « Mme Allan-Dorval, qui reparaissait par le rôle très court d'Eugénie a été fort applaudie et méritait de l'être »,

---

[152] *Le Corsaire*, 19 août 1830.

[153] Cité par F. Ambrière, *Mademoiselle Mars et Marie Dorval*, p. 198.

mais que « le public a aussi fréquemment donné des preuves de sa satisfaction à M. Gobert, chargé du rôle fatigant de Dorval; à M. Jemma qui joue le père Laurent. M. Provost, qui représente le père Louis a été applaudi à trois reprises au second acte ».[154] Et c'est l'ensemble de la distribution que salue, le 21 août, le *Courrier des théâtres,* satisfait de « la vérité de la mise en scène »[155] et du jeu d'ensemble.[156] Ce dernier aspect – la cohérence et la convergence des interprétations singulières, sublimées dans un effet de troupe et subordonnées à la représentation d'une fable autonome- représente selon le chroniqueur, un « point capital », et constitue, tout au long de la carrière scénique du drame de Monvel une des raisons de son succès, proprement *théâtral*.

Une autre justification de celui-ci peut être cherchée dans la place que le drame accorde au spectaculaire gothique, qui certes ne naît pas avec la pièce de Monvel, mais trouve avec elle une concrétisation scénique qui jusqu'alors lui avait été refusée (les pièces de Baculard d'Arnaud, notamment, écrites dès les années 1760-1770, ne furent représentées qu'après la Révolution). Ce pittoresque funèbre est évoqué dans le compte rendu de la *Chronique de Paris,* qui révèle – ce que ni le texte imprimé ni le manuscrit ne permettent de deviner - qu'au troisième acte, « le théâtre représente une salle d'une architecture gothique, voisine du cloître, que l'on aperçoit dans l'enfoncement ».[157] Les registres du Théâtre de la République nous apprennent qu'à la reprise de 1795, on utilisera pour cet acte deux éléments de décor peints par Dussaux à l'occasion d'autres pièces, le « Palais gothique » et « le Parloir ou le cloître ».[158] Mais c'est au quatrième acte que l'attirail gothique est véritablement mis à contribution, non seulement en l'espèce de l'environnement scénique (cachots plongés dans l'obscurité, lumière vacillante, pierres rudes, tombeaux, serrures et barres de fer), mais sous la forme d'accessoires particulièrement lugubres - cadavre, linge sanglant - ou pathétiques – vêtements en haillons, pain rassis.

---

[154] *Journal des comédiens*, 20 août 1830.

[155] Cité par F. Ambrière, *Mademoiselle Mars et Marie Dorval, op. cit.*, p. 198.

[156] *Ibid.*, lundi 23 août 18230, n°4273.

[157] *Chronique de Paris*, Mercredi 30 mars, n°89, p. 354.

[158] Voir annexe 4.

La représentation semble avoir été, à cet égard, plus audacieuse encore que les versions imprimées de la pièce. Là où le texte publié de 1792 se contentait d'indiquer, dans une didascalie, au moment où Dorval ouvre le tombeau d'où viendra son salut (IV, 5): « *il soulève le couvercle qui reste appuyé contre le mur et laisse la tombe à découvert* », sans programmer la représentation scénique de son contenu (celui-ci est élucidé par la seule parole: « ciel! un homme expiré! »), le manuscrit de souffleur se montre plus explicite et insistant: « Ciel! La mort elle-même... La destruction... toute son horreur! Un homme expiré... Infortuné! Tu fus aussi leur victime.... (*Il reste immobile et contemple le cadavre*) ». Alors que le linge sanglant n'est, dans la version imprimée, matérialisé que par des mots, et que les conseils du précédent occupant de la cellule se trouvent gravés dans la pierre, la version jouée exhibe un certain nombre d'accessoires et d'attitudes pour le moins scabreux:

Que vois-je? ... Du sang... Aurait-il lui-même abrégé ses tourments? (*Il s'approche de la tombe et en retire un linge où est écrite en caractères de sang la lettre qu'il va lire.*) Des caractères?... Un écrit... Ah! lisons... « [...] Depuis vingt ans que je péris ici, je suis parvenu à détacher une barre de fer qui lie cette tombe et la muraille... Tu la trouveras sous ma dépouille inanimée ». (*Dorval, fouillant dans le tombeau et en retirant la barre de fer, dit avec explosion*) La voilà! « Elle m'a servi à percer presque entièrement le mur contre lequel est placée l'autre tombe. Sous la pierre qui la couvre sont déposés les décombres que j'en retirai ». (*Il court à la tombe, en soulève le couvercle, et aperçoit les décombres avec un transport de joie.*) Il dit vrai! « Une dalle de pierre a caché mon travail. Reconnais-la au sang dont elle est teinte » (*Il regarde et aperçoit la pierre imprégnée de sang*) C'est elle... Je la vois... (*Il poursuit la lecture.*) « Lève cette dalle et peu d'instants te suffiront pour achever mon ouvrage. L'âge et de longues souffrances ont détruit mes forces. Je m'éteins et n'ai plus que quelques heures à vivre. Adieu. Plains-moi et aime-moi » (*Dorval, se jetant sur le cadavre et l'embrassant*).

Tout est ici montré, au péril des bienséances mais au plus grand bénéfice d'un effet régénéré. Monvel et les comédiens jugèrent la recette si efficace qu'ils la prolongèrent au-delà du clou spectaculaire de la scène 5 de l'acte IV. Contrairement à ce qui se passe dans le texte publié, la tombe et son contenu, si l'on en croit le manuscrit de souffleur, restent présents visuellement jusqu'à la fin de la pièce et constituent un pôle d'attraction, pour les spectateurs comme pour les personnages. Francheville, faisant irruption dans les cachots, « *aperçoit la tombe ouverte, y regarde et s'écrie:* Encore un crime... Regardez... Frémissez », suscitant une réprobation générale, marquée par une réponse en forme de chorus. Et les derniers mots de Dorval sur scène sont pour le défunt: « *s'avançant vers la tombe ouverte.* Adieu mon bienfaiteur, adieu... Jamais je n'oublierai ce que je te dois... Ce qui reste de toi, mortel infortuné, recevra le tribut de mes larmes et de mon éternelle reconnaissance ».

À cet usage du pittoresque gothique assez dans l'air du temps, Monvel adjoint deux propositions dramaturgiques plus originales, vouées à renforcer l'efficacité scénique du spectacle, qui constitueront, au dernier acte, deux véritables clous. Théodore Muret note: « Dorval, le novice, parvenant à percer le mur du cachot où le prieur de son monastère l'a plongé, Eugénie, celle qu'il aime, près d'expirer de son côté dans les oubliettes d'un couvent de femmes mitoyen, qui se trouve toucher au cachot de Dorval; la réunion des deux amants ainsi opérée dans cet affreux tombeau, c'était là un genre d'effet d'autant plus puissant que le public d'alors n'en avait pas l'habitude ».[159] Et c'est effectivement à la conjonction de leur décor double et de leur « dénouement de maçon », que *les Victimes cloîtrées* doivent une partie de leur succès.

Le décor dédoublé imaginé par Monvel, qui présente, d'un côté de la scène le cachot de Dorval et, de l'autre, celui d'Eugénie, reproduit le principe de la scène composée préconisé par Diderot dans les *Entretiens sur le fils naturel*,[160] mais excède la mise en

---

[159] Muret, *L'Histoire par le théâtre*, I, 56-57. Voir aussi H. Lucas, *Histoire philosophique et littéraire du théâtre français*, II, p. 109-10.

[160] « Exécuterons-nous jamais rien de pareil sur nos théâtres? On n'y peut jamais montrer qu'une action, tandis que dans la nature, il y en a presque toujours de simultanées, dont les représentations concomitantes se fortifiant réciproquement produiraient sur nous des effets terribles. C'est alors qu'on tremblerait d'aller au spectacle, et qu'on ne pourrait s'en empêcher; c'est alors qu'au lieu de ces petites émotions passagères, de ces froids applaudissements, de ces larmes rares dont le poète se contente, il renverserait les esprits, il porterait dans les âmes le trouble et l'épouvante; et que l'on verrait ces phénomènes de la tragédie ancienne, si possibles et si peu crus, se renouveler parmi nous. Ils attendent, pour se montrer, un homme de génie qui sache combiner la pantomime avec le discours; entremêler une scène parlée avec une scène muette; et tirer parti de la réunion des deux scènes, et surtout de l'approche ou terrible ou comique de cette réunion qui se

pratique de celui-ci, telle qu'elle a été réalisée dans *Le Père de Famille* (II, 1) ou dans *Le Philosophe sans le savoir* de Sedaine par exemple (V, 6 et 7). Il ne s'agit pas, pour Monvel de montrer deux actions simultanées mais divergentes, appelées à faire contraste en renforçant le pathétique de l'intrigue principale, mais de peindre deux actions égales en importance, dont l'effet, renforcé par leur convergence (ignorée par les personnages mais pleinement perçue par les spectateurs) doit culminer lors de leur réunion. Le dispositif visuel se double d'un dispositif émotionnel, dans une temporalité relativement longue. Ce que souligna, dès la création, *L'Esprit des journaux*: « cette situation des deux amants, qui se croient arrachés l'un à l'autre sans retour et qui ne sont séparés que par un si étroit intervalle, est du plus grand intérêt ».[161] Tout l'art du dramaturge consiste alors à jouer de ce parallélisme, en créant des effets d'écho entre les répliques des personnages, en transformant en dialogue miné par l'ironie tragique des monologues simultanés, en résolvant, en un mot, la concomitance en logique providentielle. Les variations apportées par Monvel à l'ordre des répliques d'Eugénie dans le manuscrit de la Comédie-Française, ainsi que la rédaction séparée d'un nouveau quatrième acte ne présentent d'autres variantes que l'agencement des propos des héros, sont révélatrices de l'enjeu dramaturgique de cette intrication. Loin d'être un pur artifice de décorateur, l'espace scénique inventé par Monvel permet d'intensifier les effets de la reconnaissance, tout en la dilatant dans le temps. Dès le lever de rideau, il opère également un coup de théâtre, en révélant au spectateur qu'Eugénie est vivante.[162]

L'autre conséquence dramaturgique de cette utilisation de l'espace est de faire du mur mitoyen, *a priori* obstacle infranchissable, un pôle d'attraction et un point de convergence foncièrement ambivalent. L'organisation spatiale devient dès lors éminemment symbolique et suggestive, et l'acte évolue au gré du

---

ferait toujours » (Diderot, *Entretiens sur le Fils naturel*, dans *Œuvres complètes*, éd. Roger Lewinter [Paris: Le Club Français du Livre, 1970], III, 152-53).

[161] *L'Esprit des journaux, français et étrangers*, par une société de gens de lettres, mai 1791, p. 306.

[162] Révélation qui fonctionne également pour le lecteur de l'édition de référence, puisque, dans la liste des personnages, est évoquée une mystérieuse « religieuse », dont l'identité ne sera dévoilée qu'au quatrième acte, où elle est nommée Eugénie. L'édition Barba de 1796 ne conservera pas ce choix du suspens.

rapprochement et de l'éloignement des corps des héros, mystérieusement aimantés par le mur. Eugénie s'appuie sur les murailles, « *Elle se traîne vers le mur de son cachot qui le sépare de celui des Dominicains* », regrettant de ne plus en recevoir de preuves de vie (IV, 1). Dorval, à son tour, s'appuie contre ce mur à la scène 5; Eugénie s'en approche au moment où son amant se rejette sur la pierre. Et lorsque enfin tous deux sont réunis, adossés chacun à son côté du mur, se fait entendre la voix du sentiment, qui est bien, ici, voix des corps: « Mais que se passe-t-il donc en moi? Quel trouble involontaire... quel sentiment que je ne puis comprendre? », demande Eugénie. Quant au spectateur, informé et complice, il vibre au diapason de ce ballet foncièrement érotique.

Tous les commentateurs saluent l'efficacité de cette disposition originale de la scène, à l'exception de Grimod de la Reynière, qui, en 1797, entrevoit des inconvénients pratiques:

> Le théâtre étant séparé par une cloison assez épaisse pour figurer un gros mur, et la réplique ne parvenant aux acteurs qu'en passant le long de la rampe, il devient fort difficile de la saisir, surtout lorsque le rôle oblige de parler à voix basse. Ces scènes doubles ont encore l'inconvénient de partager l'attention du spectateur, de le distraire, de nuire enfin à l'intérêt, et même à l'effet, quoique ce soit dans l'intention d'y ajouter qu'on les fasse. D'ailleurs, la disposition de nos salles est telle qu'une grande partie des spectateurs ne voit alors que la moitié de la scène, et que nécessairement un des deux acteurs est perdu pour elle; ce qui est un notable inconvénient. On pourrait donc de même faire percer le mur, sans mettre le cachot d'Eugénie sur la scène. Mais il aurait fallu trouver les moyens de remplir l'acte jusque-là: car la pièce est finie dès que le mur est percé.[163]

Il n'en reste pas moins que cette disposition scénique marqua suffisamment les esprits pour que Musset, évoquant, dans son *Salon de 1836,* un tableau de Signol, demande, en critiquant la composition de l'œuvre: « Mais pourquoi séparer son tableau en deux et lui donner un air de famille avec la dernière scène des *Victimes cloîtrées?* »[164]

---

[163] Grimod de la Reynière, *Le Censeur dramatique*, p. 472.

[164] Musset, *Salon de 1836*, dans *Mélanges de littérature et de critique*. La pièce de Monvel figure dans l'inventaire de sa bibliothèque, dans un recueil factice de pièces anticléricales de la Révolution. Voir L. Lafoscade, *Le Théâtre d'Alfred de Musset* (Paris: Hachette, 1901), p. 180.

Cette innovation, pourtant, n'en était pas vraiment une. Monvel, dans *Raoul, sire de Créqui,* comédie en trois actes mêlée d'ariettes sur une musique de Dalayrac, créée à la Comédie-Italienne le 31 octobre 1789, avait déjà mis en scène, au deuxième acte, un décor double, préparé, dès l'acte I, par les propos des personnages. Celui-ci était décrit par une longue didascalie liminaire:

Le Théâtre représente une Tour épaisse et sans toiture, censée attenante à un vieux château fort que l'on n'aperçoit point; elle doit former un cône dont la partie la plus élevée vers le ciel est étroite, et de laquelle, par conséquent, il est impossible de gravir les murailles; à cette tour est jointe une mauvaise chambre, presque sans meubles, habitée par le geôlier, la porte qui communique de la tour à l'habitation de Ludger est garnie de barres de fer, de fortes serrures et de cadenas; on voit dans cette chambre un mauvais grabat, une table grossière, quelques escabeaux, de gros paquets de clefs, et dans un recoin un lambeau de tapisserie derrière lequel sont censés être les lits de Bathilde et d'Éloi.

La tour où est renfermé Créqui,[165] *et que le spectateur voit à découvert, ainsi que la chambre du geôlier, forment deux scènes dans le même lieu. La tour est entièrement démeublée, une chaîne de fer attachée fortement à la muraille y retient Créqui par le milieu du corps, par un bras et par une jambe, il est couché sur un peu de paille, abrité à demi par un reste de toiture: un vase grossier et le reste d'un pain noir sont auprès de lui, il est une heure après minuit, la foudre, après un long orage, gronde encore dans le lointain, la pluie tombe, mais faiblement, et l'on entend le sifflement des vents.*[166]

Si certains éléments annoncent le décor des *Victimes cloîtrées* (pauvreté de l'ameublement, pain noir, chaînes…), de même que le portrait du prisonnier (« des habits déchirés, en lambeaux… l'air d'un homme qui a bien souffert », I, 3), d'autres, plus purement pittoresques, renvoient aux ressources picturales de l'opéra-comique. Par ailleurs, une place est ménagée, dans cette didascalie de comédie, pour le mélange des genres, et le contraste des

---

[165] Comme dans *Les Victimes cloîtrées,* l'identité du prisonnier du cachot, cru mort par tous, n'est révélée qu'à l'occasion de cette didascalie.

[166] Monvel, *Raoul, sire de Créqui,* comédie en trois actes en prose (Paris: 1790), acte II, p. 23-24.

tonalités, plus conforme aux usages de la scène composée dans le drame qu'à celui qu'en fera Monvel dans sa pièce monacale. Les *Affiches* du 1er novembre rendent hommage au deuxième acte de *Raoul*, qui, « au moyen d'une décoration double, offre une foule de situations alternativement gaies, touchantes et neuves. L'opposition continuelle que présentent aux yeux du spectateur l'intérieur de la tour où Créqui languit, accablé sous le poids énorme de ses chaînes, et celui de la chambre où sont les deux charmants enfants du geôlier [...] jointe aux soins qu'ils prennent pour consoler et pour délivrer leur prisonnier, forme une suite de tableaux aussi variés qu'attachants. Cet ouvrage, dans lequel l'auteur, M. Monvel paraît n'avoir cherché qu'à produire des effets, a eu le plus grand succès ».[167] Le procédé est également salué par la *Correspondance littéraire* qui reconnaît un « mérite très neuf et très réel », dans « la manière adroite dont les deux scènes se trouvent toujours liées »: « soit qu'elles se succèdent l'une à l'autre, soit qu'elles soient simultanées, l'effet de l'une ajoute toujours infiniment à l'effet de l'autre ».[168]

L'inventivité et l'audace dramaturgique de Monvel transparaissent également dans la manière dont l'auteur joue, dans *Les Victimes cloîtrées*, de cette donnée décorative, qui n'est pas statique mais foncièrement dynamique, en organisant l'action du quatrième acte, sur un plan narratif autant que symbolique, autour de la destruction du mur mitoyen. Car l'essentiel n'est pas la séparation des amants dans deux cachots contigus, mais leur réunion au dénouement. Effectuée au moyen d'une action pantomime, celle-ci suscita bien des commentaires. Fleury note, dans ses *Mémoires*, que « La critique n'eut pas le plus petit mot à dire contre un ouvrage dans lequel un amant perce les murs de sa prison et trouve fort à propos sa maîtresse de l'autre côté. Ce singulier tour de passe-passe sembla une chose fort naturelle ».[169] Seul Grimod de la Reynière s'en offusqua (encore attendit-il pour cela 1797):

> Un amant qui perce le mur de sa prison pour s'échapper et qui retrouve de l'autre côté sa maîtresse, c'est un singulier tour de passe-passe dans une comédie; et nous doutons que jamais

---

[167] *Affiches*, n°3123, 1er novembre 1789.

[168] *Correspondance littéraire*, XV, 542.

[169] *Mémoires de Fleury*, II, 116-17.

> Molière s'en fût avisé. C'est un vrai dénouement de maçon; et des spectateurs d'un goût sévère et délicat, eussent repoussé avec mépris une telle machine. Nous ne doutons pas cependant que le citoyen Monvel ne se soit fort applaudi d'en avoir fait le premier usage au théâtre. Il n'a pas cependant le mérite de l'invention. On peut ouvrir *L'Aventurier français,* de M. Le Suire, roman qui a paru vers 1786, dans lequel il y a assez d'événements pour en faire six; et l'on trouvera également un religieux enfermé dans un cachot, qui perce également un mur fort épais, et qui retrouve de même sa maîtresse de l'autre côté. Dans un roman, cette invention bizarre peut surprendre et amuser un moment le lecteur oisif et peu difficile sur les ressorts qui délivrent un personnage auquel il s'intéresse; mais au théâtre c'est un enfantillage ridicule, et qui n'a pas même le mérite d'offrir une surprise au spectateur, puisque la scène étant double, il voit, dès le lever du rideau, le cachot qui renferme Eugénie.[170]

Le propos de Grimod de la Reynière est évidemment réducteur: comme le note l'éditeur des *Mémoires* de Fleury, « Les dénouements de maçon étaient à l'ordre du jour et si, comme le dit Fleury, chaque acteur dut avoir pour pièce principale de sa garde-robe l'étole, le surplis ou le capuchon, toute administration théâtrale dut aussi augmenter son mobilier de pinces et de pioches; partout on renversait des bastions, partout on perçait des murs: la prise de la Bastille avait amené ce goût-là, tant le théâtre reçoit l'empreinte subite des événements du jour ».[171] La « machine » du dernier acte se dote donc d'enjeux symboliques évidents. Et quoi qu'en dise le critique, ce n'est certes pas la même chose d'inventer un semblable « dénouement de maçon » - on notera que la disqualification esthétique porte sur la matérialité de cet effet spectaculaire, trop peu littéraire au goût de Grimod de la Reynière - dans un roman et de le mettre en scène au théâtre, surtout si l'on considère les moyens restreints de la Comédie-Française en matière de décors à cette époque. La destruction du mur nécessite en effet non seulement un jeu véritablement incarné de la part de l'acteur chargé du rôle de Dorval, mais de véritables effets spéciaux jusqu'alors inédits.

---

[170] Grimod de la Reynière, *Le Censeur dramatique,* p. 472.

[171] *Mémoires de Fleury,* II, 116-17, note de l'éditeur.

Comment donc s'y prenait-on pour figurer cette destruction? Ni les registres de la Comédie-Française, qui n'ont conservé aucune note de décorateur ou représentation picturale du décor de la création, en 1791, ni les comptes-rendus de presse ne permettent de le savoir. Ce que l'on sait, en revanche, c'est qu'un mur était bien détruit sur scène. Rien ne laisse supposer que la pièce fut jouée à l'origine dans un décor singulier, construit spécialement pour elle: sans doute avait-on simplement ajouté à un décor préexistant un châssis représentant le mur. En 1795, fut construite, pour la représentation de la pièce au Théâtre de la République, une décoration spécifique dite « le souterrain double des *Victimes cloîtrées* », qui fut malheureusement détruite par la suite et dont ne nous reste aucune image. La description présente dans l'inventaire des décors de ce théâtre nous apprend que cette décoration, réalisée par le peintre Lemaire, comprenait côté cour (à droite du spectateur, la cellule de Dorval), un châssis « allant de l'avant-scène au n°4 », dans lequel était ménagée une « démolition en osier, toile foin »; côté jardin (du côté gauche du spectateur, le cachot d'Eugénie), « un retour d'équerre, revenant du n°3 à l'avant-scène aussi avec démolition ».[172] On n'en sait pas plus sur la réalisation matérielle du « tour de passe-passe », et le décor ne semble pas avoir servi pour une autre pièce.

Le procédé, ayant fait la preuve de son efficacité, fut, lui, repris dans une comédie en trois actes mêlée d'ariettes représentée au Théâtre Italien le 16 janvier 1792, *Cécile et d'Ermancé*, de Després et Grétry, dont le *Journal des théâtre* fournit le résumé suivant:

> Un M. de Florville, qui a la liberté de voir, au parloir, une demoiselle Cécile qu'il doit épouser, s'imagine de s'introduire dans un couvent d'hommes, voisin d'un couvent de femmes où sa maîtresse est pensionnaire, pour y travailler comme jardinier fleuriste. Il fait un trou à la muraille et parvient à voir sa maîtresse sans grilles. Dans le couvent d'hommes est un M. d'Ermancé auquel on a refusé la main d'une autre Cécile qui est dans le couvent féminin, prête à prononcer le serment de renoncer au monde, ainsi que son amant se prépare à le faire de son côté. Cette seconde Cécile vient chanter et pincer de la harpe dans le jardin des religieuses, pour soulager ses douleurs. D'Ermancé l'entend, découvre l'ouverture faite dans le mur par

---

[172] Voir annexe 4.

Florville, paraît et voit Cécile; mais ils sont surpris, s'en aperçoivent, et ils se séparent aussitôt. D'Ermancé au désespoir prononce le nom de son amante; Florville l'entend, devient jaloux, le dénonce; d'Ermancé est saisi par les religieux tandis que Cécile est aussi conduite chez l'abbesse de son couvent. Au second acte, on conduit d'Ermancé *in pace*, on l'y enchaîne par le corps et par les quatre membres. À peine est-il seul que Florville, agité par les remords, descend dans le souterrain avec une échelle de corde et propose ses secours à d'Ermancé qui d'abord les refuse, et qui, après une explication, reconnaît les effets de l'amoureuse jalousie et les pardonne. Dans le premier moment de son repentir désespéré, Florville, qui a vu les maux qu'il avait causés, a retiré et brisé son échelle de corde: qui sauvera les infortunés? On entend des coups de marteau; Florville frappe où il les entend; on répond, il refrappe; ce sont des carriers qui connaissent l'endroit et qui travaillent si bien qu'ils parviennent à délivrer les prisonniers. Au troisième acte, on est chez l'abbesse qui, bonne et sensible, gémit sur le sort de Cécile. On lui annonce un maire, chargé d'ordres pour elle et pour le prieur du couvent voisin, qui arrive bientôt. Tout a été découvert; le quiproquo de Florville, ses suites, le sort de d'Ermancé; on admoneste le prieur; et les amants sont unis de l'aveu même de leurs familles. – On ne fait pas de réflexions sur un ouvrage tissu et qui finit comme celui-ci.[173]

Si les tonalités des deux pièces diffèrent, un certain nombre de procédés semblent indéniablement inspirés par le drame de Monvel, ce que ne manque pas de relever le *Journal encyclopédique*: « Il paraît que la même anecdote qui a fourni à M. Monvel le sujet des *Victimes cloîtrées,* pièce qui présente l'une des plus belles charpentes dramatiques qui soient au théâtre, a donné celui de *Cécile et d'Ermancé*, représenté avec un succès équivoque quant au poème. [...] Ce poème, qui n'offre ni vraisemblance ni préparation, ni même les développements nécessaires pour avoir l'intelligence des mouvements qu'il présente, a dû néanmoins son succès au mérite vraiment dramatique du second acte, c'est-à-dire de la scène du maçon. Quant au genre, nous ne nous y arrêterons pas. Si les cachots, les chaînes, les processions, les chants funèbres sont des folies propres à divertir notre siècle, les auteurs feront bien

---

[173] *Journal des théâtres*, n°12, vendredi 20 janvier 1792. L'ouvrage n'a pas été publié.

de les employer le plus souvent qu'ils pourront, et de suivre en cela le goût du jour ».[174] Monvel a donc contribué à lancer une mode, en revalorisant la « charpente » dramatique, dans tous les sens que peut revêtir ce terme. Ce que montre néanmoins l'exemple de *Cécile et d'Ermancé,* c'est que le procédé vieillit vite, et pâtit de sa réitération. Aussi le succès persistant des *Victimes cloîtrées* ne peut-il être attribué uniquement aux tours de passe-passe de Monvel ou à la mise en œuvre d'un pittoresque monacal.

Le spectateur des *Victimes cloîtrées:* un théâtre de la fascination

L'efficacité de la pièce semble, en effet, indissociable de la relation qu'elle noue avec un spectateur capté par la fable et la représentation, sujet d'une véritable fascination. *Les Victimes cloîtrées* fonctionnent au premier degré, suscitant, dans le public, une adhésion complète, que ce soit sur le plan idéologique, sur le plan émotionnel ou sur celui de l'investissement esthétique et imaginaire. Elles participent d'un théâtre de l'illusion, entendue non plus dans sa dimension objective et optique, mais foncièrement subjective, confinant à l'irrationnel.

Tous les témoignages concernant des représentations, à la création ou lors de reprises, nous le disent: le drame, bénéficiant des charmes ambigus de l'horreur, suscite une réception participative, aussi paroxystique qu'ambivalente. *Le Moniteur* constate l'intérêt « terrible » de ce drame, « qui produit un effet que toutes les âmes ne sont point assez fortes pour supporter ».[175] Bouilly se souvient que de nombreuses femmes, frappées par les images violentes, s'évanouissaient lors des représentations.[176] Quant à Muret, il rappelle que la reconnaissance de l'acte IV produisait immanquablement une « sympathique explosion dans le public, tout frémissant encore d'exécration contre l'abominable supérieur, et qui avait suivi avec une anxiété fiévreuse ce travail désespéré! »[177]

---

[174] *Journal encyclopédique*, janvier 1792, p. 361 et p. 363-64.

[175] *Gazette nationale ou Le Moniteur universel*, vendredi 1er avril 1791, n°91, p. 7-8.

[176] Bouilly, *Soixante ans du Théâtre-français*, p. 98-99.

[177] Muret, *L'Histoire par le théâtre*, I, 60.

Une anecdote, maintes fois retranscrite dans les recueils et les histoires du théâtre révolutionnaire, témoigne de cette réception placée sous le signe de l'adhésion. Étienne et Martainville racontent:

> au moment où le Père Laurent fait entraîner Dorval, un murmure d'horreur s'éleva, et un homme, placé à l'orchestre, s'écria: *exterminez ce coquin-là!* Tous les yeux se fixent sur lui; il avait l'œil égaré, le visage décomposé. Quand il eut repris ses sens: « Pardon messieurs, dit-il, c'est que j'ai été moine; j'ai, comme Dorval, été traîné dans un cachot, et dans le père Laurent, j'ai cru reconnaître mon supérieur ». Quelle honte pour le siècle de la philosophie que des portraits aussi atroces aient pu avoir des modèles![178]

Vouée à illustrer la conjonction hors du commun que la pièce établit entre univers fictionnel et réalité historique, ici emblématisée par l'immixtion d'un spectateur dans une fable qui se trouve de ce fait réintégrée à l'espace public, l'anecdote et sa transmission insistent sur l'intériorisation par le public de l'action représentée, sur l'implication imaginaire et émotionnelle qu'exige la pièce, programmant ainsi les modalités de la réception escomptée. L'anecdote met d'autant plus en scène cette réception, à la fois singulière et exemplaire, anomalie de la relation spectaculaire autant qu'idéal à atteindre, que l'intervention de l'ancien moine n'est, en réalité, rien moins que spontanée. Eugène Jauffret, dans *Le Théâtre révolutionnaire*, relate, en 1869, que l'incident, « qu'il eût été préparé ou non, produisit à la première représentation un effet considérable, et accrut encore la curiosité publique ».[179] Pour Henri Welschinger, en 1880, cela ne fait plus guère de doute: « Les écrivains du *Théâtre français* ne se sont pas sérieusement informés sur ce qui s'était passé. À côté du drame, la comédie. L'ex-moine qui avait jeté cette émotion dans la salle était un compère de Monvel, qui, en sa double qualité d'acteur et d'auteur, savait se servir mieux que personne des ficelles dramatiques! »[180] Vraie ou fausse, l'anecdote n'en témoigne pas

---

[178] Étienne et Martainville, *Histoire du théâtre français*, II, 56-57.

[179] E. Jauffret, *Le Théâtre révolutionnaire (1788-1799)*, (Paris : 1869 ; réimp. Genève: Slatkine reprints, 1970), p. 116-17.

[180] Henri Welschinger, *Le Théâtre de la Révolution 1789-1799, avec documents inédits* (Paris : 1880; réimpr. Genève: Slatkine reprints, 1968), p. 282.

moins d'une intention (que ce soit de la part de l'auteur ou des commentateurs) de placer la représentation des *Victimes cloîtrées* sous le signe d'une confusion des espaces et d'une abolition des frontières entre fiction et réalité. Ce qui est visé, c'est un enfouissement tel dans l'imaginaire qu'il fasse oublier au spectateur qu'il se trouve dans une salle de théâtre et assiste à un simulacre, ce qu'Étienne et Martainville considèrent comme l'intérêt porté à son point culminant, un sentiment qui « glace les sens, qui suspend toutes les facultés et produit le même effet que le saisissement ».[181]

Cet enfouissement est savamment préparé par la pièce, qui procède en deux temps, déclenchant d'abord chez le spectateur une pulsion scopique, liée au désir d'effraction suscité par des lieux traditionnellement interdits au regard, et mettant ensuite en œuvre une stratégie de défamiliarisation, visant à abolir, par la fascination, la conscience de la réalité.

Si le quatrième acte est à ce point efficace, c'est qu'il est minutieusement préparé. Le rideau se lève, au premier acte, sur le décor le plus banal qui soit pour un spectateur de la fin du XVIIIe siècle, un salon bourgeois semblable à mille autres dans les drames contemporains, et qui, selon la théorie diderotienne, doit lui rappeler son propre intérieur domestique. Mais si Monvel commence ainsi, c'est afin de mieux faire surgir, dans les propos des personnages comme dans l'esprit du public, la pensée d'un autre lieu, le couvent, qui serait l'envers du salon, non plus rassurant et familier mais mystérieux objet de curiosité. Pôle d'attraction autant que de répulsion, ce couvent (double, en réalité, puisque celui du Père Laurent, qui abrite Dorval, côtoie celui où Eugénie est censée avoir perdu la vie) représente à la fois le lieu de la mort et du malheur et celui de sa résolution possible, par le sauvetage espéré de Dorval. Lieu de l'aventure, aussi, puisque, alors que la maison des Saint-Alban est demeurée inchangée malgré leur longue absence, le monastère, lui, a été la proie d'un violent incendie. Lieu encore de la rumeur et du scandale: ne suggère-t-on pas, à plusieurs reprises, que les moines y entretiennent avec les nonnes un commerce illicite (I, 6; III, 4, III, 9)? Mais c'est avant tout un lieu interdit: Dorval n'a pas été autorisé à rendre visite à Eugénie, que personne n'a pu voir à partir

---

[181] Étienne et Martainville, *Histoire du Théâtre français*, II, 55.

de son entrée au couvent (I, 8; II, 7); le Père Louis ne parvient à s'échapper que momentanément et en secret (I, 5); Francheville n'y sera admis que provisoirement, et cantonné au parloir, avant d'être mis à la porte par le Père Laurent (III, 4 et 5).

Tout, dès les premiers actes, suggère que c'est dans ce lieu seulement que pourra se résoudre l'action. Celle-ci épouse donc le cheminement d'un parcours d'exploration, se rapprochant progressivement du cœur de l'intrigue comme de l'épicentre du mal. Sorti du décor protecteur de la maison familiale, Francheville accède aux espaces sociaux, visibles du couvent, mais perçoit que certains lieux, mystérieux, lui sont inaccessibles. De manière significative, cette première intrusion dans un espace interdit coïncide avec l'apparition d'un décor gothique et avec l'accroissement des périls et de la tension dramatique, appelés à culminer au quatrième acte, dans le spectacle des cachots souterrains, lieux de la rétention clandestine et du crime, dont l'existence est généralement ignorée et auxquels les moines eux-mêmes se voient refuser l'accès (IV, 2; IV, 7). Ce parcours graduel, moins topographique que symbolique et esthétique, est également observable dans d'autres pièces, comme *Le Comte de Comminge* de Baculard d'Arnaud ou les *Rigueurs du cloître* de Fiévée (1790), qui commence dans le jardin du couvent, se poursuit dans une salle commune et menace de s'achever, dans un hors-scène inquiétant, de l'autre côté de la « *grille qui ferme un caveau dont les marches paraissent*»,[182] plongeant dans les profondeurs occultes d'un espace interdit aux profanes. Associée à une scénographie qui multiplie les obstacles (aux mouvements: chaînes, portes, murs, à la vision: l'ombre règne, mais aussi à l'information des héros – il suffit d'observer comment Monvel retarde habilement, d'acte en acte, les révélations du P. Louis), cette progression, en même temps qu'elle captive le regard, le définit comme transgressif et contribue à la spécification des espaces de claustration comme espaces autres, marginaux, comme espaces fantasmatiques plus que référentiels.

D'autant plus que la représentation de l'espace, au quatrième acte des *Victimes cloîtrées*, délaisse les préoccupations strictement mimétiques au profit d'un symbolisme expressionniste dont

---

[182] *Les Rigueurs du cloître*, comédie en deux actes et en prose, mêlée d'ariettes, représentée pour la première fois par les Comédiens Italiens ordinaires du roi le 23 août 1790, paroles de M. Fiévée, musique de M. Berton, de l'imprimerie de l'auteur, p. 19. Voir aussi acte II, scène 6, p. 37.

l'efficacité, visuelle et signifiante, repose, autant que sur la place croissante laissée, chez les personnages, aux hypotyposes et hallucinations, sur un effet de défamiliarisation. Caractérisé par une poétique du clair-obscur, qui, au gré des variations de lumière, installe un univers de perception décalé, peuplé de sons menaçants, l'espace offert aux regards des spectateurs guide ceux-ci vers les entrailles d'un couvent qui figure, autant qu'une donnée de la fiction, un univers mental et un rapport à l'imaginaire théâtral. Pénétrant dans les cachots du quatrième acte, le spectateur a, depuis longtemps, quitté l'univers référentiel et la dramaturgie « réaliste » du salon, mue par l'ambition de rapprocher la scène de l'espace réel. Délaissant un théâtre qui visait à lui offrir une représentation glorieuse de lui-même, et, par-là même, une justification sociale et une reconnaissance politique, il s'est laissé guider vers un théâtre de la psyché, libéré des normes et des contraintes de l'espace réel.

Lieu où se réalise, dans la fable, la pulsion meurtrière ou sensuelle, lieu de l'hallucination, lieu où se terrent des morts-vivants (morts pour le monde, mais livrés à la puissance dévorante de leur imagination), lieu où les corps se libèrent des conventions sociales, où les âmes se laissent aller à l'expression des passions violentes, le cachot, emblème d'une claustration despotique, apparaît, paradoxalement, comme le cadre d'une libération de la représentation, offrant un espace à ce que le théâtre doit généralement bannir au nom des bienséances et de la vraisemblance. Peter Brooks souligne que, dans *Les Victimes cloîtrées* comme dans bien d'autres œuvres révolutionnaires jouant sur le motif et le dispositif esthétique de la claustration, et comme, plus tard, dans le *Marat-Sade* de Weiss, « en même temps que le geste de libération, l'impression qui s'impose en nous est celle des visages angoissés et des corps torturés »,[183] impression qui vient nuancer, sinon contredire, le « mythe solaire » qu'a constitué la Révolution et que le théâtre de cette époque entend consolider.[184] Brooks constate que « C'est seulement en prison que le potentiel véritablement révolutionnaire de la psyché et du corps se révèle pleinement. [...] Le corps cloîtré, emprisonné, contraint, n'est pas

---

[183] Peter Brooks, 'L'ouverture de l'abîme', traduit par Vincent Giroud, *Poésie*, n° 49 (Paris: Belin, 1989), p. 123.

[184] *Ibid.*, p. 123.

seulement un corps politique. C'est un corps sexualisé qui rêve de ses orifices, un corps en état d'insurrection contre les mécanismes psychiques de répression et de sublimation ».[185] C'est bien contre cela que s'insurgeait La Harpe, égrenant, dans sa correspondance littéraire, les turpitudes mises en scène par Monvel: « un père Laurent qui a un sérail, et qui en même temps fait le rôle de Mercure en faveur d'une abbesse du couvent voisin; un novice et une religieuse sa maîtresse, qui se rencontrent dans des cachots souterrains, en abattant, à coups de pioche, un mur mitoyen, et qui s'embrassent sur les débris, faute de pouvoir faire mieux, sans doute par respect pour les spectateurs ».[186] Et Hallays-Dabot, dans son ouvrage sur la censure théâtrale en France, frémit encore, en 1862, devant cette « littérature malsaine » qui présente d'« effroyables peintures » de « débauche », des « tableaux violents, passionnés, démoralisateurs », devant un public conquis.[187]

Ce qui est indéniable, et qu'a bien montré Peter Brooks, c'est que, dans cette pièce, où « les intrigues monacale, politique et érotique convergent au point où il n'est plus possible de les distinguer »,[188] le moment de l'ouverture du cachot est foncièrement équivoque:

> ce qui m'intéresse ici est moins l'aspiration à la liberté que ce que l'on découvre lorsque les libérateurs ouvrent les prisons, ce qui se trouve dissimulé dans les profondeurs et vient à la lumière avec le geste libérateur. En ce moment, je crois, l'on rencontre quelque chose de moins progressiste et bienfaisant que la simple mise en liberté de prisonniers. L'acte de l'ouverture libère un certain refoulé que la raison méconnaissait. C'est à ce point que la structure de la forteresse et de la prison, avec ses douves, ses ponts-levis, ses tours, et en particulier ses niveaux superposés d'oubliettes et de cachots souterrains, finit par ressembler à une conception freudienne de l'esprit comme construction spatialisée du conscient, du préconscient et de

---

[185] *Ibid.*, p. 128.

[186] La Harpe, *Correspondance littéraire*, IV, 233-34.

[187] Victor Hallays-Dabot, *Histoire de la censure théâtrale en France* (Paris: E. Dentu, 1862), p. 166.

[188] Brooks, 'L'ouverture de l'abîme', p. 122.

> l'inconscient; et la mise à jour de la matière refoulée est comme une fouille souterraine dans des couches de plus en plus profondément enfouies de la vie psychique. Quelques-unes des meilleures représentations de cette structure se rencontrent dans ces drames révolutionnaires qu'on a parfois baptisés *théâtre monacal*.[189]

Sans doute la fascination des spectateurs pour ce type d'espaces trouve-t-elle, dans le drame de Monvel, son explication dans cette essence foncièrement fantasmatique du quatrième acte, qui libère un refoulé non seulement artistique et psychologique, mais également politique.

Comment, en effet, interpréter sinon l'obstination des auteurs à représenter scéniquement des lieux et des institutions qui non seulement sont réprouvées par la fable et le propos idéologique des pièces monacales, mais, en outre, n'existent déjà plus, dans la réalité contemporaine de 1792, que comme représentation, légende, fantasme? Paradoxe de ce théâtre qui, ressuscitant sous un prétexte didactique une réalité honnie heureusement abolie, induit chez les spectateurs une fascination impure, échappant à la raison et à l'idéal d'un théâtre agent de l'instruction publique. Révélateur de ce glissement de la représentation vers une autre révolution que celle qui agite le monde à l'extérieur du théâtre est le fait, dramatiquement incontestable et difficilement récupérable par une allégorisation politique de la fable, que le mur explicitement détruit sous les yeux des spectateurs, à la scène 5 de l'acte IV, ne se trouve pas être le mur extérieur du couvent, celui qui permettrait à Dorval d'échapper à ses bourreaux en réintégrant la société et qui symbolise l'arbitraire idéologique, mais celui qui, le séparant de la cellule voisine et d'Eugénie, empêche la réunion des corps et la réalisation des désirs, foncièrement irrationnels, des personnages. Seul le détour par la claustration et la forme de prise de conscience cathartique qu'il déclenchera chez Mme de Saint-Alban permet, en effet, de rendre possible et licite une union jusqu'alors présentée comme controversée. Ce n'est que dans la sortie de l'espace social, dans ce cachot ambivalent qui représente à la fois un espace de torture et un écrin pour la passion, que peut s'accomplir la réunion des amants, d'autant plus inespérée qu'elle réalise un vœu

---

[189] *Ibid.*, p. 122.

déraisonnable (exprimé à maintes reprises par Dorval):[190] abolir la réalité, ressusciter les morts.

Si Dorval, dans la fable, peut encore ignorer les vertus positives de cette claustration, le spectateur, lui, en est parfaitement conscient, de même qu'il perçoit immédiatement que l'ouverture du mur, à elle seule, ne suffira pas à dénouer l'intrigue et à permettre le salut des héros. Pour accomplir celui-ci, il faudra détruire un autre mur, ou plutôt forcer une porte, grâce à l'intervention providentielle de Francheville, qui joue ici le rôle d'un *deux ex machina*. Si son apparition permet de parachever, en une célébration des réformes révolutionnaires, une démonstration idéologique quelque peu laissée de côté depuis le deuxième acte, son effet esthétique n'est pas moins important: brisant un mur qui est l'équivalent symbolique du quatrième mur diderotien (voué à préserver l'espace de la fiction de la conscience de la réalité, en garantissant l'implication émotionnelle du spectateur), le maire et sa troupe de gardes nationaux arrachent le spectateurs au fantasme, le ramènent au réel et à l'espace social, le forçant à réinvestir dans le culte collectif de l'ordre nouveau l'émotion et la fascination suscitées par le spectacle d'un refoulé plus individuel. La présence des parents et l'annonce des noces à venir permettent, quant à elles, la réintégration et la légitimation sociales de la libération pulsionnelle des scènes précédentes, les personnages se trouvant, eux aussi, rappelés aux conventions mondaines et à l'ordre collectif. On notera, à ce propos que, sur le plan de l'investissement émotionnel, et si l'on prend en compte la lettre même du texte, l'irruption des secours au dénouement n'est pas immédiatement ressentie comme une libération, bien au contraire. Entendant des voix, les deux amants, qui goûtent le plaisir de leurs retrouvailles, marquent de l'inquiétude, et le désir de rester ensemble, formant à eux seuls une société autarcique et autosuffisante. L'arrivée des autres, en marquant le retour de la loi, de l'autorité familiale et du partage des sentiments, met un terme à cet idéal d'exclusivité et de fusion, ramené à une forme socialement admise.

---

[190] S'il veut prononcer ses vœux, c'est pour demeurer près des lieux encore marqués de la présence d'Eugénie (voir II, 7; III, 3; III, 4). Nulle vocation monastique donc, chez le jeune homme, mais la quête, dans la claustration, d'un enfouissement dans le souvenir et le fantasme, d'un écrin favorisant le ressassement mental.

De manière furtive mais marquante, se sera donc joué, dans ce clou dramaturgique du quatrième acte, à travers le dispositif esthétique de la claustration, le passage (transitoire) d'un théâtre du réel à un théâtre du fantasme, d'un théâtre du collectif à un théâtre de la pulsion individuelle, d'un théâtre du sentiment, mis au service d'une idéologie, à un théâtre de la passion que saura reconnaître le XIXe siècle. Intuitivement, le public, sans doute, aura perçu l'originalité *esthétique* de ce dispositif, induisant, subrepticement, un nouveau rapport au spectacle, hors du modèle civique diffusé à la même époque. L'abolition-destruction du quatrième mur, que représente symboliquement l'effraction de Francheville dans la cellule, interrompt une scène fondamentale, tant pour les personnages que pour les spectateurs: celle de l'esprit, de la pulsion imaginaire, celle de ce qui n'advient que grâce au théâtre et qui le justifie. La libération politique vient donc entraver une libération esthétique: véritable arrachement, elle met un terme à l'enfouissement voluptueux dans l'imaginaire, rappelant chacun à ses devoirs civiques. Cette libération ambivalente, pour frustrante qu'elle puisse paraître, n'en est pas moins nécessaire: sur le plan idéologique, l'espace – réel et mental- de la claustration doit être anéanti, et c'est ce qui se produit. Mais la persistance et le réinvestissement, au XIXe siècle, de ce dispositif sous la forme de *topos* dans des œuvres explicitement dépolitisées (ne serait-ce que la version mélodramatique des *Victimes cloîtrées*) traduisent bien l'avènement de nouvelles attentes esthétiques. Pour Peter Brooks, Monvel a, en quelque sorte, ouvert la boîte de Pandore: « en ouvrant l'abîme, nous n'opérons pas seulement un acte de libération bienfaisante, nous découvrons également quelque chose de beaucoup plus troublant, quelque chose que les versions politiques de la libération ne peuvent expliquer ou assumer de manière adéquate [...]. La claustration même est le lieu d'une libération psychique, mais de forces que la libération politique a besoin de refouler ».[191]

Brooks envisage cette libération sur un plan à la fois idéologique et psychanalytique. On pourrait la lire également sur le plan de la relation esthétique déployée par le spectacle. Malgré l'aspect un peu déceptif, pour le spectateur, d'un rappel au réel qui le ramène à ses modalités réceptives habituelles (communion

---

[191] Brooks, 'L'ouverture de l'abîme', p. 126.

émotionnelle et idéologique suscitée par les symboles d'une identité collective récemment conquise), quelque chose demeure de l'expérience de la fascination provoquée par le quatrième acte. Quelque chose comme l'intuition d'un rapport foncièrement individuel et intime à la représentation, qui contraste avec l'idéal contemporain d'un théâtre citoyen et rappelle plutôt les modalités réceptives propres à la lecture des romans. Quelque chose qui a également à voir avec l'idée que la représentation produit des effets, des images, des sensations qui ne s'incarnent pas nécessairement et pas seulement *scéniquement*, et qui sont voués à s'abolir, parce qu'ils ne sauraient être réinvestis dans l'espace social. Quelque chose d'insaisissable, qui, par son caractère labile et éphémère, donne à sentir que l'expérience théâtrale est forcément le lieu d'un renoncement ou d'une perte. Avec l'idée que l'enfouissement dans l'imaginaire ne saurait perdurer indéfiniment, naît aussi l'intuition que le théâtre constitue un espace à part, où peut, furtivement, advenir une réalité autre. Les symbolistes s'en souviendront. Dans les *Victimes cloîtrées,* en même temps que se réaffirme la toute-puissance et la très haute dignité du spectacle et du médium théâtral, s'énonce donc quelque chose comme son irrémédiable mélancolie, à travers la mise au jour d'un double régime de la réception: un régime collectif, qui justifie la pièce idéologiquement et historiquement; un régime individuel, qui la justifie esthétiquement et pourrait constituer un point d'accroche avec aujourd'hui. Peut-être Monvel a-t-il ainsi réussi ce que Sade, dans son théâtre, n'est pas parvenu à réaliser.

Ce qui est certain, c'est que la pièce de Monvel représente, par bien des points, une œuvre de transition. Transition entre plusieurs manières d'appréhender le fait théâtral, mais aussi transition, dans l'histoire des genres dramatiques, entre le drame et le mélodrame, entre le théâtre sérieux et philosophique et l'imaginaire romantique, entre un théâtre de la cohésion sociale et un spectacle des passions débridées. On a évoqué plus haut tout ce qui, dans la pièce de 1792, portait en germe la thématique et l'esthétique dramatique du mélodrame. On a moins souligné, en revanche, tout ce que *Les Victimes cloîtrées* doivent à la théorie et à la pratique du drame bourgeois. Outre la thématique monacale, l'onomastique revendique cette filiation: le jeune frénétique de Monvel pousse à leurs limites les traits de caractère du Dorval du *Fils naturel* de Diderot (1757); quant à l'héroïne, elle partage avec l'héroïne éponyme du premier drame de Beaumarchais son statut, à la fois pathétique et discrètement piquant, en un mot *intéressant*, de victime innocente de visées séductrices; les noms de Francheville ou de Saint-Alban, pour leur part, portent ostensiblement le symbolisme moral du genre didactique. Le discours sur la mésalliance, justifié par la condition de Dorval, négociant fortuné, reprend les *topoi* du genre sérieux, de même que la figuration des domestiques, moralisés et désormais liés à leurs maîtres par les liens du sentiment plus que par l'intérêt financier. Le décor initial est lui aussi représentatif de l'esthétique « dramique » et de sa recherche d'un réalisme domestique. Quant au style (inflation didascalique, discours coupé, alternance entre lyrisme grandiloquent et déclamations idéologiques, présence d'excroissances romanesques sous la forme des récits), il manifeste tous les symptômes de la rhétorique des dramaturges-philosophes de la seconde moitié du XVIIIe siècle. On multiplierait aisément les comparaisons de ce type. Mais l'intérêt de la pièce est de dépasser et de transcender ce qui, en 1791, est devenu cliché, en revitalisant les *topoi* à la source d'une anthropologie nouvelle, qui commande des effets inédits. Pour Edmond Estève, Monvel, avec les *Victimes cloîtrées,* ouvre une série en en fermant une autre: « Il a ranimé un sujet qui languissait et ouvert une voie nouvelle. Par son intermédiaire, des œuvres notables de la littérature du XIXe siècle, dont la plupart fortement teintées de romantisme, se trouvent rattachées à des œuvres imbues du pur esprit du XVIIIe siècle ».[192]

Cette autre transition passe par la rencontre, particulièrement exemplaire dans le cas des *Victimes cloîtrées*, de deux genres: le théâtre et le roman. Rattacher la pièce de Monvel à la seule vogue du théâtre monacal ne suffit pas. D'abord parce que nombre des œuvres ressortissant à cette mouvance ne connurent, dans un premier temps, et pour certaines pendant longtemps, pas de représentation scénique, mais une existence livresque, parfois clandestine: l'univers qu'elles déployaient appartenait donc moins à la représentation publique qu'à l'imagination solitaire du lecteur (d'autant plus que, dans certains cas, celui de Baculard d'Arnaud notamment, les mêmes aventures donnèrent lieu à la fois à un drame et à un roman). D'autre part parce que le théâtre monacal hérite d'une mise en cause idéologique et d'un arsenal thématique formalisés antérieurement par le roman, inévitablement plus libre et plus audacieux. Même si *La Religieuse* de Diderot, écrite vers

---

[192] Estève, 'Le théâtre monacal sous la Révolution', p. 83-137.

1760 et diffusée à travers la *Correspondance littéraire* en 1780-1782, ne fut publiée qu'en 1796 et ne fut guère connue avant, même si les textes de Sade, *Justine* en particulier, qui soulignent la corrélation entre claustration monacale et libération du désir, demeuraient encore dans l'ombre, grâce au roman libertin et aux nombreux épisodes romanesques relatant des vocations forcées, l'intérieur des couvents et les turpitudes qu'ils étaient supposés receler n'avaient plus de secret pour les lecteurs. L'originalité de Monvel est d'avoir fait advenir sur la scène et pour le grand public la représentation (suggestive) de ces actions.

Représentation qui était promise à un brillant avenir, *via* le roman. Si *Les Victimes cloîtrées* donnent naissance au mélodrame français, illustré dans les premières années du XIXe siècle par Pixerécourt, c'est effectivement au prix d'un détour par le roman gothique anglais, et d'un affranchissement de l'arrière-plan historique et idéologique de la thématique claustrale, cloîtres, couvents, moines libidineux n'apparaissant plus alors comme l'émanation d'un ordre politique illégitime, mais comme des accessoires et des matrices romanesques. C'est un Anglais, M. G. Lewis qui va paradoxalement servir d'intercesseur, entre la France et l'Angleterre, mais aussi entre le théâtre et le roman, moins, sans doute, par son adaptation théâtrale du drame de Monvel en 1808, que par son roman culte, *Le Moine*, publié à Londres en 1795, et traduit en français en 1797, dans deux éditions concurrentes. Certains épisodes ou péripéties du récit s'inspirent en effet des *Victimes cloîtrées*, en particulier l'aventure d'Agnès, que l'on fait passer pour morte et qui demeure enfermée dans les caveaux du couvent, et la passion coupable d'Ambrosio pour Antonia, également séquestrée (développement narratif de ce qui, dans la pièce de Monvel ne faisait l'objet que d'un récit laconique).[193] À Monvel, Lewis reprend aussi la topographie des lieux (voisinage des deux couvents) et les éléments du pittoresque funèbre. Ce qui inspirera à son tour Ann Radcliffe, dans *L'Italien ou le Confessionnal des Pénitents noirs* (1797), roman traduit en français la même année. Et ce sont ces romans anglais qui, adaptés sous la forme de textes dramatiques voire de spectacles pantomimes, acclimateront à la scène et à la culture françaises, dans les dernières années du XVIIIe siècle, un imaginaire à l'origine duquel elles

---

[193] Voir annexe 6.

avaient présidé. Un certain nombre des recettes dramaturgiques de Monvel se trouveront ainsi réactivées, attribuées à Lewis, dans *Le Moine ou la Victimes de l'orgueil,* pièce en quatre actes et à grand spectacle de Pixerécourt, reçue au Théâtre de la Gaîté en 1797, mais non représentée,[194] ou *Le Moine,* comédie en 5 actes mêlée de chants, danses, pantomimes de Cammaille St Aubin (joué au Théâtre de l'Émulation en décembre 1797, et reprise, sous la forme d'un mélodrame en trois actes, à spectacle, terminé par *L'Enfer* de Milton, au théâtre de la Gaîté en août 1802), ainsi que dans maintes pièces de ce type.[195] Le roman à couvent et à moines, sous-genre inspiré par les même sources, donne lieu, à la même époque, à des succès incontestés dans les cabinets de lecture et chez les libraires spécialisés. *Les Victimes cloîtrées* furent donc un jalon essentiel dans le développement de cet imaginaire, tout comme elles créèrent, si l'on en croit E. Estève et E. Van Bellen, le type littéraire du moine libidineux,[196] qui devait fournir une des incarnations possibles du traître de mélodrame et inspirer les romantiques.

Ne serait-ce que pour leur place dans l'histoire des genres dramatiques, de la littérature comparée et des transferts ou de l'évolution de l'imaginaire culturel, ces *Victimes cloîtrées* méritent donc notre attention.

ÉTABLISSEMENT DU TEXTE

L'objet de cette édition étant de resituer *Les Victimes cloîtrées* dans le patrimoine dramatique du XVIIIe siècle et de rendre compte de l'histoire de cette œuvre dans l'évolution du théâtre, il nous a semblé opportun de prendre comme édition de référence, pour

---

[194] Publiée dans *Orages. Littérature et culture 1760-1830,* n° 4: « Boulevard du crime. Le temps des spectacles oculaires », Apocope, mars 2005, p. 127-52.

[195] Voir Estève, 'Le théâtre monacal', p. 122-23.

[196] *Ibid.,* p. 109-10: « […] l'intérêt véritable de la pièce et son originalité […] sont dans la création de ce personnage dont je ne crois pas qu'il y eût encore de spécimen aussi achevé dans la littérature française, le moine avide, sensuel, hypocrite, dominateur et féroce, qui, du fond d'un ténébreux couvent, porte la désolation dans les familles et le trouble dans la société, pour satisfaire des ambitions inavouables et de honteux instincts ». Voir aussi E. C. Van Bellen, *Les Origines du mélodrame,* p. 97.

l'établissement du texte, la première édition, publiée après la création de la pièce au Théâtre de la Nation (*Les Victimes cloîtrées,* drame en quatre actes et en prose, représenté pour la première fois au Théâtre de la Nation, au mois de mars 1792, par M. Monvel, à Paris, chez le Libraire du Théâtre français, 1792, 52 p.). Même si cette édition a été, en 1796, désavouée par Monvel (essentiellement pour des raisons stratégiques d'adaptation au contexte politique, que nous expliquons dans l'introduction), il nous a paru plus pertinent et plus efficace de proposer au lecteur la version sur laquelle s'est établie la réputation de la pièce et se sont greffées les variantes des éditions postérieures.

Il existe, à la Bibliothèque de la Comédie Française, un manuscrit de souffleur des *Victimes cloîtrées*, conservé sous la cote MS384 [mentionné désormais comme MS384], qui correspond au texte joué au moment de la création le 28 mars 1791. Il présente beaucoup de biffures et de reprises, qui correspondent, dans bien des cas, à des reformulations stylistiques, et porte la trace de coupures, qui témoignent d'un premier état du texte. On ne note pas, en revanche, d'indications concernant les conditions de la représentation et ce que l'on n'appelait pas encore, en 1791, la « mise en scène ». On ignore, par ailleurs, si cette version est conforme au texte joué tout au long de la fortune révolutionnaire de la pièce, ou seulement aux représentations initiales. Une curiosité de ce manuscrit est de proposer deux versions du quatrième acte. La seconde correspond, semble-t-il, à une mise au propre de la première, particulièrement confuse: plus lisible, plus aérée, elle est également plus courte et plus proche du texte publié. Si elle ne propose pas de modification radicale du propos, elle intervertit, dans la scène 5 de l'acte IV, certaines répliques d'Eugénie, afin de mieux les faire entrer en résonance avec celles de Dorval, qui, de l'autre côté du mur, poursuit son propre monologue. Cette deuxième version n'est pas datée: représente-t-elle une mise au propres préalable à la représentation ou un ajustement postérieur? Il ne nous a pas été possible de le dire. Nous indiquons, en note, les variantes intéressantes proposées par le manuscrit, ainsi que les passages coupés, quand ils sont lisibles, qui nous renseignent sur l'état premier du texte de Monvel.

L'orthographe a été modernisée, mais la ponctuation conservée, sauf lorsqu'elle était manifestement fautive. Les fautes et erreurs flagrantes ont été corrigées.

Nous présentons, en note, une sélection de variantes significatives, tirées des versions du texte qui suivent.

Les Victimes cloîtrées, par le comédien Monvel, Paris, Lepetit, 1792, in-8, 56 p. [édition mentionnée comme Lepetit 1792], qui ne présente quasiment aucune variante par rapport à l'édition de référence.

Les Victimes Cloîtrées, drame nouveau en quatre actes et en prose, représenté pour la première fois au Théâtre de la Nation, au mois de mars 1791, par M. Monvel, à Bordeaux et se trouve à Paris, chez le libraire du Théâtre français, 1792, 86 p. [édition mentionnée comme Bordeaux-Paris 1792], qui reprend le texte de l'édition de référence.

Les Victimes cloîtrées, dame en quatre actes et en prose, représenté pour la première fois au Théâtre de la Nation, au mois de mars 1791, par le C. Monvel, à Bordeaux et se trouve à Paris, chez Chambon, 1793, 54 p. [Mentionnée comme Chambon 1793]. Le texte présente quelques variantes peu significatives.

Les Victimes cloîtrées, drame en quatre actes et en prose, représenté pour la première fois au théâtre de la Nation au mois de mars 1791, remis audit théâtre le 2 ventôse, an 3e et au théâtre de la République le même mois, nouvelle édition revue et corrigée par le citoyen Monvel, Paris, Barba, 1796, 78 p., avec avis signé de l'auteur [Mentionnée comme Barba 1796]. Cette édition correspond au second état du texte publié du vivant de l'auteur et avec son aval. Il présente de nombreuses variantes par rapport au texte de 1792, qui sont analysées dans l'introduction et mentionnées en note. Nous reproduisons ici l'intégralité de l'avis de l'auteur:

« Peu d'auteurs, je crois, ont été plus que moi victime du brigandage littéraire et typographique, et en vérité je ne mérite pas cet honneur. On trouvait à voler des portefeuilles bien plus riches que le mien. Pourquoi m'a-t-on donné la préférence? Je n'y conçois rien. Mais enfin, *Les Amours de Bayard, Les Victimes cloîtrées, Raoul, sire de Créqui, Sargines ou l'Élève de l'amour, Philippe et Georgette* ont été imprimées sans ma participation et ce qu'il y a de plus désagréable encore, c'est que tous ces ouvrages ont été défigurés. Les fautes y fourmillent, les lacunes sont fréquentes, peu de scènes qui ne soient tronquées, ou dont l'ordre ne soit interverti, des contresens grossiers, des incorrections sans nombre. C'est bien

assez des torts qui m'appartiennent sans que ces Messieurs me gratifient de leurs sottises. Les pièces ci-dessus énoncées vont reparaître, imprimées par le citoyen Barba, et telles au moins que je les ai faites, surtout *Les Amours de Bayard ou le chevalier sans peur et sans reproche* et *Les Victimes cloîtrées*. Ces deux drames ont paru absolument différents de ceux que j'ai composés et qui ont été joués sur les Théâtres de la Nation et de la République. J'ignore comment les pirates qui me les ont dérobés sont parvenus à se les procurer. Mais les copies qu'ils ont livrées à l'impression étaient bien infidèles. Je déclare donc que je ne reconnais pour être mes ouvrages que ceux qui sortiront des presses du citoyen BARBA, et qui seront signés par moi; et que je poursuivrai juridiquement tout imprimeur, libraire ou colporteur qui débiterait d'autres exemplaires de mes productions, que ceux marqués de mon seing et de celui de mon imprimeur.
(suivent les signatures manuscrites de Monvel – Boutet de Monvel – et Barba). »

Les Victimes cloîtrées, drame en quatre actes et en prose, représentée pour la première fois au Théâtre de la Nation, au mois de mars 1792 [*sic*], par M. Monvel, nouvelle édition, Avignon, Alphonse Berenguier, an VII (1798), 40 p. [Mentionnée comme Berenguier 1798]. Il s'agit d'une édition pirate qui reprend sans modification le texte des années 1792-93 et n'est donc pas conforme aux volontés de Monvel, qui, deux ans auparavant, s'était exprimé sur le sujet dans l'édition Barba 1796. L'exemplaire conservé au Département des Arts du spectacle de la Bibliothèque Nationale de France sous la cote RF-13991 présente, outre des biffures et des bequets, des signes marginaux, devant les répliques de Dorval, pouvant indiquer que le propriétaire de l'ouvrage avait incarné ce rôle. Les modifications apportées au texte publié sont généralement de teneur idéologique. Nous les avons indiquées en note, comme révélatrices de l'appropriation du texte par les lecteurs et les acteurs de tous ordres.

Les Victimes cloîtrées, drame en quatre actes et en prose, représenté pour la première fois au Théâtre de la Nation, au mois de mars 1791, remis audit théâtre le 2 ventôse an III, et au théâtre de la République le même mois. Nouvelle édition, revue et corrigée, par le Citoyen Monvel, Paris, Barba, an XI, [1803],

78 p. [Mentionnée comme Barba 1803]. Même « Avis de l'auteur » que dans la version de 1796, mais sans les signatures. Le texte est celui de l'édition de 1796. C'est la dernière des éditions publiées du vivant de l'auteur.

Le souci d'étudier la fortune du texte jusqu'à nos jours nous a conduite à prendre en considération des éditions postérieures à la mort de Monvel et apocryphes.

Les Victimes cloîtrées, drame en quatre actes et en prose par Monvel, Paris, chez les Marchands de nouveautés au Palais-Royal, 1826, 68 p. [mentionnée comme Paris 1826]. Le texte, globalement semblable à la version de Barba 1796, présente cependant certaines atténuations politiques, analysées dans l'introduction et signalées en note.

Les Victimes cloîtrées, drame en prose par Monvel, représenté pour la première fois au Théâtre de la Nation, au mois de mars 1791, remis audit théâtre le 2 ventôse an III et au théâtre de la République le même mois, et représenté en trois actes au théâtre de la Porte Saint-Martin le jeudi 19 août 1830, Paris, Bezou, 1830, 48 p. [Mentionnée comme Bezou 1830]. Version en trois actes, qui mentionne la distribution de la mise en scène de 1830 et s'achève sur la didascalie « TABLEAU », conforme aux pratiques mélodramatiques. Les variantes significatives sont analysées dans l'introduction et signalées en note.

Les Victimes cloîtrées, par Monvel, drame joué pour la première fois en 1791, *Répertoire du Théâtre Français*, Lyon, Chambet fils, 1830, 104 p. [mentionnée comme Chambet 1830]. Version en quatre actes qui reprend le texte de 1792. Une note liminaire prévient : « Ce drame vient de subir des retranchements et se joue en trois actes, nous avons pensé devoir le publier en quatre actes, tel que l'auteur l'avait primitivement conçu ».

Les Victimes cloîtrées, drame en prose par Monvel, représenté pour la première fois à Paris sur le théâtre de la Nation au mois de mars 1791, remis audit théâtre le 2 ventôse an III, et au Théâtre de la République le même mois, et représenté en trois actes au théâtre de la Porte Saint-Martin le 19 août 1830, publié dans la collection *Théâtre parisien. Pièces nouvelles,* Paris,

Barba, 1834, 20 p. [mentionnée comme Barba 1834]. Version en trois actes, qui reprend le texte de Bezou 1830.

Les Victimes cloîtrées, drame en trois actes en prose par Monvel, représenté sur le théâtre de la Porte Saint-Martin le 19 août 1830, dans *Théâtre contemporain illustré*, 515e livraison, Michel Lévy frères, éditeurs, Paris, s.d. Cette édition a l'intérêt de proposer une illustration du décor double du début du 4e acte.

Les éditions érudites de la pièce de Monvel sont rares:

Publication dans *Théâtre de la Révolution ou choix de pièces qui ont fait sensation pendant la période révolutionnaire: Charles IX, Les Victimes cloîtrées, L'Ami des lois, Le Jugement dernier des rois, L'Intérieur des comités révolutionnaires, Madame Angot*, avec une introduction par M. Louis Moland, (Paris: Garnier frères, 1877). Reprise du texte de 1796.

Une unique édition moderne des *Victimes cloîtrées*, proposée dans Monvel, *Théâtre, discours politiques et réflexions diverses,* édités par Roselyne Laplace (Paris: Champion, « L'âge des Lumières », 2001). Elle reprend la leçon de l'édition Bordeaux-Paris de 1792, sans appareil critique.

Les Victimes cloîtrées

DRAME EN QUATRE ACTES ET EN PROSE

Représenté pour la première fois sur le Théâtre de la Nation, au mois de mars 1791.

Par M. MONVEL

Personnages

M. de St. ALBAN.
Mme de St. ALBAN.
M. de FRANCHEVILLE,[197] *frère de Mme de St. Alban.*
DORVAL, *jadis négociant, promis autrefois à une fille de M. de St. Alban, depuis, novice au couvent des Dominicains, et à la veille de prononcer ses vœux.*
PICARD, *vieux domestique qui a vu naître M. de Francheville et Mme de St. Alban.*
LE PÈRE LAURENT, *supérieur des Dominicains et confesseur de Mme de St. Alban.*
LE PÈRE LOUIS, *jeune Dominicain.*
LE PÈRE ANASTASE, *procureur.*[198]
LE PÈRE ANDRÉ, *cellérier.*[199]
LE PÈRE AMBROISE, *maître des novices.*
UNE RELIGIEUSE,[200] *enfermée dans un des cachots monastiques que l'on nomme* Vade in pace *d'un couvent de religieuses, séparé par un mur mitoyen de celui des Dominicains.*
DOMESTIQUES de M. de St. Alban.
TROUPE DE GARDES NATIONAUX.

La scène est dans une ville de province.[201]

---

[197] Barba 1796: « M. Francheville ». La particule est supprimée dans toute la pièce.

[198] Selon le *Dictionnaire de l'Académie* (1762), « On donne le nom de Procureur dans chaque maison religieuse, au religieux qu'on charge des intérêts temporels de la maison ».

[199] Selon le *Dictionnaire de l'Académie* (1762), le titre de cellérier est donné « dans un monastère au religieux qui prend soin de la dépense de bouche ».

[200] L'absence de prénom (conforme au manuscrit) préserve, à la lecture, comme à la représentation, la surprise de la reconnaissance du 4ᵉ acte. Certaines éditions font un choix différent (Lepetit 1792 et Barba 1796).

[201] Barba 1796: « La scène au premier et second actes se passe chez M. Francheville, et dans son cabinet; au troisième acte, elle est au couvent des Dominicains, dans une de leurs salles; et au quatrième acte, le théâtre divisé en deux parties, représente deux cachots contigus, l'un, du côté gauche, dépend du couvent des religieuses, dont le mur est mitoyen du monastère des Dominicains, et l'autre appartient à la maison de ces pères ». Le manuscrit présente la même didascalie liminaire, avec, à la place de « du côté gauche », « du côté de la reine ».

ACTE PREMIER

Le théâtre représente le cabinet de M. de Francheville; au-dessus d'un secrétaire est appendu[202] *le portrait d'une jeune personne.*

SCENE PREMIERE

PICARD, *seul.* Il va donc revenir! Je vais donc le revoir, le cher M. de Francheville[203]...[204] Ah! comme ce moment-là me tardait!... Je veux qu'il trouve tout en ordre... qu'il reconnaisse à l'arrangement, au soin qu'on a eu de toutes choses, son vieil ami, son bon Picard... Comme il va m'embrasser!... et comme je lui rendrai!... Voilà des livres à remettre dans la bibliothèque... Ce cher enfant! je l'ai vu naître,[205] et je me disais, lorsqu'il était encore tout petit: « Ce garçon-là aura de l'esprit, un excellent cœur, il fera parler de lui dans le monde ». Et je ne me suis pas trompé... Le voilà élu maire de notre ville, place honorable assurément, et qui prouve dans quelle estime il est parmi ses Concitoyens... Eh bien! qu'est-ce que je fais? le tapis de pied sur le bureau où il écrit... Le plaisir... l'excès de la joie me tournent la tête, ils me la tournent en vérité... S'il m'entendait parler ainsi tout seul, il se moquerait de moi, j'en suis sûr... il rirait... Eh bien, oui, Monsieur,[206] riez... plaisantez-moi tant qu'il vous plaira... mais il y a quinze mois que je ne vous ai vu, quinze mois que je soupire après le moment où je vous reverrai[207]... Je n'ai

---

[202] D'après le *Dictionnaire* de Féraud, « appendu », participe du verbe « appendre », signifie « pendu, attaché à une voûte, à une muraille » et « ne se dit guère que des choses que l'on offre, que l'on consacre dans un temple en signe de reconnaissance ».

[203] Barba 1796: « ce cher et bon Francheville que j'ai vu naître ».

[204] Dans l'édition Barba 1796, les points de suspension sont systématiquement remplacés par cinq points, voire plus, afin de mieux marquer la fonction expressive de la ponctuation.

[205] Barba 1796: à la place, « je l'ai toujours regardé comme mon fils ».

[206] Barba 1796: à la place, « mon enfant ».

[207] L'édition de référence proposait « quinze mois après le moment où je vous reverrai », ce qui est vraisemblablement une erreur. Nous avons corrigé le texte en

personne ici à qui parler de vous, et j'en parle tout seul, parce que mon cœur a besoin de s'épancher, et les paroles ne sont jamais perdues quand elles partent du cœur et qu'on parle de ceux qu'on aime; riez à présent, riez, si cela vous amuse.

SCÈNE II.

PICARD, LES DOMESTIQUES.

PREMIER LAQUAIS. Tout est arrangé là-bas. M. Picard, avez-vous quelques nouveaux ordres à me donner?

PICARD. Des ordres, mes bons amis! Il ne m'appartient pas d'en donner. Je suis votre égal, domestique[208] comme vous; je ne donne point d'ordre, je prie.

DEUXIEME LAQUAIS. Oh! oui, domestique comme nous! Ah![209] Nous vous connaissons et nous savons nous connaître... mais il y a quarante ans que vous êtes dans la maison. Vous avez vu naître M. de Francheville et sa sœur Mme de St. Alban. On vous regarde ici, plutôt comme un ami, que comme un serviteur; on ne fait rien sans vous consulter; vous avez toute la confiance des maîtres... C'est juste au reste, et vous la méritez. Personne n'est jaloux, et il ne peut vous arriver autant de bien que nous vous en souhaitons.

PICARD. Je vous remercie, mes amis; et j'espère que je serai toujours digne des bons sentiments que vous me témoignez. L'appartement de M. de St. Alban est-il prêt?

LA FEMME DE CHARGE. Oui, et celui de Madame aussi... Oh! à cet égard-là du moins, on n'aura pas lieu de nous quereller.

---

nous appuyant sur l'édition Barba 1796 (reprise, sur ce point, par les éditions postérieures).

[208] Barba 1796: à la place, « homme de la maison ».

[209] Barba 1796: à la place de ce qui précède: « Notre égal?... À la bonne heure, il est certain que la nature nous a tous faits les uns comme les autres, ni plus ni moins...... mais cependant, le mérite met bien à tout cela quelque petite différence ».

PICARD. Est-ce que Monsieur gronde jamais?

LA FEMME DE CHARGE. M. de St. Alban? C'est bien le meilleur homme, il n'y a pour la bonté que votre maître,[210] M. de Francheville, qu'on puisse lui comparer; est-ce qu'il a jamais la force de se mettre en colère, d'avoir une volonté à lui? S'il n'était pas si doux, si complaisant, si bon; si une fois dans sa vie il avait su se faire obéir, nous n'aurions pas perdu notre aimable, notre charmante demoiselle.[211]

PICARD. Paix, taisez-vous, ne parlez pas de ça.

LA FEMME DE CHARGE. C'est plus fort que moi, M. Picard, toutes les fois que je viens ici: il faut que je lève les yeux sur ce cher portrait qui nous représente si bien notre adorable Eugénie, et chaque fois que la regarde, il faut que j'en parle, c'est plus fort que moi.

PICARD. La voilà... C'est bien elle..

DEUXIEME LAQUAIS. Jeune... riche... belle... et mourir!

LA FEMME DE CHARGE. Non, voyez-vous, je vivrais des siècles que je ne pardonnerais jamais à Mme de St. Alban.

PICARD. Laissez cela.

LA FEMME DE CHARGE. C'est[212] son hypocrite de confesseur: c'est ce douceureux Père Laurent qui est la cause de tout cela.

PREMIER LAQUAIS. Il n'aimait pas le prétendu de Mademoiselle.[213]

DEUXIEME LAQUAIS. Il ne pouvait pas souffrir M. Dorval; je sais cela, moi.

LA FEMME DE CHARGE. Et moi donc?[214] Est-ce qu'il n'était pas toujours à dire à Madame:[215] « Madame la comtesse par-ci:

---

[210] Barba 1796: « que votre élève ».

[211] Barba 1796: « enfant ».

[212] Barba 1796 ajoute: « ce Dominicain du couvent ici proche ».

[213] Barba 1796: « d'Eugénie ».

Madame la comtesse par-là ». Il avait peur qu'elle oubliât ses titres... « Une femme de votre naissance, une dame de votre rang, et ce petit Dorval, un roturier, un négociant... un homme de rien ». Et Madame, qui est naturellement fière et entichée de sa noblesse; ah![216] la voilà bien attrapée, à présent que nous sommes tous égaux;[217] je suis curieuse de la revoir pour savoir comme elle a pris tout cela.[218]

PICARD. Laissons cela, je vous prie; Madame peut avoir ses défauts, n'avons-nous pas les nôtres, et pouvons-nous lui faire un crime de tenir à des idées qui sont nées avec elle, que tout ce qui l'entourait a nourries dans son âme, que des siècles entiers, l'aveu des rois et le consentement des peuples semblaient autoriser. Ce n'est qu'avec le temps que la raison triomphe de l'habitude, et nous renonçons difficilement à des préjugés qui nous flattent. Soyons justes, mes amis; nous avons notre orgueil, comme ils ont le leur, et nous le prouvons bien par la joie que nous ressentons d'avoir su les forcer à redescendre vers nous, puisqu'ils n'ont pas eu la sagesse de

---

[214] Barba 1796 ajoute: « on ne se cachait pas de moi, parce que, pour savoir leur secret, j'avais l'air de penser comme eux ».

[215] Barba 1796: « à lui dire ».

[216] À la place de ce qui précède, dans Barba 1796: « Une personne de votre qualité, une Dame comme vous, peut-elle donner pour époux à sa fille un Dorval, un négociant, un homme de rien!...... Songez donc au rang que vous tenez dans le monde, au rôle que vous y jouez... Il avait peur, en vérité, qu'elle oubliât les titres de noblesse qu'elle a fait acheter à son mari il y a six mois...... et certainement elle n'avait garde... ».

[217] Barba 1796 ajoute: « et que la noblesse est presque un péché ».

[218] Dans MS 384 figurent, à cet endroit, deux répliques biffées: « PREMIER LAQUAIS. Ah! Dame! Il n'y a plus de livrées, de parchemins, d'armoiries, de qualifications. La voilà Mme Saint-Alban tout court. DEUXIÈME LAQUAIS. Oh! Ne croyez pas qu'elle en devienne plus modeste. Le pli est trop bien pris. Tous les décrets du monde ne lui persuaderont pas que Picard, Antoine et [*illisible*] sont faits de chair et d'os comme Yolande, Caroline Mathilde de Sommerville, comtesse de Saint-Alban. Si, comme elle en avait la douce habitude, elle ne dit plus, en parlant de nous *Mon Dieu! Que ces animaux là sont insupportables! Que les gens du peuple sont bêtes! Qu'on est malheureux d'être obligé de se faire servir par de pareilles espèces...* soyez bien sûrs qu'au fond du cœur, elle nous honorera de tous les petits compliments dont elle nous gratifiait si haut avant la suppression des titres ».

nous élever jusqu'à eux.[219] D'ailleurs, combien ce qu'a pu vous faire souffrir la vanité de Mme de St. Alban n'était-il pas adouci par l'affabilité de son époux, par les soins bienfaisants de son frère, de M de Francheville?

TOUS. Oh! C'est vrai cela, c'est vrai.

PICARD. Eh bien! en faveur des vertus du frère et des excellentes qualités du mari, faisons grâce aux faiblesses de la femme; songeons que nous mêmes nous avons besoin d'indulgence, et rougissons d'avilir à nos propres yeux ceux dont nous ne rougissons pas d'accepter les bienfaits.[220]

TOUS. Il a raison, il a raison.

LA FEMME DE CHARGE. Moi, j'aime Madame de tout mon cœur;[221] elle a des défauts... mais je les lui passe...[222] Pour ce qui est de son confesseur, je le déteste... Vous aurez beau dire, M. Picard, mais je le déteste.

PREMIER LAQUAIS. Le Père Laurent, je ne puis pas le voir.

---

[219] Barba 1796, à la place de ce qui précède: « Allons, allons, un peu de charité..... Madame a ses défauts, j'en conviens....... Mais sommes-nous parfaits nous autres? Elle ne pense, après tout, que comme pensait tout le monde, il y a bien peu de temps. Pour qui étaient les dignités, les honneurs, les charges, les emplois? Pour la noblesse. À qui allaient, à grands flots, les richesses, les trésors de l'état? À la noblesse. Pour qui les privilèges, les jouissances, le plaisir et le bonheur? Pour la noblesse. Faut-il donc s'étonner si tout le monde voulait être noble? ». L'édition de 1826 présente une atténuation significative: « elle ne pense, après tout, que comme pensaient bien des gens ».

[220] Barba 1796, la deuxième partie de la réplique est remplacée par: « songeons d'ailleurs qu'elle n'est coupable de noblesse que depuis deux jours, et ne la punissons pas comme si elle datait de cinq cents ans! ».

[221] Barba 1796 ajoute: « car dans le fond elle n'est point méchante.... Elle n'est qu'égarée ».

[222] Barba 1796 ajoute: « parce que je suis bonne, et que je sais ce qu'on doit à son prochain ».

DEUXIEME LAQUAIS. En général, je n'aime pas le froc;[223] mais ce moine-là surtout, c'est mon antipathie![224]

PICARD. Oh! Je vous abandonne le père Laurent, il ne me plaît pas plus qu'à vous. À la veille de son mariage, sans lui, Mademoiselle n'eût pas été mise au couvent. Sans lui elle vivrait encore... Mais je crois mes amis que l'instant approche où M. de Francheville...[225] Quatre heures... Il ne tardera pas à arriver. M. et Mme de St. Alban ne pourront guère être ici qu'à sept heures, je ne les attends pas plus tôt. Visitez la maison, voyez partout, je vous en prie; que rien ne manque. Absents de nous depuis un an, que Monsieur et Madame s'aperçoivent que le temps et l'éloignement n'ont rien diminué de notre zèle.

TOUS. Nous y allons, nous y allons.[226]

PREMIER LAQUAIS, *à Picard.* Et savez-vous des nouvelles de M. Dorval?

PICARD. Il est toujours ici-près...[227] dans ce couvent où il s'était retiré, lorsque nous perdîmes Eugénie.

LA FEMME DE CHARGE Et sa raison est-elle revenue?

PICARD. Je ne crois pas... puisqu'il s'obstine à prononcer ses vœux... puisqu'il n'est point encore désabusé du Père Laurent.

DEUXIEME LAQUAIS. Ce pauvre M. Dorval. *(Il montre le portrait.)* Voilà pourtant son ouvrage;[228] jamais portrait ne fut plus ressemblant.

---

[223] D'après le *Dictionnaire* de Féraud, le « froc » est « proprement la partie de l'habit monacal qui couvre la tête, mais on le dit ordinairement de tout l'habit. [...] On ne s'en sert guère que par plaisanterie et par mépris ».

[224] Les dictionnaires contemporains ne mentionnent pas cette construction du nom antipathie avec l'auxiliaire être.

[225] Barba 1796: « où notre cher Francheville ».

[226] On notera les répétitions, dans les répliques collectives, qui s'apparentent à des interventions du chœur et sont peut-être des souvenirs de l'opéra-comique, que Monvel avait beaucoup pratiqué.

[227] Barba 1796 ajoute: « chez les Dominicains ».

LA FEMME DE CHARGE. Cela pouvait-il être autrement, c'est un amant qui le traçait... Comme elle était belle!... Non, jamais, jamais je ne pardonnerai au Père Laurent. *(Elle sort.)*

PICARD, *au premier laquais*. Portez ces livres à la bibliothèque, j'irai les ranger.

PREMIER LAQUAIS. J'y vais. *(Il sort.)*

PICARD, *au deuxième laquais*. On soupera de bonne heure... Avertissez que tout soit prêt à huit heures au plus tard.

DEUXIEME LAQUAIS. Soyez tranquille. *(Il sort.)*

SCÈNE III.

PICARD, *seul*. Ce sont de bonnes gens. Mais la médisance. Ah! il faut qu'elle aille toujours son train.[229]

SCÈNE IV.

PICARD, LE PREMIER LAQUAIS.

PREMIER LAQUAIS. Monsieur Picard, un religieux du couvent qui est ici près demande à vous parler

---

[228] Dans MS 384, à la place des cinq répliques précédentes: « PICARD. Mes amis, mes amis... dites-moi... Ne me conseilleriez-vous pas d'ôter ce tableau? Vous savez combien Eugénie était chère à M. de Francheville. Il la regardait comme sa fille. Ce devait être l'héritière de ses immenses richesses... Ce tableau va lui rappeler... Ah! Il y a un an, quand il partit pour l'Amérique, quand il s'embarqua pour répondre à la confiance dont l'honorait sa patrie... Il ne présumait guère qu'à son retour, il ne retrouverait d'Eugénie que ce portrait, faible dédommagement d'une perte si douloureuse. PREMIER LAQUAIS. C'est l'ouvrage de M. Dorval ».

[229] MS 384 ajoute: « Non, ma pauvre Eugénie... tu resteras... Tu seras sûrement le premier objet qui fixera les yeux de ton oncle, de mon bon, de mon cher maître... Ménage son âme si tendre, si sensible... Tu feras couler ses larmes, j'en suis sûr... Mais qu'elles ne soient point amères, qu'elles ne déchirent pas le cœur de mon bienfaiteur, de mon fils, de mon ami... Je lui parle... Hélas! Elle me regarde et je crois qu'elle peut aussi m'entendre ». Est ici préfiguré le coup de théâtre de l'acte IV, qui apparaît dès lors comme la réalisation des vœux inconscients des personnages.

PICARD. Un religieux?[230]

PREMIER LAQUAIS. Oh! ce n'est pas le Père Laurent, n'ayez pas peur, celui-ci a une physionomie qui prévient en sa faveur. Sur ce que je lui ai dit que Monsieur n'était pas encore arrivé, il m'a répondu qu'il serait bien aise de causer un moment avec vous.

PICARD. Je vais le trouver.

PREMIER LAQUAIS. Il est là. Entrez mon père. *(Il sort.)*

SCÈNE V.

PICARD, LE PÈRE LOUIS.

PICARD. Qu'est ce qu'il y a pour votre service, Monsieur?

LE PERE LOUIS. On m'a dit en bas que M. de Francheville n'était pas encore de retour. Pourrais-je savoir de vous, Monsieur, l'heure précise de son arrivée?

PICARD. Nous l'attendons de moment en moment... Mais l'heure où il arrivera... Vous savez, mon père, qu'en voyage on dépend des événements; une poste mal servie, des mauvais chemins, des chevaux détestables, une roue, un essieu... il arrive tant d'accidents...

LE PERE LOUIS. Vous avez raison, mais il sera ici aujourd'hui!

PICARD. Nous l'espérons... Mais vous avez quelque chose à lui dire?

LE PERE LOUIS. Oui, il faut que je lui parle.

PICARD. Attendez-le ici. D'après la lettre qu'il m'a écrite, il ne peut pas tarder.

---

[230] Barba 1796: « Un religieux Dominicain? ». Dans MS 384 « dominicain », biffé, est remplacé par « religieux ».

LE PERE LOUIS. Notre supérieur ne me sait pas dehors. Je suis sorti sans permission... Il y aurait du danger pour moi à faire une trop longue absence.

PICARD. Permission pour aller à deux pas?... Mais c'est une chaîne que cela. C'est le Père Laurent, le confesseur de notre maîtresse, qui est votre supérieur?

LE PERE LOUIS. Oui... et il ne m'aime pas.

PICARD. En vérité?... Touchez-là, vous serez de mes amis, vous êtes un honnête homme.

LE PERE LOUIS. Il me paraît que vous connaissez le Père Laurent; mais chut: gardez-moi le secret.

PICARD. Allons donc... On ne doit pas souhaiter de mal à son prochain... Mais dans l'incendie, qui dernièrement a consumé une partie de votre couvent, et dont quelques-uns de vos pères ont été les victimes... j'ai vu bien des gens qui regrettaient... Suffit... Je m'entends.

LE PERE LOUIS. Il était à la campagne, et n'a couru aucun danger... Mais cet événement pourrait en faire naître auxquels il ne lui serait pas si facile de se soustraire.

PICARD. Que voulez-vous dire?

LE PERE LOUIS. Je ne puis m'expliquer, et j'en aurais trop dit, peut-être, si je ne parlais pas à un honnête homme, à un homme prudent et discret.

PICARD. Je n'en veux pas savoir davantage.[231]

---

[231] Barba 1796 ajoute: « Mais vous qui me paraissez avoir des principes que l'on rencontre si rarement sous la robe que vous portez, comment avez-vous embrassé une profession qui, soit dit entre nous.... ». LE PÈRE LOUIS. « Ne convient qu'à la paresse, à la nullité des talents, au plus vil égoïsme?..... Vous voyez que j'achève votre phrase..... Mon ami, l'homme ne dépend pas toujours de lui-même. Avant l'heureuse révolution à qui nous devons en France le rétablissement des droits de l'humanité, le despotisme s'étendait sur tout, prenait toutes les formes, il avait gagné tous les états, il régnait jusqu'au sein des familles.... Parmi les pères même, on rencontrait quelquefois des tyrans, et mon malheur voulut que l'homme en qui je devais trouver soins touchants, protection, tendresse, que cet homme

LE PERE LOUIS. M. de Francheville, votre maître, aime beaucoup M. Dorval,[232] un homme charmant, riche, un négociant bien famé qui venait fréquemment ici!

PICARD, *montrant le portrait d'Eugénie*. Il devait épouser cette jeune personne dont vous voyez là le portrait; oui, notre maître[233] aimait beaucoup M. Dorval, je suis bien sûr qu'il l'aime encore... C'est un de ces hommes pour lesquels on ne peut jamais se refroidir.

LE PERE LOUIS. Je pense comme vous. Vous savez qu'il est dans notre maison?

PICARD. Le désespoir d'avoir perdu celle qu'il adorait lui a tourné la tête, je le sais, il s'est jeté dans votre couvent.

LE PERE LOUIS. Et c'est demain qu'il prononce ses vœux.

PICARD. Demain?

LE PERE LOUIS. Oui, le Père Laurent qui s'est emparé de l'esprit de M. Dorval a trouvé moyen d'abréger son noviciat. Dorval

---

désigné par la nature pour être mon meilleur ami, livré tout entier à mes frères, ne voyant qu'eux, ne travaillant que pour eux, et concentrant sur eux seuls ces affections bienfaisantes que je devais partager avec eux, dès le berceau se montra mon ennemi, dès le berceau résolut mon malheur et ma perte, me négligea, se refusa toujours aux doux épanchements de mon amour, et par des dégoûts de toute espèce, par les privations les plus dures, par une conduite enfin qui me fit perdre la raison, me força de renoncer au monde que je ne connaissais encore que par ses peines, me précipita dans un cloître et me contraignit à prononcer des vœux, qui, en assurant ma fortune à mes frères, satisfaisaient également son amitié pour eux et sa haine pour moi..... Voilà mon sort, telle fut ma vocation ». PICARD. « Infortuné!.... Écartons ces idées qui renouvellent vos peines..... Espérez tout du nouvel ordre des choses... Le flambeau de la raison ne luira pas vainement autour de vous.... Vos chaînes seront brisées; tout me dit que cet événement est plus prochain que vous ne pensez ». LE PÈRE LOUIS, *en embrassant vivement Picard*. « Que le ciel vous écoute!.... Je ne serai pas le dernier à l'en remercier... Mais permettez que je vous interroge? ». Dans l'édition de 1826, on observe une atténuation: « Avant la révolution » au lieu de « avant l'heureuse révolution ».

[232] Barba 1796: « le bon M. Francheville, élevé par vous, m'a-t-on dit, et dont les vertus font votre éloge, Francheville aimait beaucoup, à ce qu'on m'a raconté, un certain M. Dorval ».

[233] Barba 1796: « Oui, mon élève.... puisque vous voulez bien me faire les honneurs de son éducation ».

toujours plongé dans la mélancolie, n'envisageant le monde qu'avec horreur, regardant comme le bien suprême la certitude d'habiter à jamais un lieu voisin de celui qui renferme la cendre de l'objet qu'il aime encore (car vous savez qu'un mur mitoyen nous sépare seul du couvent...).

PICARD. De ces religieuses[234] qui ont reçu les derniers soupirs de notre pauvre Eugénie, je le sais... Il est sous la direction du Père Laurent, ce couvent-là.

LE PERE LOUIS. Oui... sous sa direction... C'est tout dire.

PICARD. Eh bien, mon père? M. Dorval?

LE PERE LOUIS. Il seconde lui-même les vues de notre supérieur; il presse avec ardeur l'instant où il perdra sa liberté, où il faudra que, renonçant à lui-même, il s'asservisse pour jamais aux caprices, aux ordres arbitraires, au joug tyrannique d'un homme rarement sensible, souvent injuste, et livré presque toujours aux passions du monde qu'il caresse dans son cœur, et qu'il punit dans tout ce qui l'environne.

PICARD. Vous connaissez bien vos confrères à ce qu'il me paraît... et c'est demain que ce pauvre M. Dorval... tant d'amabilité, de lumières, d'esprit, une fortune si considérable, ensevelir tout cela dans un cloître![235]

LE PERE LOUIS. L'amabilité, l'esprit, les lumières, ne sont pas ce qui l'ont fait désirer de ceux qui nous gouvernent... Mais il est immensément riche... et c'est ce qu'on n'ignorait pas.

PICARD. Fort bien!

LE PERE LOUIS. Mais votre maître[236] n'arrive point, et si l'on s'aperçoit au couvent que je suis sorti... Il faut absolument que

---

[234] Biffé dans MS 384: « De ces bonnes religieuses ».

[235] Cette critique du cloître comme contre-modèle social et économique, poursuivie en III, 3, est un lieu commun du drame bien avant la Révolution, et dès *Le Père de famille* de Diderot (II, 2).

[236] Barba 1796: « M. Francheville ».

je vous quitte... J'aurais bien voulu cependant parler à M. de Francheville.

PICARD. D'un instant à l'autre, il peut être ici... Mais ce que vous avez à lui dire... ne pourrais-je pas...?

LE PERE LOUIS. Mon ami, il faut que je lui parle... L'heure me presse... Obtenez de lui, aussitôt après son arrivée, qu'il se transporte à mon couvent... que je puisse le voir au moins avant la fin du jour. Ce que j'ai à lui dire est d'une importance!... C'est M. Dorval qu'il s'agit d'obliger; M. de Francheville demandera le Père Louis.

PICARD. Le Père Louis!... Je m'en souviendrai.

LE PERE LOUIS. Adieu. Ne dites pas que vous m'avez vu. Je n'ai pas besoin de vous recommander le secret sur la manière dont je vous ai parlé de notre supérieur.

PICARD. N'ayez pas d'inquiétude. On n'est pas arrivé à mon âge sans savoir apprécier ce qu'il faut dire, ou ce qu'il faut taire.

LE PERE LOUIS. Adieu, M. Picard.

PICARD. Mon Père, je vous salue; *(Il le reconduit jusqu'à la porte.)* traversez le jardin pour n'être pas vu... Descendez... là... fort bien.

SCÈNE VI.

PICARD, *seul*. Allons, en voilà un qui ne sera pas fâché, si ce qu'on nous mande de Paris est mis à exécution... Je crois qu'il aura bientôt changé d'habit... Ce père Laurent avec son œil en dessous, sa mine composée...[237] Un couvent de religieuses à côté du sien... Nulle autre séparation qu'un mur mitoyen... Tout cela m'a bien l'air... Ah Picard! Picard! Ce que vous dites là n'est pas charitable... Mon Dieu! Mon Dieu! Qu'on a de dispositions à mal penser de son prochain... Mais qu'est-ce

---

[237] D'après le *Dictionnaire* de Féraud, une mine composée est une mine « qui affecte un air grave, modeste ». Barba 1796 ajoute: « ... et son ton mielleux ».

que c'est?... J'entends du bruit... On parle haut sur l'escalier... Le tumulte redouble... Serait-ce Monsieur?...

SCÈNE VII.

PICARD, LES DOMESTIQUES, M. DE FRANCHEVILLE.
Les portes s'ouvrent, les domestiques entrent en foule.

LES DOMESTIQUES, *à Picard.* Le voilà, le voilà, M. Picard, voilà Monsieur.

PICARD, *allant à M. de Francheville.*[238] Mon maître, mon cher maître! (*Tous les domestiques entourent M. de Francheville, lui témoignent le plus tendre attachement, et lui, leur donne des marques de toute sa sensibilité.*) Vous voilà, Monsieur, à la fin, vous voilà! soyez le bienvenu!

M. DE FRANCHEVILLE. C'est toi, mon bon Picard... Bonjour mon vieil ami, comme te portes-tu?

PICARD. À merveille, Monsieur, à merveille; et vous?

M. DE FRANCHEVILLE. Bien, mon ami, bien; enchanté de te revoir, ainsi que vous tous mes enfants.

TOUS. Et nous donc, Monsieur, et nous!

PREMIER LAQUAIS. Vous avez fait un bon voyage, Monsieur?

M. DE FRANCHEVILLE. Excellent.

LA FEMME DE CHARGE. La traversée a-t-elle été longue?

M. DE FRANCHEVILLE. Longue et pénible... près de deux mois.[239]

LA FEMME DE CHARGE. Vous devez être bien fatigué?

M. DE FRANCHEVILLE. Moi? pas du tout; est-ce que je ne suis pas fait à la peine?

---

[238] Barba 1796 s'éloigne de la structure originelle de la pièce, en fragmentant cette scène en deux scènes. C'était déjà le cas dans MS 384.

[239] Dans MS 384, rayé et remplacé par « deux mois »: « quarante-quatre jours ».

LA FEMME DE CHARGE. N'importe, on n'est pas de fer... Mais vous vous reposerez ici... Nous aurons bien soin de vous; c'est un songe quasiment de vous voir... Ce pauvre cher homme! Savez-vous bien qu'il y a près de deux ans que vous nous avez quittés?

M. DE FRANCHEVILLE. Oui, mes amis, je me suis bien aperçu que vous me manquiez, et c'est avec un plaisir bien vif que je me retrouve au milieu de vous. Mon frère et ma sœur ne sont pas encore arrivés?

PICARD. Ils ne tarderont pas; je suis sûr qu'avant une heure ils seront ici. Ils ne voudront pas certainement être des derniers à vous féliciter sur votre nouvelle dignité.

M. DE FRANCHEVILLE. Je dois de véritables actions de grâces à mes concitoyens...[240] Ordinairement on oublie les absents, ils ont daigné se souvenir de moi... Ils m'ont élu Maire de notre ville...[241]

PICARD. Vous n'auriez pas eu la préférence si l'on eût connu un plus honnête homme... Mes amis, Monsieur peut avoir besoin d'être seul; il vous reste là-bas bien des choses à faire, et je crois qu'il serait à propos...

PREMIER LAQUAIS. Je me charge de vider la voiture.

LA FEMME DE CHARGE. Je vais vous aider.

DEUXIEME LAQUAIS. Si Monsieur souhaitait quelque chose, nous sommes là.

M. DE FRANCHEVILLE. Picard va rester avec moi... Allez mes amis; je rapporte des pays lointains de quoi vous prouver que le

---

[240] Le lexique témoigne d'un transfert de sacralité, des affaires religieuses vers le magistère public et les fonctions politiques.

[241] Si la fonction de maire existe depuis le XIIe siècle, c'est à partir du décret du 14 décembre 1789 que ces magistrats, jusqu'alors nommés par le roi, sont élus au suffrage direct pour 2 ans (avec possibilité de réélection) par les citoyens actifs de la commune, contribuables payant une contribution au moins égale à 3 journées de travail. La première élection a lieu en 1790.

temps et la distance ne vous ont point effacés de ma mémoire. *(Ils sortent.)*

SCÈNE VIII.[242]

PICARD, M. DE FRANCHEVILLE.

PICARD. Vous êtes toujours le même. Vous vous oublieriez pour ne vous occuper que des autres.

M. DE FRANCHEVILLE, *s'asseyant*. Et sans les autres que ferais-je de moi? Se faire aimer c'est jouir; et pour goûter ce bonheur, il faut savoir aimer soi-même... Mais viens donc que je t'embrasse.

PICARD. Mon cher maître![243]

M. DE FRANCHEVILLE. Il y a bien longtemps que je ne t'ai vu. Il y a bien longtemps que tu ne m'as grondé!

PICARD. Ah! Grondé!

M. DE FRANCHEVILLE. Oui, oui, quelquefois... Tu me vois toujours haut comme cela... Mais tu as souvent raison; car, avec les meilleures intentions du monde, il m'arrive de faire de fréquentes sottises.

PICARD. Je suis encore à m'en apercevoir...[244] Mais ce n'est pas assez que vous ayez toujours raison, il faut que vous empêchiez vos amis d'avoir tort; vous ne devez pas vous contenter de faire toujours bien, il faut que vous sauviez les autres du danger de mal faire.

M. DE FRANCHEVILLE. Explique-toi?

---

[242] Dans MS 384 et Barba 1796, il s'agit de la scène IX.

[243] Dans Barba 1796, à la place: PICARD, *l'embrassant*. « Ah! Que voilà un moment qui me fait de bien! »

[244] Dans MS 384, rayé: « Eh bien? Voilà que je vais gronder, parce que vous êtes trop modeste, parce que vous ne vous rendez pas justice ».

PICARD. Ce digne homme, cet homme aimable, votre meilleur ami, M. Dorval.

M. DE FRANCHEVILLE. Tais-toi... Je ne voulais pas te parler d'Eugénie... je m'efforçais d'écarter tout ce qui pouvait nous rappeler un souvenir si cher!

PICARD. Je ne dirai plus rien.

M. DE FRANCHEVILLE. Ah! il n'est plus temps! Tu as commencé: achève. Oui, parlons d'elle, parlons de ma nièce,[245] de mon aimable et malheureuse Eugénie... Nous l'avons donc perdue!

PICARD. Il y a près d'un an.

M. DE FRANCHEVILLE. Ah! ma sœur, ma sœur! Pourrez-vous jamais vous le pardonner.[246]

PICARD. Il n'y avait pas six semaines que vous étiez parti, que Madame suppose la nécessité d'un voyage à Paris. M. de St. Alban, qui n'a jamais osé la contredire, y souscrit... Mais on ne peut pas emmener Eugénie; on ne le peut pas. Son père demande timidement quelle raison s'y oppose... Il y a là un confesseur, qui de l'œil et de la tête, semble dire que la chose est impossible; et *cela ne se peut pas* est l'unique réponse que reçoit M. de St. Alban.[247]

M. DE FRANCHEVILLE. Je l'ai toujours détesté, ce directeur si doucereux, si souple...[248]

---

[245] MS 384 et Barba 1796: « de ma fille ».

[246] Biffé dans MS 384: « Funeste voyage! Fatal départ! Si j'étais resté en France, rien de tout cela ne serait arrivé ».

[247] L'édition de Barba 1796 condense le récit et les quatre répliques suivantes, en supprimant les propos de Francheville et donc toute allusion à l'intérêt financier motivant l'alliance entre Eugénie et Dorval. Dans MS 384, on peut voir un trait au crayon en marge devant ces répliques.

[248] D'après le *Dictionnaire de l'Académie* (1762), souple « signifie figurément docile, complaisant, soumis, qui a l'humeur accommodante, l'esprit flexible aux volontés d'autrui [...] Souvent cela s'entend en mauvaise part, pour signifier une complaisance servile ».

PICARD. Détesté!... Pas plus que moi, je vous en réponds. On parle de mettre Mademoiselle au couvent jusqu'au retour de Monsieur et de Madame; et le couvent, c'est le moine hypocrite qui est chargé de le choisir; et la préférence est donnée, comme de raison, à la maison religieuse contiguë à son monastère, et dont l'abbesse est sous sa direction. Tout est préparé; Eugénie pleure, se désespère; Mme de St. Alban monte en voiture, après s'être bien assurée que sa fille est séparée du monde par une grille insurmontable. Mais, ce qui m'a surpris, ce dont je ne puis encore me rendre raison, c'est qu'en partant elle enjoint à l'abbesse que personne ne puisse approcher Eugénie, pas même M. Dorval, qui cependant, en qualité d'époux futur, méritait bien une exception.

M. DE FRANCHEVILLE. Cet ordre m'a paru aussi singulier qu'à toi... Dorval me l'écrivit... Mais je regardai cette défense comme un reste de l'humeur que donnait à ma sœur une alliance qui contrariait son orgueil. Fière de sa noblesse, l'esprit de Dorval, ses mœurs, la considération dont il jouissait, sa fortune immense, ne paraissaient point à ma sœur un équivalent à la naissance qu'elle se croyait en droit d'exiger de son gendre. Dorval adorait sa fille, Dorval en était aimé, St. Alban consentait à leur union, j'en sollicitais vivement l'assurance, mais rien ne nous l'eût obtenue, si je n'eusse menacé de faire passer à d'autres la riche succession que j'avais destinée à ma chère Eugénie.

PICARD. On avait cédé dans le temps à la force, mais vous étiez parti, et le confesseur avait tout bouleversé. Ce pauvre M. Dorval, il se désespérait! Je le consolais de mon mieux, mais j'eus bientôt moi-même besoin de consolations... Mademoiselle est incommodée... La maladie fait des progrès rapides... Elle est contagieuse... Défense d'approcher Eugénie... Je m'obstine, je veux la voir, elle est morte... Trois jours... trois jours à peine... et cette pauvre Eugénie est dans la tombe... J'en pensai perdre la raison... J'écris dans l'instant à Paris... Madame... oh! il faut lui rendre justice... aussitôt qu'elle eût appris cette nouvelle affreuse, elle revint en ces lieux... elle était inconsolable,[249] et nous crûmes qu'elle

---

[249] Biffé dans MS 384: « La nature, en dépit du confesseur et de sa dévote insensibilité, la nature n'avait pas perdu ses droits sur le cœur d'une mère ».

suivrait sa fille au tombeau. Pour M. Dorval, je ne vous peindrai point son désespoir; mais ce que je n'ai jamais conçu, c'est que le père Laurent avait toute sa confiance. C'est dans le sein de celui dont les conseils l'avaient séparé d'Eugénie... qu'il fut déposer le poids de sa douleur et chercher des consolations... Enfin j'apprends que M. Dorval renonce au monde, et c'est demain, Monsieur, demain qu'il prononce ses vœux.

M. DE FRANCHEVILLE. Demain! Dorval! grand Dieu!

PICARD. Un religieux, un des pères de la maison qu'il a choisie, sort d'ici dans l'instant. Il voudrait vous parler. Il a l'air d'un honnête homme, ce qu'il prétend vous dire, est, m'a-t-il assuré, de la dernière importance. C'est de M. Dorval qu'il veut vous entretenir... Il vous attend à son couvent. Vous demanderez le Père Louis.

M. DE FRANCHEVILLE. J'y cours, je ne souffrirai pas... Dorval!... Je veux savoir...

SCÈNE IX.[250]

PICARD, M. DE FRANCHEVILLE, PREMIER LAQUAIS.

PREMIER LAQUAIS. Monsieur... Monsieur... Voilà M. et Mme de St. Alban, la voiture entre dans la cour.

M. DE FRANCHEVILLE. Ma sœur!... Je vole dans ses bras... Elle a reconnu ses torts... Elle a pleuré sa fille... Cette idée me réconcilie avec elle... *(Voyant le portrait.)* ô ma pauvre Eugénie! Mais cette image trop frappante renouvellerait les douleurs de la mère, *(Il tire un rideau sur le tableau.)* dérobons à ses regards tout ce qui nous reste de l'objet le plus cher... Picard! J'irai trouver Dorval... Je lui parlerai... Je saurai l'arracher... Mes amis, souvenez-vous de bien recevoir Mme de St. Alban. Elle a de l'orgueil, je le sais, de fausses idées de piété, un entêtement ridicule pour son adroit et rusé directeur,

---

[250] Dans MS 384 et Barba 1796, il s'agit de la scène IX.

mais quand le cœur est bon, on doit faire grâce aux torts de l'esprit.

ACTE SECOND.

SCÈNE PREMIÈRE.

M. et Mme DE ST. ALBAN, M. DE FRANCHEVILLE, PICARD, LES AUTRES DOMESTIQUES.

MME DE ST. ALBAN, *en habit de voyage, et se jetant dans un fauteuil.* Ah! Quel tumulte, quelle cohue! Quelle joie bruyante!... Je me sauve ici, j'espère qu'ils ne m'y poursuivront pas...

M. DE ST. ALBAN. Mais, ma femme.

M. DE FRANCHEVILLE. Mais, ma sœur.

MME DE ST. ALBAN. Ah ciel! Quoi, les voilà encore!...

PICARD. Non, Madame, vous ne vous déroberez pas aux témoignages de notre tendresse.

LA FEMME DE CHARGE. Vous ne rejetterez pas les preuves de notre affection.

PREMIER LAQUAIS. De notre plaisir.

DEUXIEME LAQUAIS. De notre amitié.

MME DE ST. ALBAN. De leur amitié? Et depuis quand sommes-nous si bons amis?

M. DE ST. ALBAN. C'est leur cœur qui parle.

M. DE FRANCHEVILLE. De bons cœurs, qui vous aiment.

PICARD. Il y a près d'un an que nous ne vous avons vue...

LA FEMME DE CHARGE. Et quand on est si longtemps loin de ses maîtres...[251]

PREMIER LAQUAIS. Il est tout simple de leur témoigner qu'on a du plaisir à se trouver près d'eux.

MME DE ST. ALBAN. Soit; mais ce plaisir-là peut se marquer d'une manière un peu plus respectueuse... Je vous sais gré de ce que vous appelez votre amitié... Mais je ne suis pas faite encore à l'espèce d'intimité que vous voulez établir entre nous... Allez, mes enfants, allez vaquer à vos devoirs, cela sera beaucoup plus à sa place que la joie désordonnée à laquelle vous vous livrez en ce moment.

LA FEMME DE CHARGE. *à M. de Francheville, en s'en allant.* Vous ne nous avez pas reçus comme ça, Monsieur.

PREMIER LAQUAIS, *en s'en allant.* Voilà de l'amitié bien récompensée.

DEUXIEME LAQUAIS. Nous nous en corrigerons. *(Ils sortent.)*

SCÈNE II.

M. et Mme DE ST. ALBAN, M. DE FRANCHEVILLE, PICARD.

MME DE ST. ALBAN. Qu'est-ce qu'il dit?

M. DE ST. ALBAN. Il dit du moins, ou du moins il doit penser qu'on aurait tort de vouloir être aimé quand on n'a rien fait pour l'être.[252]

MME DE ST. ALBAN. Oh! je sais bien, Monsieur que vous leur avez rendu leurs caresses.

M. DE FRANCHEVILLE. Et moi aussi, ma sœur.

---

[251] Barba 1796: « loin de ceux qu'on aime ». À partir de 1830, la version originelle est rétablie.

[252] Première version, rayée dans MS 384: « qu'on cesse d'aimer ceux qui paraissent aussi peu sensibles au bonheur d'être aimé ».

MME DE ST. ALBAN. Pour vous, mon frère, je n'en doute pas.

M. DE FRANCHEVILLE. Et vous me rendez justice.

MME DE ST. ALBAN. C'est sans doute par vos conseils qu'ils viennent d'essayer avec moi les prérogatives de l'heureuse égalité qui règne à présent entre nous.

M. DE FRANCHEVILLE. On ne conseille pas l'impulsion du cœur. Je les ai enhardis à vous exprimer la joie que leur inspirait votre retour. Si j'avait prévu votre accueil, je leur aurais donné des avis tout contraires.

MME DE ST. ALBAN. Picard, le Père Laurent est-il prévenu de mon arrivée?

PICARD. Je l'ignore, Madame.

MME DE ST. ALBAN. Est-ce qu'on n'a pas été tous les jours s'informer de sa santé?[253]

PICARD. Elle n'a souffert aucune altération, Madame.

MME DE ST. ALBAN. Le ciel en soit loué! Allez de ce pas lui dire que je suis ici, et que je ne pourrai jamais le revoir assez tôt.

M. DE FRANCHEVILLE. Ne craignez rien, ma sœur, il ne se fera pas attendre. *(Picard sort.)*

SCÈNE III.

M. et Mme DE ST. ALBAN, M. DE FRANCHEVILLE.

MME DE ST. ALBAN. J'ai frémi lorsque j'ai appris l'accident affreux qui a livré aux flammes la sainte maison qu'il habite.

M. DE FRANCHEVILLE. Le dommage a, dit-on, été considérable. Une aile entière du couvent et celle précisément où demeure votre directeur a été la proie de l'incendie.

---

[253] Écho de *Tartuffe* (I, 4)?

MME DE ST. ALBAN. Le saint homme a prié, et la flamme a cessé ses ravages.

M. DE ST. ALBAN. Le saint homme a prié,[254] ma chère amie, et les secours publics ont seuls arrêté l'incendie.

MME DE ST. ALBAN. Plaît-il, Monsieur?

M. DE FRANCHEVILLE. Laissons là le Père Laurent, et permettez-moi, ma sœur, de vous faire remarquer qu'il y a près de deux ans que je ne vous ai vue, et que vous ne m'avez pas encore embrassé.

MME DE ST. ALBAN. C'est l'incroyable explosion[255] de vos gens et des miens qui seule m'attire ce reproche... Vous savez bien, mon frère, que je vous aime toujours.

M. DE FRANCHEVILLE. J'ai besoin quelquefois que vous m'en assuriez.

M. DE ST. ALBAN. Vous avez tort, Francheville, les sentiments de ma femme à votre égard ne sont pas équivoques.

MME DE ST. ALBAN. Eh! croyez qu'il n'en doute pas... Mais il faut qu'il gronde; c'est un besoin pour lui. *(Elle aperçoit sur la table l'écharpe nationale que porte le maire d'une ville.)*[256] Qu'est-ce que c'est que cela?

M. DE FRANCHEVILLE. C'est mon écharpe.

M. DE ST. ALBAN. Comment votre écharpe?

M. DE ST. ALBAN. Et oui, c'est la décoration d'un maire de ville, et vous savez bien qu'il a été élu.[257]

---

[254] MS 384 et Barba 1796: « Le saint homme était absent ».

[255] MS 384 et Barba 1796: « explosion de tendresse ».

[256] MS 384: « depuis la révolution ».

[257] Un décret de l'Assemblée Nationale du 20 mars 1790 avait institué, pour les maires, nouvellement élus, un costume réglementaire, prévoyant que « lorsque les officiers municipaux seront en fonction, ils porteront pour marque distinctive une écharpe aux trois couleurs de la nation: bleu, rouge et blanc. »

MME DE ST. ALBAN. Ah! Je l'avais oublié... Des choses comme cela...

M. DE FRANCHEVILLE. J'espère que vous allez me féliciter d'une distinction aussi honorable.

MME DE ST. ALBAN. Le marquis de Francheville honoré longtemps des faveurs de la Cour; élevé par son roi à des postes éminents,[258] dont la maison peut se flatter d'être une des premières du royaume, M. de Francheville regarde la mairie d'une petite ville comme une place de distinction.

M. DE FRANCHEVILLE. Oui, ma sœur, j'ai dû précédemment les grades auxquels je suis parvenu à un nom qu'on était convenu de regarder comme quelque chose, au crédit de mes parents, à la faveur dont jouissaient certaines personnes qui me voulaient du bien. Mon ambition pouvait être contente, mais mon amour-propre n'était pas satisfait, je n'avais rien mérité. C'était mes braves aïeux que l'on récompensait en moi. La chose est ici différente... On croit avoir démêlé en moi le germe de quelques vertus, et mes concitoyens[259] d'un

---

[258] Nous corrigeons l'édition de référence, qui, comme les autres éditions de 1792 et celle de 1793, propose « imminents ». Barba 1796 y substitue « éminents », ce qui semble plus juste.

[259] Dans Barba 1796, à la place des deux répliques précédentes:

Mme DE ST. ALBAN. « Mon frère, sous.... ce que vous appelez l'ancien régime, vos richesses auraient pu vous procurer des distinctions un peu plus brillantes... Mais alors vous vous piquiez de philosophie; alors vous regardiez l'ambition comme un vice affreux, comme un tourment insupportable..... Alors vous chantiez les douceurs d'une modeste obscurité; vous nous répétiez sans cesse, d'après Voltaire: « Trop heureux les mortels inconnus à leurs maîtres! » [Voltaire, *L'Orphelin de la Chine,* I, 3, Idamé]. Et, à présent, la mairie d'une petite ville vous paraît une place honorable! À présent l'ambition vous gagne? La fantaisie vous a pris de jouer un rôle dans le monde.... Et quel rôle encore!... En vérité, vous êtes bien changé! » M. FRANCHEVILLE. « Oui, très changé, ma sœur.... Oh! Vous avez raison. Sous cet ancien régime, dont vous ne parlez qu'avec un si tendre regret, je n'ai voulu rien être, parce que je ne pouvais être qu'un instrument de despotisme, un esclave décoré, qui, à sa honte autant qu'à prix d'argent, eût acheté le droit de tourmenter d'autres esclaves, le privilège de mentir à la nature qui nous a créés tous égaux, et la noble prérogative de vivre oisif du travail et de la sueur du pauvre... J'en demande pardon à votre mari, qui est un honnête homme, un homme sage, que j'estime, que j'aime; mais je n'eusse jamais eu comme lui, pour complaire à ma femme, la faiblesse d'échanger mon antique, ma bonne et modeste roture, contre une noblesse vénale que méprisait le peuple, et

sentiment unanime, me décernent un honneur qui prouve et leur estime et l'espoir qu'ils ont conçu de moi; si l'orgueil était quelquefois tolérable, je crois qu'en ce moment on pourrait m'excuser d'en avoir.

MME DE ST. ALBAN. Quelle petitesse! En vérité,[260] je ne vous reconnais pas. Ces suffrages auxquels vous devez votre nouvelle dignité vous ont été accordés par des gens dont l'estime est en vérité un tribut bien flatteur.

M. DE FRANCHEVILLE. Ce sont de bons citoyens, des hommes.

MME DE ST. ALBAN. Ah! voilà le grand argument de la philosophie![261] Des hommes! Vos égaux, n'est-ce pas? vos semblables.

M. DE FRANCHEVILLE. Oui, mes semblables; oui, mes égaux.[262]

M. DE ST. ALBAN. Eh! mon frère, laissons-là cette discussion; après une aussi longue séparation, nous devons avoir bien autre chose à nous dire.

MME DE ST. ALBAN. M. de St. Alban a raison... Vous savez que nos principes à cet égard ne se sont jamais trouvés d'accord, et que même nous nous étions promis de ne jamais traiter cette matière.

---

que les grands tournaient en ridicule... Non, ma sœur, si le despotisme existait, jamais je n'aurais rien été; mais à présent, je désire être quelque chose; à présent j'ai une patrie, je ne vois autour de moi que mes semblables; je vis parmi mes frères, ils travaillent pour moi, je dois travailler pour eux. Ce ne sont point les honneurs que je cherche, c'est le bonheur d'être utile. Je refuserais un emploi lucratif, j'ambitionne une place pénible. Je n'ai pas besoin de richesses, mais j'ai besoin de remplir mon devoir... Quant à mon amour-propre, oui, je l'avoue, il est flatté du poste auquel on vient de m'élever. J'étais à dix-huit cents lieues, absent depuis vingt mois, et l'on ne m'a pas oublié ». La suite de la réplique est conforme à la version originale.

[260] Barba 1796: « d'honneur ».

[261] Mme de St-Alban reprend un lieu commun du théâtre anti-philosophique des années 1760; voir notamment Palissot, *Les Philosophes*, 1760, II, 5 et De Belloy, *Le Siège de Calais*, 1765, IV, 2.

[262] Barba 1796 ajoute: « et les vôtres, ma sœur; car, en dépit des titres de noblesse que vous avez achetés hier, nous sommes, vous et moi, de la même famille ».

M. DE FRANCHEVILLE. Ce n'est pas moi qui ai commencé. Oui, nous devons avoir, après une fâcheuse absence, des sujets d'entretien bien plus doux, et qu'une tendre amitié doit rendre inépuisables.

MME DE ST. ALBAN. Ah mon frère! je vous revois avec bien du plaisir, votre présence ici, mon cher frère, eût été pour mon cœur une bien douce consolation... Vous savez nos malheurs?... Vous savez tout ce que j'ai perdu?

M. DE FRANCHEVILLE. Ma sœur, écartons cette idée...

M. DE ST. ALBAN. Ah! Francheville, c'est une source éternelle de pleurs.

MME DE ST. ALBAN. Eugénie! Eugénie!

M. DE FRANCHEVILLE. Ma sœur! Mon cher frère!... Je ne condamne point vos larmes... Les miennes sont prêtes à s'y mêler... Malheur aux âmes insensibles.

SCÈNE IV.

LES PRÉCÉDENTS, LE PÈRE LAURENT, PICARD.

PICARD. Le Père Laurent.

MME DE ST. ALBAN, *se levant avec précipitation, et courant au-devant du religieux.* Ah mon père! Que vous venez à propos! Vos pieux conseils peuvent seuls me rappeler à la résignation qu'un souvenir trop cher combat aujourd'hui dans mon âme.

LE PERE LAURENT. Le Ciel connaît les vœux que chaque jour, j'ose humblement lui adresser pour Madame la comtesse... et pour Monsieur le comte.[263] À chaque instant, depuis votre départ, je le conjure[264] de veiller sur vous, d'écarter loin de vous, et les

---

[263] Barba 1796: « Pour vous, Madame, et pour votre digne époux ».

[264] Barba 1796: « Dans cette crise fatale où l'on paraît vouloir anéantir cette auguste noblesse dont vous faites partie, cette noblesse l'espoir et l'honneur de la France, à chaque instant depuis votre départ, je conjure le ciel ».

complots des méchants, et l'esprit de vertige qui paraît s'être emparé de la France entière,[265] et les pièges cachés de l'Éternel ennemi des hommes dont de hardis novateurs[266] ne font aujourd'hui qu'accomplir les desseins.

MME DE ST. ALBAN. Je n'ai jamais douté de l'intérêt que vous prenez à moi, mon père.

M. DE ST. ALBAN. Je vous remercie, Monsieur, de celui que vous me témoignez, mais je vous supplie de ne pas l'étendre sur des choses qui ne peuvent plus même être d'opinion. Séparons la cause du salut,[267] d'avec la cause de la patrie.[268] Dieu, dont un homme de votre état se croit en droit d'être l'organe, Dieu seul connaît le secret des cœurs, lui seul dirige les ressorts qui nous font mouvoir, et nous devons penser que ce qu'il permet, est toujours ce qui convient le mieux à l'ordre général.

LE PERE LAURENT. L'ordre général, Monsieur le comte?...[269] Lorsque tout est anéanti, quand la majesté des rois,[270] la sainteté des tribunaux, quand le culte même, quand la religion...

M. DE FRANCHEVILLE. Rien n'est anéanti, mon père; tout est respecté, tout subsiste.[271] Le roi n'a rien perdu de sa puissance

---

[265] Barba 1796: « de tous les malheureux Français ».

[266] Selon le *Dictionnaire de l'Académie* (1762), on nomme novateur « celui qui introduit quelque nouveauté, quelque dogme contraire aux sentiments et à la pratique de l'Église ». Féraud ajoute: « Longtemps on ne l'a dit qu'en matière de religion. *Les novateurs sont dangereux.* Depuis le commencement du siècle, on a commencé à l'employer pour les matières profanes ».

[267] Barba 1796: « la cause du ciel ».

[268] Dans l'édition de 1826: « d'avec les intérêts humains ».

[269] Barba 1796: « Monsieur ».

[270] Dans l'exemplaire RF-1231 de la BNF (édition Bérenguier 1798), un béquet empêche de lire les mots « quand la majesté des rois ». De même, dans la réplique suivante, on a tenté d'effacer « faire le bien ».

[271] Barba 1796: « Rien n'est anéanti, Monsieur; tout subsiste, mais sous d'autres formes... Le despotisme n'est plus, il est vrai... Quant aux tribunaux, des juges nouveaux s'élèvent, et leur saint ministère ne sera plus souillé de ce vil intérêt, qui, si longtemps, en dégrada les fonctions. Vous parlez de religion? .... Nous

puisqu'il a conservé celle de faire le bien.[272] Des juges nouveaux s'élèvent et leur ministère ne sera plus flétri par ce vil intérêt qui si longtemps en dégrada les fonctions. Le culte est toujours le même, et les abus dont on le dégage ne font pas la religion. Ce n'est pas sans cause que l'on doit remonter[273] à la source des richesses immenses accumulées par les ministres de cette religion pure dont le divin auteur vécut et mourut pauvre; et peut-être rappellera-t-on à leur institution primitive, ceux que nos préjugés en avaient trop écartés. Je crois[274] qu'on peut trouver étrange l'existence de ces hommes qui promettent à Dieu d'abjurer l'humanité, de vivre et de mourir inutiles à leur semblables, de contrarier en tout le vœu de la nature, et de renoncer à la société pour en dévorer la substance.[275] Ceux qui vivent d'abus, je le sais, peuvent craindre de les voir détruits. Mais l'esprit qui opérerait de si grands changements ne serait point un esprit de vertige; cette réforme ne serait point un œuvre de ténèbres; et l'éternel ennemi des hommes, pour parler votre langage, ne doit pas être soupçonné de leur suggérer ce qui peut les conduire au bonheur. Voilà mon sentiment; s'il vous est étranger, tant pis pour vous.[276]

---

aurons toujours celle de l'honnête homme, cette religion innée qui ne consiste point dans des fables absurdes, dans des préceptes minutieux, dans l'intolérance, le fanatisme et la superstition, mais dont l'essence est d'aimer son semblable, de l'aider de tout son pouvoir, de le défendre au péril de sa vie, de faire le bien, de fuir le mal et de ne résister jamais au cri de sa conscience... Vous voyez que nous aurons toujours une religion.. On pourra remonter, et je sais qu'on se le propose, à la source des richesses immenses, accumulées par les ministres d'un culte dont le modeste auteur vécut et mourut pauvre ». Le texte suit ensuite l'édition originale.

[272] Dans un feuillet manuscrit conservé à la Bibliothèque de la Comédie-Française, de la main de Monvel et daté de mars 1793, on peut lire cette requête: « à la place de *Le Roi n'a rien perdu de sa puissance*, il faut mettre: *Des Lois puisées dans la nature ont remplacé celles qu'inventèrent l'ignorance, le fanatisme et la superstition*. Signé Monvel ». La version de 1830 rétablira: « Le gouvernement n'a rien perdu de sa puissance ».

[273] Dans MS 384: « On pourra remonter, et je sais qu'on se le propose, à la source des richesses immenses ».

[274] MS 384: « Je sais ».

[275] Barba 1796 et toutes les éditions par la suite: « la subsistance ».

[276] Cette dernière phrase ne figure pas dans MS 384. Qui ajoute juste après (mais biffé): « LE P. LAURENT. Ce n'était point à vous, Monsieur le Marquis, que

LE PERE LAURENT. Je ne répondrai point à cela, Monsieur, je n'ai pas le bonheur de vous plaire, je m'en aperçois depuis longtemps, et ce que je dirais vous serait toujours suspect... Puis-je demander à Madame la comtesse la cause du trouble où j'ai cru la voir quand je suis entré dans cet appartement.

---

j'avais l'honneur de parler. C'était à M. le Comte, à Mme la Comtesse, dont les principes en fait de religion... M. DE FRANCHEVILLE. Doivent être les miens, mon père. Leur religion est la mienne. Tous les honnêtes gens ont la même. Mme DE ST-ALBAN. Mon frère, je vous ai prié de ne jamais traiter devant moi une pareille matière... Quoi que vous en disiez, nos principes, je crois, sont un peu différents.. Et je suis étonnée que M. de Saint-Alban ait le premier entamé une discussion.... M. DE ST-ALBAN, Ma foi, ma chère amie, je puis avoir pour vous beaucoup de complaisance... mais vous ne pouvez pas exiger qu'elle aille jusqu'à ne pas avoir une façon de penser à moi. LE P. LAURENT. Madame la comtesse sait jusqu'où va pour elle mon saint attachement et mon profond respect... Elle a quelquefois la bonté d'écouter mes avis, de consulter mes faibles lumières, de daigner m'assurer que la paix de son cœur y gagne, mais je suis loin d'exiger que chacun s'asservisse à mes idées, le ciel me préserve de me croire plus éclairé que le dernier des hommes. Je connais mon insuffisance, et cependant, M. le Comte, j'ose croire que dans l'espèce d'amertume dont s'est ressenti votre reproche, ce n'est pas le sentiment de votre conscience que vous avez exprimé. Il existe aujourd'hui dans le monde une philosophie audacieuse, qui veut tout voir, tout juger, tout approfondir. Elle s'énonce avec une intrépidité qui en impose, elle ne persuade point, mais elle subjugue et quelques personnes, malgré la voix intérieure qui les avertit de ses fausses vertus, sont assez faibles pour rougir de n'en pas adopter les dehors importuns. Je ne dis pas cela pour vous, Monsieur le Comte, mon respect et la charité ne me permettraient pas même d'en concevoir l'idée, mon intention n'est pas non plus d'accuser Monsieur le Marquis... M. DE FRANCHEVILLE. Je m'appelle Francheville, M. Francheville tout simplement, et en obéissant à la loi, je ne crois pas faire un bien grand sacrifice. Les titres les plus brillants n'ont servi maintes fois qu'à trahir la nullité de ceux que le hasard en avait décorés. Mme. DE ST-ALBAN. Voilà ce qu'a produit le siècle des Lumières, père Laurent. Souvenez-vous qu'en un jour nous sommes devenus tous égaux, que les distinctions, la naissance, les rangs, une suite d'ancêtres fameux, les charges, les dignités accumulées dans une famille illustre, tout cela n'est que préjugé, chimère, et gardez-vous bien à l'avenir de m'appeler Madame la Comtesse. Vous concevez bien que je ne suis plus qu'une simple bourgeoise, puisque nos législateurs, dans leur sagesse, ont décrété que cela serait ainsi. Nommez-moi Madame Saint-Alban, Madame Saint-Alban, entendez-vous... Mais ne manquez pas au respect que vous devez à Monsieur le Maire. Désignez mon frère par ce titre honorable... La modestie vous le permettra. M. DE FRANCHEVILLE. Oui, mon père, mais attendez pour cela, je vous prie, que j'aie mérité les distinctions dont m'ont honoré mes concitoyens. Quand par mes travaux, par mes services, je me serai montré digne de leur choix, alors mon orgueil, car nous en avons tous, sera sûrement flatté d'un titre qui suppose quelques vertus ».

MME DE ST. ALBAN. Ah! mon père!...

LE PERE LAURENT. Vous sentiez, disiez-vous, votre résignation prête à succomber...

MME DE ST. ALBAN. Nous avons parlé d'Eugénie…

LE PERE LAURENT. Et votre âme sensible s'est émue... Ah! quelle perte! Qui pouvait mieux que moi connaître le mérite de cette intéressante personne. Chargé par vous de la guider dans la voie du salut, personne n'a pu mieux juger de la pureté de son âme... Mais celui qui dispense et les biens et les maux, celui qui ne veut pas que nous mettions trop d'attache au bonheur fugitif dont on jouit sur la terre, celui qui nous instruit par les privations à n'élever nos yeux que vers l'éternelle félicité, Dieu, en vous éprouvant par la douleur, a couronné les vertus de votre fille; mais, dans les pleurs que vous versez, vous goûtez au moins la douceur de penser que dégagée des peines de la vie, libre des pièges tendus sans cesse à l'innocence, arrachée aux dangers de perdre en un moment le fruit d'une piété soutenue et d'une conduite exemplaire, Eugénie à présent, et pour jamais heureuse, vous attend au séjour de la paix et du parfait bonheur.

MME DE ST. ALBAN. Cette idée seule et vos consolations ont pu calmer mon désespoir...

LE PERE LAURENT. Notre cœur est bien fort, quand il n'a point de reproche à se faire; et dans le malheur dont vous ressentez l'atteinte, du moins vous avez pu vous dire...

M. DE ST. ALBAN. N'a-t-on rien à se reprocher, Monsieur, lorsqu'on cède à des conseils dangereux?

M. DE FRANCHEVILLE. Lorsque l'on obéit à des inspirations perfides, à une piété mal entendue...

MME DE ST. ALBAN. Que dites-vous donc, Messieurs?

M. DE ST. ALBAN. Je dis que j'ai perdu ma fille.

M. DE FRANCHEVILLE. Et que quiconque a pu vous suggérer le plan que vous avez suivi, et qui nous coûte notre Eugénie, est le plus méchant ou le plus stupide de tous les êtres.

MME DE ST. ALBAN. Vous vous emportez, mon frère, vous oubliez...

LE PERE LAURENT. Hélas! Madame, ce n'est pas vous que l'on accuse, c'est moi... La prévention, l'injustice, je dois tout souffrir sans murmure, ma religion me l'ordonne. J'ai pour me consoler au milieu de tant d'afflictions, la voix de mon cœur, votre témoignage, Madame, et le Ciel qui connaît la pureté de mes intentions. Permettez-moi de me retirer, je vois que ma présence déplaît ici, et, prévenu comme je l'étais de l'inimitié que l'on m'y a vouée, je me serais dispensé d'y paraître, si mon attachement pour Madame la comtesse, et les instances d'un homme respectable et malheureux, ne m'en eussent imposé la loi.

MME DE ST. ALBAN. Non, mon père, vous ne me quitterez point. D'autres peuvent être injustes envers vous, mais je ne la serai jamais... Quel est cet homme auquel vous vous intéressez? Que puis-je pour lui?

LE PERE LAURENT. M. Dorval...

M. DE FRANCHEVILLE. Eh bien?

M. DE ST. ALBAN. Parlez...

MME DE ST. ALBAN. Est-ce lui dont il est question?[277]

LE PERE LAURENT. Le temps de ses épreuves est enfin expiré... C'est demain qu'il prononce ses vœux.

M. DE ST. ALBAN. Dorval? Demain!

M. DE FRANCHEVILLE. Il est donc vrai!

MME DE ST. ALBAN. De quel bonheur il s'apprête à jouir!

---

[277] MS 384 ajoute ce qui suit: « M. DE ST-ALBAN. Je n'oublierai jamais qu'il dut être mon gendre. M. DE FRANCHEVILLE. Je verrai toujours en lui le plus vertueux des hommes et mon ami le plus cher. Mme DE ST-ALBAN. Si la naissance eût répondu chez lui au mérite personnel... M. DE FRANCHEVILLE. Oh! ma sœur, il s'agit bien ici de la naissance... Père Laurent, qu'est-ce que Dorval exige de nous? M. DE ST-ALBAN. En quoi pouvons-nous lui être utiles? ».

LE PERE LAURENT. Mais avant de renoncer pour jamais au monde, avant de briser entièrement les liens qui l'ont enchaîné longtemps à la société, il demande, il implore la faveur, la grâce de voir encore une famille respectable qui n'aurait pas dédaigné de le choisir pour fils.

M. DE ST. ALBAN. Ah! qu'il vienne!

M. DE FRANCHEVILLE. Qu'il vienne, nos bras lui sont ouverts.

MME DE ST. ALBAN. Mais, non, arrêtez... Je ne vois pas qu'il soit nécessaire...

LE PERE LAURENT. La véritable pitié est toujours compatissante...

MME DE ST. ALBAN. Ah! vous avez raison. Nous ne pouvons nous dispenser de le recevoir; allez le chercher, mon père, et dites lui...

LE PERE LAURENT. Il est ici... Il m'attend dans l'appartement voisin; je n'ai pas osé sans vous en prévenir...

M. DE FRANCHEVILLE. Ah, courons...

LE PERE LAURENT. Non, restez...

M. DE ST. ALBAN. Picard? Picard?...

SCÈNE V.

LES PRÉCÉDENTS, PICARD.

PICARD. Monsieur?

M. DE FRANCHEVILLE. Amenez-nous M. Dorval...

M. DE ST. ALBAN. Courez. *(Picard sort.)*

SCÈNE VI.[278]

LES PRÉCÉDENTS.

LE PERE LAURENT, *retenant toujours M. de Francheville, qui veut aller au-devant de Dorval.* Ah! Monsieur, quel ami vous êtes!... Heureux celui qui peut vous inspirer de pareils sentiments!

SCÈNE VII.[279]

LES PRÉCÉDENTS, DORVAL, PICARD.

PICARD, *annonçant.* M. Dorval.

M. DE FRANCHEVILLE, *s'élançant sur lui.* Ô mon ami!

M. DE ST. ALBAN. *le pressant dans ses bras.* Mon fils!

DORVAL, *sous l'habit de novice.* Ô, tout ce que j'ai de plus cher! Il m'est donc encore permis de vous revoir, de vous presser contre mon sein... Madame, pardonnez-vous à l'infortuné Dorval?...

MME DE ST. ALBAN. Je le remercie du plaisir qu'il me procure; je n'ai point oublié que Dorval fut de tout temps l'ami chéri de mon frère.

M. DE ST. ALBAN. Qu'il dût être mon fils.

M. DE FRANCHEVILLE. Mon neveu.

DORVAL. Votre fils, ô mon père! Le neveu de mon ami.... Hélas! tant de félicité n'a duré qu'un moment. Je n'ai fait qu'entrevoir le bonheur, il a fui loin de moi... Et ses souvenirs déchirants, les larmes, le désespoir, voilà ce qui me reste.

---

[278] Dans Barba 1796 et MS 384, cette scène est fusionnée avec la précédente.

[279] Barba 1796 et MS 384: scène VI.

LE PERE LAURENT. Mon frère, vous oubliez le ciel et la religion qui soutient, qui console.

M. DE FRANCHEVILLE. Eh, mon ami, pourquoi cet habit sur lequel je vous revois? À la fleur de votre âge, riche, considéré, fait pour servir, pour honorer votre patrie, pourquoi tout quitter? Pourquoi renoncer à tout?

M. DE ST. ALBAN. Quelle est cette résolution désespérée?

DORVAL. Désespérée! Oui, vous avez raison...

MME DE ST. ALBAN. Ah mon frère! ah Monsieur! vous ignorez ce que peut la voix d'un Dieu qui nous appelle à lui.

DORVAL. Je ne m'aveugle point, et ne veux pas en imposer aux autres... Dieu, ma religion... s'ils ont parlé, je n'ai rien écouté... Le désespoir seul a tout fait... J'ai tout perdu... J'ai perdu celle pour qui je chérissais la vie... Que ferais-je au monde? Je dois y renoncer... Je dois le fuir... Pour servir sa patrie, il faut une âme forte... la mienne est écrasée sous le poids de la douleur... Il faut conserver sa raison... la mienne, elle est perdue... L'amour au désespoir a troublé mes idées, a brisé mes organes... Je n'ai qu'un sentiment... qu'une affection... qu'un instinct... C'est celui de l'amour...

LE PERE LAURENT. Que dites-vous donc, mon frère?

DORVAL. Que celui de l'amour, je dis la vérité... Je vous ai promis, mon père, de renoncer au monde, de m'ensevelir à jamais dans le cloître que vous m'avez ouvert... Il sera mon tombeau... C'est demain que j'y descends pour n'en jamais sortir... Mais je ne vous ai point promis d'oublier que j'eus un cœur, que ce cœur a tout perdu, qu'il brûle encore et qu'il brûlera jusque dans la tombe d'un feu... que le ciel ne peut réprouver puisque c'est lui qui l'alluma dans mon sein... Je vous ai dit qu'elle me suivrait jusqu'au pied des autels... que je l'y verrais toujours, que je n'y verrais qu'elle... Oui... elle... elle, qui n'existe plus que dans mon cœur, et qui n'en sortira jamais... Vous pleurez, mes amis, et pourquoi pleurez-vous? Me croyez-vous malheureux? Ah! le jour du malheur, le jour du désespoir fut celui où la cloche funèbre m'annonça qu'elle n'était plus... le jour où son cercueil vint frapper mes regards... Depuis cet instant je n'ai plus souffert... Ma raison s'est éteinte...[280] Il y avait là un feu dévorant... là des nuages... Mais ce feu qui me consume encore... c'est elle qui l'alimente... Je la vois au milieu de ces nuages... elle les dissipe... elle est là, près de moi, toujours là, je la regarde, je lui parle, elle me répond... Jugez si je suis assez malheureux.

M. DE FRANCHEVILLE. Infortuné, dans quel état...

M. DE ST. ALBAN. Ah dieux!

MME DE ST. ALBAN. Ah mon père! Comme il sait aimer.

LE PERE LAURENT. M. Dorval... Mon frère... Revenez à vous... Vous me faites repentir de vous avoir permis...

M. DE ST. ALBAN. Deux victimes! Deux victimes! L'une a péri, Madame, et l'autre, vous la voyez.

MME DE ST. ALBAN. Ah, Monsieur, épargnez-moi...[281]

DORVAL. Où suis-je... et que s'est-il passé? M. de St. Alban, mon bienfaiteur.... Vous me pressez dans vos bras... Je vois couler vos larmes... Ah! sans doute je me suis égaré... Mon père, je vous avais promis... mais le désespoir... mais des souvenirs

---

[280] Barba 1796: « On ne souffre que par la raison, et la mienne est éteinte ».

[281] Dans MS 384 figure ici, rayé: « M. DE FRANCHEVILLE. Et c'est au milieu de ces crises effrayantes, c'est dans cette horrible aliénation d'esprit qu'il va prononcer à Dieu des serments que vous lui dicterez. LE P. LAURENT. Je ne le reconnais plus... Ce n'est point là son état ordinaire. Lorsqu'il témoigna le désir de renoncer au monde et de se soumettre à notre règle, tout récemment frappé du coup affreux dont vous voyez les funestes effets... quelquefois sa raison s'égarait, un délire momentané s'emparait de ses sens et troublait ses idées... Mais la paix sainte qui règne parmi nous, nos soins affectueux, les entretiens édifiants auxquels il prenait part, nos prières enfin, dont il était l'objet le plus constant, tout parvint insensiblement à rendre le repos à son cœur, à rétablir le calme dans ses esprits. Depuis longtemps, depuis très longtemps aucun nuage n'avait obscurci sa raison... Votre présence, les souvenirs qu'elle a réveillés, Dieu qui sans doute veut encore l'éprouver... Voilà ce qui l'a plongé dans l'état horrible où vous l'avez vu... Voilà ce qui a produit le scandaleux délire dont je vous demande pardon pour lui. M. DE FRANCHEVILLE, Ah! Ce n'est point à lui qu'il s'agirait ici de pardonner.... Dorval! Mon ami... M. DE ST-ALBAN. Mon fils, mon cher fils...».

déchirants... Et c'est devant vous, Madame... Ah! faites grâce à un infortuné.

MME DE ST. ALBAN. Croyez, mon cher Dorval, que si j'avais prévu... croyez que je me reprocherai jusqu'à la mort...

LE PERE LAURENT. Votre sensibilité, Madame, est trop vive, votre santé trop délicate, pour que vous puissiez résister à l'épreuve où l'on met l'une et l'autre... vous y succomberez... Dieu m'ordonne de vous dire que vous ne devez pas vous exposer plus longtemps...

MME DE ST. ALBAN. Je me retire... Adieu M. Dorval...[282]

DORVAL. Vous ne me quitterez point...[283] Mais dites-moi, répondez-moi, pourquoi ce voyage à Paris, à l'instant où nous allions nous unir?... Répondez-moi...

LE PERE LAURENT. Mon frère, il est temps de nous retirer.

DORVAL. Non, non, je reste ici, je suis chez mon père.

M. DE ST. ALBAN. Oui, mon cher fils.[284]

MME DE ST. ALBAN. Dorval ayez pitié...

---

[282] MS 384 ajoute ici (biffé): « DORVAL. Eh quoi! Vous me quittez? Vous êtes déjà rebutée de la vue d'un malheureux qui demain va pour jamais s'ensevelir loin de vous, loin de tous les mortels... Ah! restez, restez, je ne vous parlerai plus d'elle... Non, je ne la nommerai pas... C'est bien assez de mes peines... Je ne veux pas renouveler vos douleurs... Elle devait être mon épouse. M. DE FRANCHEVILLE. Ah! Je le sais! DORVAL. Et pourquoi vous, vous, pourquoi nous avez-vous quittés... Sans ce fatal voyage, elle vivrait encore et nous serions tous heureux. M. DE FRANCHEVILLE. Mon devoir et la confiance où j'étais... DORVAL. Ah! J'en avais aussi de la confiance... D'abord j'étais sûr de son cœur. Il était à moi, elle me l'avait donné... Vous m'aviez tous promis, et vous aussi Madame ».

[283] Barba 1796: « Non, vous ne me quitterez pas, vous entendrez le dernier cri de ma douleur ».

[284] Barba 1796 ajoute une réplique: DORVAL, *à Mme de St. Alban qui veut se retirer*. « Mon épouse... Eugénie... votre fille... Pourquoi l'ensevelir dans un cloître?... Elle pleurait, j'embrassais vos genoux... Elle vous suppliait... Mes larmes arrosaient vos mains... Pourquoi n'avons-nous pas obtenu grâce? ». Variante qui reprend presque mot pour mot MS 384.

DORVAL. De la pitié! en eûtes-vous alors?...

LE PERE LAURENT. Mon frère, suivez-moi, je vous l'ordonne.

DORVAL. Demain j'obéirai;[285] aujourd'hui je suis libre encore. *(À M. de St. Alban, en montrant Mme de St. Alban.)* Mon père, elle fut inexorable... Et vous aussi, vous m'abandonnâtes... mon ami... C'est devant moi qu'on l'entraîne dans ce cloître, dans cette prison, dans ce tombeau... Je les vois partir tous deux, ils s'éloignent... Tu pleurais, toi, mon père, tu compatissais à ma peine... mais ton épouse... elle avait l'œil sec, un visage glacé, elle voyait mon désespoir sans en avoir pitié... Je cours, je me présente à la porte du cloître... Elle est fermée pour moi...[286] Enfin, six mois s'écoulent... Que dis-je! Six siècles de douleurs... Et chaque jour j'allais au monastère. Là, ma voix gémissante implorait la pitié de quiconque se présentait à moi; et chaque jour on repoussait ma prière... Enfin, l'airain funèbre vient frapper mon oreille, et retentit jusqu'au fond de mon cœur... Je pâlis, mon sang se glace, j'appelle, j'interroge; on répond... Elle est morte... Qui? grand Dieu! Qui?... Ta fille, ta nièce, mon épouse.... Je veux briser les barrières qui nous séparent;[287] je veux mourir en baignant de mes pleurs les restes inanimés de mon amante,[288] on me repousse, je me défends, on m'entraîne, je m'arrache aux mains qui me retiennent... Les portes du temple s'ouvrent devant mes pas; égaré, je cours, je me précipite... Ciel, que vois-je? Un cercueil... celui qui renfermait ta fille, ma femme, mon bien, mon bonheur, ma vie... Je m'élance, je l'embrasse...

---

[285] Dans MS 384: « Laissez-moi. Demain j'obéirai ».

[286] MS 384 ajoute:« DORVAL. Défense que je voie, défense que je parle à celle qui dut être ma femme... Qui l'avait donné, cet ordre impitoyable? ... Vous qui pleurez à présent... Vous qui versez des pleurs tardifs sur la perte que vous avez causée et que rien ne peut réparer. Mme DE ST-ALBAN. Ah! Dieu! Que ces reproches... M. DE FRANCHEVILLE. Sont cruels quand on les a mérités. M. DE ST-ALBAN. Mon fils, si vous m'aimez, n'accablez plus... LE P. LAURENT. M. Dorval, mon tendre ami, si j'ai sur vous quelque ascendant, si vous payez de retour la vive et sainte amitié que je vous ai vouée, sortons d'ici, retirons-nous, venez...».

[287] Barba 1796: « Douleurs! rage! fureurs! Je veux briser les barrières qui nous séparent ».

[288] Barba 1796 ajoute: « on me rejette avec barbarie ».

Ce qu'elle est devenue, ce qu'ils ont fait de moi depuis ce moment je l'ignore; j'avais cessé d'être, et les cruels ne m'ont rendu à la lumière que pour me rendre au désespoir.

MME DE ST. ALBAN. Il m'arrache le cœur.

LE PERE LAURENT, *à part*. Ah! que je me repens!

M. DE ST. ALBAN. Dans quel état, ah Dieu![289]

M. DE FRANCHEVILLE. Vois tes amis partager ta peine et gémir avec toi.[290]

DORVAL. C'est ici que chaque jour, et devant vos yeux, je lui peignais mon amour, et qu'elle me jurait une tendresse éternelle. C'est là le cœur plein de son image, que j'essayais de fixer sur la toile tous les traits chéris de la beauté la plus touchante. L'amour me tenait lieu de génie, de talents... Ce portrait... *(Il l'aperçoit couvert du rideau sous lequel M. de Francheville a voulu le cacher, il s'élance et le découvre.)* Le voilà... C'est elle... C'est Eugénie!

MME DE ST. ALBAN, *s'élançant et tombant à genoux*. Ô ma fille! Je me meurs!

M. DE FRANCHEVILLE. Quel moment!

LE PERE LAURENT. Ô fureur!

DORVAL, *courant à Mme de St. Alban, la relevant, la conduisant vers un fauteuil, et se jetant à ses genoux.*[291] Vous pleurez... Vous vous repentez... Ah, je retrouve ma mère...[292] Tournez

---

[289] MS 384 et Barba 1796, à la place: « Le ciel nous punit... ».

[290] À la place, dans MS 384: « M. DE FRANCHEVILLE. Que mes larmes se mêlent aux tiennes, confondent nos douleurs... Vois tes amis, infortunés comme toi, partager ta peine et gémir avec toi. DORVAL. C'est ici que vaincue par les prières et par vos instances, Madame me priait de l'appeler ma mère, c'est ici qu'une amante adorée reçut ma foi et m'engagea la sienne... C'est là que chaque jour... ».

[291] Didascalie rayée dans MS 384.

[292] MS 384 ajoute: DORVAL. Oubliez mes reproches, pardonnez au désespoir, à l'égarement de ma raison... Ne vous souvenez que de mon malheur et de la

les yeux vers moi... Encore un seul regard... C'est le dernier... Vous ne me verrez plus demain... Ah! dites-moi que vous ne me haïssez pas et que vous me pardonnez.

MME DE ST. ALBAN. Oui, mon fils, oui mon cher fils, je vous pardonne... Puisse le Ciel et vous me pardonner aussi.[293]

LE PERE LAURENT, *à part.* Ah! que je souffre!

DORVAL, *s'arrachant des bras de St. Alban et de Francheville et s'élançant dans ceux du Père Laurent.* J'ai eu encore un instant de bonheur, maintenant je puis mourir au monde... Je vous ai offensé, je m'en souviens.

LE PERE LAURENT. Et moi, je l'avais oublié... Venez mon frère, venez, la paix et le bonheur vous attendent parmi nous, embrassez vos amis, et partons.

DORVAL. Adieu mes cher amis, adieu ma mère... Adieu.[294] Je ne vous verrai plus, mais je ne vous oublierai jamais.

MM. DE ST. ALBAN ET DE FRANCHEVILLE. Quoi! sans retour?...[295]

DORVAL, *les embrassant.* C'est pour jamais... *(À Mme de St. Alban.)* Vivez heureuse... *(Au portrait.)* Et toi, mon Eugénie...

---

tendresse que j'eus toujours pour vous et que j'aurai jusqu'à la mort... Elle n'est pas loin... Eugénie... Eugénie... Tu m'appelles et bientôt j'irai te rejoindre... Vous qui daignâtes me nommer votre fils, tournez les yeux vers moi ».

[293] MS 384 ajoute: « M DE FRANCHEVILLE. Viens dans mes bras. M. DE ST-ALBAN. Contre mon cœur ».

[294] Dans Barba 1796: « Adieu, Mada... adieu, ma mère... Vivez heureuse... et pensez quelquefois à celui qui dut être votre fils... Mes chers amis, adieu... Ne cherchez point à pénétrer dans ma retraite... Elle sera inaccessible... La solitude et la tombe, voilà mon seul espoir ».

[295] MS 384 ajoute ici: « LE P. LAURENT. Tout est prêt pour la solennité. FRANCHEVILLE. Mon père, vous avez raison de vous presser... Peut-être qu'avant peu... LE P. LAURENT. On n'oserait, Monsieur. Dieu est là pour nous venger... FRANCHEVILLE. Dieu!... Mais je me tais... Dorval, songez que le temps, que la réflexion.... LE P. LAURENT. Dorval a fait ses réflexions, Monsieur... On n'a point forcé sa volonté... Venez, mon frère, venez ... ».

la mort réunira ce qu'elle a séparé... Venez, fuyons... Adieu.[296] *(Ils sortent.)*

SCÈNE VIII.

M. et Mme DE ST. ALBAN, M. DE FRANCHEVILLE.
Ils restent tous un moment dans un profond silence, gardant chacun l'attitude qu'il avait à la sortie de Dorval...

MME DE ST. ALBAN. Oui, j'ai mérité tes reproches, amant trop malheureux! Oui, c'est moi qui suis la cause, et ne puis me dire innocente.

M. DE ST. ALBAN. Ces retours sur le passé ne feront qu'ajouter à vos peines, et ne vous rendront pas ce que nous avons perdu.

M. DE FRANCHEVILLE. Vous voyez où vous ont entraînée une confiance aveugle, une piété superstitieuse, et des conseils fanatiques et perfides.

MME DE ST. ALBAN. Ah! n'accusez pas le Père Laurent, mon frère, il a pu se tromper, mais son cœur ne peut être coupable.

M. DE FRANCHEVILLE. Je le désire pour lui... mais j'ai peine à le croire. Cette classe d'hommes-là, ma sœur, n'agit jamais sans motif: il faut remonter loin souvent pour arriver au point d'où part le premier fil de leurs trames secrètes.[297]

MME DE ST. ALBAN, *gardant le silence, fixant son frère, comme si elle allait lui répondre, se faisant effort pour se contenir, et*

---

[296] Barba 1796: « Venez, venez, mon père... Arrachez-moi d'ici... ».

[297] MS 384 ajoute (biffé): « FRANCHEVILLE. Le manteau respectable dont ils sont revêtus sert souvent à couvrir d'horribles iniquités... Je n'irai pas plus loin, ma sœur, je plains votre faiblesse et gémis sur vos préjugés. Mme DE ST-ALBAN. Si nos législateurs pensent comme vous, mon frère, je ne doute pas que cette classe d'homme que vous jugez si rigoureusement ne subira bientôt les plus fortes persécutions. FRANCHEVILLE. Je crois effectivement que leur moment est venu. Peut-être leur sort est-il déjà décidé. Mais on ne les persécutera pas, ma sœur, on leur fera justice, on la fera à la France entière que leur despotisme avilit et qui réclame en vain depuis des siècles et les droits et les biens honteusement usurpés ».

adressant la parole à son mari. Retirons-nous, Monsieur, un peu de repos me serait nécessaire... La scène déchirante que je viens d'essuyer a frappé mon cœur des plus sensibles coups... et les dispositions où je vois M. de Francheville ne rendront point à mon âme agitée le calme dont elle a besoin. *(Elle sort.)*

M. DE ST. ALBAN, *à M. de Francheville.* Vous connaissez sa prévention, sa faiblesse, et vous ne cessez d'inculper devant elle.

M. DE FRANCHEVILLE. J'ai tort; mais c'est plus fort que moi. Sa crédulité me révolte, son directeur m'indigne, et mon antipathie éclate malgré moi. *(M. de St. Alban sort.)*

SCÈNE IX.

M. DE FRANCHEVILLE, *seul.* Oui, j'ai tort à son égard. Une imagination ardente, une tête faible, une âme timorée, les préjugés d'une mauvaise éducation; la flatterie, les fausses vertus d'un homme adroit et observateur.... tout a concouru pour la perdre. Le mal serait sans remède si l'on eût perverti son cœur comme on a par degrés égaré sa raison. Je veux voir en secret Dorval.[298] Je veux, s'il est possible, le détourner... Mais j'oublie... Et ce père Louis qui veut, dit-il, me parler... qui est venu ici... qui m'attend à son couvent. Sera-t-il temps encore? *(Il tire sa montre.)* Oui, partons.

SCÈNE IX.

M. DE FRANCHEVILLE, PICARD.

PICARD. Voilà une lettre que l'on vient d'apporter, que l'on m'a recommandé de vous rendre en main propre.

M. DE FRANCHEVILLE. Donne, mon ami, je suis pressé de sortir, je la lirai à mon retour.

---

[298] Barba 1796: « Quelque défense que nous a fait Dorval de troubler sa retraite, je veux le voir ».

PICARD. Lisez-la tout de suite, il le faut. Le commissionnaire m'a expressément enjoint de vous en prier.

M. DE FRANCHEVILLE. Point de signature! *(Il lit.)* « Monsieur, j'ai passé chez vous il y a une heure, je brûlais de vous voir, vous n'étiez pas encore arrivé. Un bon vieillard, un honnête homme qui vous appartient et à qui je me suis adressé, vous dira qui je suis... »

PICARD. C'est sûrement le Père Louis... Continuez.

M. DE FRANCHEVILLE., *continuant de lire.* « Venez, Monsieur, il faut que je vous parle,[299] il m'est impossible de sortir. Venez, il s'agit de sauver votre ami, Dorval...[300] Ce que j'ai découvert est épouvantable, horrible. J'ai des secrets affreux à vous dévoiler. Hâtez-vous. Celui auquel vous vous intéressez est au pouvoir de son plus cruel ennemi: il est perdu sans retour si vous ne l'arrachez aujourd'hui des mains de ses bourreaux. Demain il ne sera plus temps, venez. Tout ce que l'hypocrisie, l'audace et la scélératesse peuvent combiner de crimes et d'atrocités, voilà ce que vous allez connaître et qu'il est temps de punir »[301]... Quelle horreur!... Dorval... Ses bourreaux!... Allons, j'y vais. Grand Dieu!... Dieu juste! protège mes efforts, permets à l'amitié de sauver la vertu malheureuse, et que le premier usage du pouvoir dont je suis revêtu soit de venger l'innocence opprimée.

---

[299] MS 384 et Barba 1796 ajoutent, au début de la réplique: « Je ne signe point et vous en devinerez facilement la raison dès qu'il vous aura dit mon nom; ma lettre peut se perdre ».

[300] Barba 1796: « de sauver votre ami, votre plus tendre ami... (*s'interrompant.*) O ciel! on parle de Dorval (*il continue*) ».

[301] MS 384 et Barba 1796 ajoutent une didascalie: *Il laisse tomber la lettre et Picard la ramasse précipitamment.*

ACTE III.

Le théâtre représente une salle de l'intérieur du couvent des Dominicains.

SCÈNE PREMIÈRE.

LE PÈRE LAURENT, LE PÈRE AMBROISE.[302]

LE PERE LAURENT. Il demandait le Père Louis?

LE PERE AMBROISE. Oui, vous dis-je, oui, lui-même.

LE PERE LAURENT. Que veut M. de Francheville[303] au Père Louis? Quelle relation peuvent-ils avoir ensemble?

LE PERE AMBROISE. Je l'ignore.

LE PERE LAURENT. Ce Père Louis depuis longtemps m'est suspect... Il affecte des principes, une philosophie qui me le rendent odieux. Père Ambroise, dans la position où nous sommes, c'est bien assez des complots extérieurs dont nous avons à nous parer, sans avoir encore à combattre les ennemis cachés, qui vivent parmi nous, d'autant plus dangereux qu'ils nous voient de plus près, et que peut-être ils ont pénétré nos secrets... Le Père Louis n'a pas vu M. de Francheville?[304]

LE PERE AMBROISE. C'est à moi que s'est adressé M. de Francheville: j'ai feint d'aller prévenir le Père Louis, à qui, de votre part j'ai couru donner l'ordre de se tenir renfermé. Je suis revenu dire à M. de Francheville, que le religieux qu'il désirait voir était sorti, que s'il voulait l'attendre, il en était le maître, et qu'à son retour on ne manquerait pas de l'envoyer auprès de lui. Il est encore dans l'une des salles, il attend... La

---

[302] Dans MS 384, appelé le Père Bazile.

[303] Barba 1796: « ce Francheville ».

[304] Barba 1796: « Francheville ».

nuit s'approche et bientôt on ira le prévenir qu'il est temps de se retirer.

LE PERE LAURENT. Vous avez deviné mes intentions, votre prudence a su parer à tout... Mais que ce soit au Père Louis plutôt qu'à Dorval que veuille parler M. de Francheville, je vous avoue que cela m'étonne... Je m'attendais qu'il tenterait de le voir, qu'il n'épargnerait rien pour le détourner du sacrifice de sa liberté... Sûr comme je le suis de Dorval, maître de son esprit et fort de sa faiblesse, je me serais bien gardé de porter obstacle aux vains efforts de son ami. Il irait publier que j'ai craint pour ma cause. Non, non... Ce Dorval qu'Eugénie m'a préféré, ce Dorval que je déteste... il est à nous; sa raison égarée nous l'assure à jamais. Que demain il s'enchaîne aux pieds de nos autels, que sa fortune immense devienne notre bien... Après, vous savez ce qui nous restera à faire.

LE PERE AMBROISE. Depuis un mois... la mort a préparé son dernier asile... Qu'il y descende, et qu'enfin vous soyez vengé...

LE PERE LAURENT. J'entends du bruit... C'est lui... Venez, il faut le laisser à lui-même: la solitude ne peut qu'ajouter à sa mélancolie et au désordre de ses idées. *(Ils sortent d'un côté. Dorval entre de l'autre, les bras croisés, la tête penchée sur son sein, il marche lentement, va, revient sur la scène, il s'arrête, lève les yeux au ciel, et prononce par intervalles les mots peu liés qui commencent son monologue.)*

SCÈNE II.

DORVAL, *seul.* Je l'ai revue, oui, c'était elle... Eugénie... chère Eugénie...[305] Oh que la vie m'est à charge!... Quand irai-je te rejoindre...[306] Toi!... Toi... Demain... demain... Dieu de

---

[305] Barba 1796 ajoute: « Ce portrait... c'est ma main... Temps heureux, où près d'elle je m'occupais à le tracer, qu'êtes-vous devenus?... *(Montrant un siège où il suppose qu'Eugénie était assise)* ».

[306] À la place de ce qui précède, dans MS 384: « DORVAL. Je l'ai revue, oui c'était elle... Eugénie! Chère Eugénie!... Ce portrait... C'est ma main... *(Montrant un siège où il suppose qu'Eugénie était assise.)* Elle était là... *(posant la main sur son front.)* là... *(et la plaçant ensuite sur son cœur.)* là... ton père.... Mon ami... Ils m'ont plaint... Ils ont pleuré... Elle aussi... Celle qui t'a

clémence, pardonne... Ce n'est pas à toi que je dévoue ce qui reste de moi... Elle a emporté le cœur... le sens... la raison... et c'est encore à elle que je sacrifie ce peu de jours, ces jours affreux que tu as comptés et que je passerai à gémir, à la regretter... Je veux... Eugénie! Eugénie... tu n'es plus... et je vis encore... Tu n'es plus! Un si bel ouvrage détruit... anéanti... Cendres... poussière, que mes pleurs, que mes cris ne peuvent ranimer... Eugénie... Je me meurs...

SCÈNE III.

DORVAL, M. DE FRANCHEVILLE.

M. DE FRANCHEVILLE. Quels accents plaintifs ont frappé mon oreille! J'ai reconnu sa voix... C'est lui. Dorval!... mon ami.[307]

DORVAL. Vous... ici... vous? Par quel événement?

M. DE FRANCHEVILLE. Puis-je te parler?...[308] Serons-nous seuls? Il faut que tu m'écoutes.

DORVAL. On peut venir... Ces lieux ouverts à tous les religieux... Mais partout on pourrait nous surprendre... Partout on peut nous interrompre.

M. DE FRANCHEVILLE. Profitons au moins du moment. Insensé! Que vas-tu faire? Quel est ton dessein? Pourquoi t'ensevelir vivant dans les tombeaux habités par les passions les plus basses, ou par les regrets et le désespoir? Pourquoi le sacrifice de ta liberté? Quelle raison te fait renoncer à la société à qui tes talents un jour peuvent te rendre utile, où tes richesses te permettent de faire des heureux? À qui va passer ta fortune? Quels hommes te donneront des lois? Et comment justifier aux

---

immolée... Elle a versé des larmes... Larmes tardives! Repentir inutile!... Oh que la vie m'est à charge ».

[307] MS 384 ajoute: « DORVAL. Qui m'appelle? Que me voulez-vous?... Laissez-moi. FRANCHEVILLE. Tu méconnais ton ami le plus tendre! Cher Dorval! ».

[308] À la place de ce qui précède, dans Barba 1796: DORVAL. « Vous! Ici? Et lorsque je vous ai prié... je vous l'ai dit, et je le répète, je suis mort pour le monde ». M. FRANCHEVILLE. « J'exige un dernier entretien ».

yeux de la raison cette abnégation de toi-même, cet oubli de la dignité de ton être, cette obéissance aveugle et servile que tu vas promettre, que tu vas jurer au despote le plus tyrannique, le plus bas, le plus insolent? Qu'as-tu à m'opposer? Tu n'es faible ni crédule; les préjugés vulgaires, le fanatisme et la superstition jamais n'ont asservi ton âme... Rappelle tes idées, réponds-moi, que fais-tu dans ces lieux?... Que t'y proposes-tu?... Motive ta conduite.

DORVAL. J'ai tout perdu, je suis au désespoir.

M. DE FRANCHEVILLE. Tu as des chagrins... Quel mortel en est exempt? Le sort a trompé ton espoir, des revers ont détruit pour toi le songe du bonheur, la mort t'a ravi celle que tu aimais; tu es homme; et voilà ton courage.[309]

DORVAL. Je n'en ai plus que pour désirer la mort... Plus faible j'aurais su me la donner.

M. DE FRANCHEVILLE. À ton âge, riche comme tu l'es...[310]

DORVAL. Ma fortune entre les mains des hommes respectables à qui je la confie deviendra le patrimoine, l'héritage du pauvre. Après ma mort du moins, je ferai des heureux.

M. DE FRANCHEVILLE. Et pourquoi t'en ravir à toi-même le pouvoir, le droit de la jouissance?[311] Ils feront pour toi des heureux!... Tu le crois? Où les as-tu vus ces indifférents cénobites qui ne vivent que pour eux, où les as-tu vus, s'occuper du pauvre, pourvoir à ses besoins et soulager l'humanité souffrante? Tes biens perdus pour toi... perdus pour les infortunés, vont augmenter les richesses coupables de ces hommes oisifs, vrai fardeau de la société, alimenter leurs

---

[309] Barba 1796: « et tu es homme, et tu as une patrie à servir... et voilà ton courage! ».

[310] MS 384 et Barba 1796: « Et c'est dans un cloître que tu l'attends.. Tu veux cesser de vivre, et tu vas promettre à Dieu de perdre tes derniers moments ». Encore une fois, la version de 1796 estompe les préoccupations économiques présentes dans la version de 1792.

[311] MS 384 et Barba 1796: « le pouvoir, le droit et la douceur ».

vices, propager leur existence inutile,[312] servir d'appât à l'hypocrisie et de salaire au fanatisme... Voilà l'emploi de ta fortune, voilà ce que tu vas faire: applaudis-toi de ton ouvrage.

DORVAL. Tu as raison... Ces pratiques minutieuses, ce puéril esclavage, le cercle étroit de leurs idées, l'esprit d'intrigue et de cabale qui perce chez eux, malgré tous leurs efforts, l'orgueil des uns, la bassesse des autres... plus d'une fois ont révolté mon esprit, ont indigné mon cœur... Je suis ici... Sais-je ce qui m'y a conduit?... Perdu, isolé dans la nature entière, faible roseau, battu, renversé par l'orage, j'avais besoin d'appui... Le supérieur de cette maison... et c'est pourtant lui qui seul a causé mon malheur... c'est par ses conseils qu'Eugénie... Mais il s'excuse... Il la regrette, il la pleure avec moi... il me console... Je n'ai trouvé que lui de qui le cœur s'ouvrît à mes chagrins, dont le sein reçût mes larmes, dont la voix calmât mon désespoir... Je suis ici...[313] et c'est là qu'elle repose... C'est là qu'est renfermée sa cendre... Un mur seul nous sépare... Je vis auprès de son cercueil, je suis encore près d'elle, et je mourrai près d'elle.

M. DE FRANCHEVILLE. Malheureux! Malheureux! Sais-tu dans quelles mains tu t'es livré?

DORVAL. Que dis-tu?

M. DE FRANCHEVILLE. L'as-tu bien étudié cet homme que tu regardes comme ton appui, que tu nommes ton consolateur?

DORVAL. Le Père Laurent?...

M. DE FRANCHEVILLE, *regardant autour de lui.* Je tremble pour toi que l'on ne vienne nous surprendre, qu'on puisse nous écouter. Prête l'oreille; connais-tu le Père Louis?

DORVAL. Je l'ai vu quelquefois... et j'ai remarqué souvent que l'on affectait de ne me laisser jamais seul avec lui.

---

[312] MS 384 ajoute: « leurs pernicieuses maximes ».

[313] Barba 1796 ajoute: « le monde me rappelle ».

M. DE FRANCHEVILLE. Il est venu chez moi, il m'a écrit; mais dois-je?... Si tu étais capable...

DORVAL. Quoi! Tu doutes de moi?

M. DE FRANCHEVILLE. Je me défie de ta raison et non pas de ton cœur. Cependant, il faut que je te sauve, il faut que je m'explique. Ce Père Louis ne m'a point trouvé; il m'attendait ici pour me parler: sa lettre me l'annonce. Je suis venu, j'attends depuis une heure. Il ne paraît point. On m'a assuré qu'il était sorti et qu'à son retour il viendrait me rejoindre dans une salle voisine de celle-ci. Ne le voyant point, l'impatience me gagne, je sors du parloir, j'erre dans le corridor, j'entends ta voix et j'arrive auprès de toi. Ce que ce Père Louis avait à me communiquer, m'écrit-il, te concerne, et paraît pour toi de la plus grande importance. Au défaut des lumières que nous en aurions pu tirer, voici sa lettre. Je vais te la lire, et toi-même après décideras de ton sort.

SCÈNE IV.

DORVAL, M. DE FRANCHEVILLE, LE PÈRE LAURENT.
À l'instant où M. de Francheville déplie la lettre pour la lire, paraît le père Laurent.

LE PERE LAURENT. Je vous savais ici, Monsieur, et n'ai pas voulu priver votre ami du plaisir de vous voir encore et de vous entretenir; mais voici l'heure où notre règle nous prescrit la solitude, et vous pardonnerez à mon devoir...

M. DE FRANCHEVILLE. J'entends, Monsieur, il faut que je me retire. Mais ne puis-je obtenir de vous un quart d'heure seulement d'entretien avec Dorval?

LE PERE LAURENT. J'ai déjà pour vous, Monsieur, enfreint la scrupuleuse observance de notre discipline; il ne m'est pas possible d'étendre plus loin ma complaisance.

DORVAL. Quoi! mon Père... Un quart d'heure.

LE PERE LAURENT. Ah! que demandez-vous, mon frère? On veut m'enlever mon ami, le tendre ami qu'a choisi mon cœur. Celui qui sera après Dieu ma consolation dans les peines de la vie...

Et je ne m'opposerais pas aux efforts que l'on tente pour me priver du seul bonheur dont le ciel permet que je jouisse?... Mon frère, on veut nous séparer... L'éloquence de Monsieur me fait trembler. Non, je ne puis, je ne dois pas vous abandonner aux séductions touchantes de l'amitié... Non, je ne puis vous permettre de fixer vos yeux sur les plaisirs toujours trompeurs de ce monde attrayant qui vous rappelle, et où l'on veut vous entraîner. Non, vous m'avez promis un frère, un ami, je touche au moment de l'obtenir, de m'enchaîner à lui pour jamais, je ne renonce point à la plus chère de mes espérances, et celui dont j'ai recueilli les larmes, dont j'ai plaint les malheurs, celui qui dans mon sein a trouvé les plus douces consolations ne payera point ma tendresse de la plus cruelle et de la plus noire ingratitude.

M. DE FRANCHEVILLE. Je suis aussi son ami, Monsieur, et un sincère ami, qui lui conseille de ne point renoncer à la société pour laquelle il est fait, à laquelle il doit aussi ses talents et l'exemple de ses vertus; un ami qui l'exhorte à ne point s'ensevelir dans un cloître, à se défendre de ce que j'appelle, moi, de véritables séductions, enfin à ne point donner la préférence au choix d'un état où l'on ne voit que soi, où les autres ne sont plus rien; un état, qui jadis, peut-être, eut un but louable, des vues saintes et des travaux utiles; mais où ceux qui l'ont embrassé, déchus depuis longtemps[314] de leur humilité primitive, font, au milieu des richesses le serment de pauvreté, se dévouent à l'obéissance, et affectent la rébellion; jurent à Dieu... Je n'en dirai pas plus et vous devez m'entendre. Oui, Monsieur, jusqu'au dernier moment je conjurerai mon ami de ne point embrasser l'égoïsme qui vous rassemble, je le conjurerai de rentrer dans la monde... Et l'on ne me soupçonnera pas de vouloir envahir sa fortune.[315]

LE PERE LAURENT. Et vous me laissez accabler, mon frère! Vous qui connaissez mon cœur, vous savez si jamais je vous ai le premier parlé de ces richesses, que sans crime peut-être je

---

[314] MS 384 et Barba 1796: « maintenant ».

[315] « Envahir » la fortune de quelqu'un signifie, pour le *Dictionnaire de l'Académie* (1762), « prendre par force, par violence, par fraude, injustement », et pour Féraud: « usurper ».

pourrais désirer, puisqu'elles n'entreraient dans nos mains que pour passer dans celles des infortunés... Que vous-même, vous nous aideriez à répandre... Vous détournez les yeux, mon frère, vous évitez mes regards... Je le vois, j'ai perdu mon ami.

DORVAL. Ah, jamais!... Non, jamais... je n'oublierai quelle part vous avez pris à mes peines; ce que je dois à vos soins consolateurs... quelle pitié touchante vous m'avez témoignée... mais je sens...[316]

M. DE FRANCHEVILLE. Du courage, mon ami... Sois homme et rends à ta patrie[317] un citoyen vertueux.

LE PERE LAURENT, *avec une douceur feinte*. Rentrez dans le monde puisque telle est votre volonté... Je ne m'y oppose plus... Vous y trouverez sans doute un bonheur et des plaisirs que le cloître ne pourrait vous offrir... Oui, je le conçois, dans le tumulte de la société, environné d'objets séduisants qui n'épargneront rien pour vous plaire, vous oublierez facilement cet objet adoré pour qui vous vouliez vous immoler.

DORVAL. Cruel, qu'avez-vous dit?...

LE PERE LAURENT. En effet, et pourquoi renoncer à tout... pour une cendre insensible?

DORVAL, *avec un mouvement de douleur, se jetant dans les bras du père Laurent*. Eugénie!

LE PERE LAURENT. C'est là que repose sa dépouille mortelle...

DORVAL. Eugénie!

M. DE FRANCHEVILLE. Ces discours insidieux...

LE PERE LAURENT. Celle que Dieu lui-même ne balançait point encore dans votre cœur sera bientôt oubliée, abandonnée.

DORVAL. Jamais, jamais.

---

[316] Barba 1796: « mais il faut l'avouer, les discours de Francheville... les devoirs qu'il me rappelle... ma patrie offerte à mes regards... ».

[317] Barba 1796: « à ton pays ».

M. DE FRANCHEVILLE, *avec chaleur*.[318] Ah! garde-toi...

LE PERE LAURENT. Vous vouliez, disiez-vous,[319] vivre et mourir auprès d'elle.

DORVAL, *avec explosion*.[320] Je l'ai juré... Je tiendrai mon serment... *(À M. de Francheville.)* Adieu, mon ami... je rends justice à ton zèle, mais j'ai pris mon parti, il est irrévocable... Embrasse-moi.[321]

M. DE FRANCHEVILLE. Cruel, tu pourrais...[322]

LE PERE LAURENT, *à part*. Je l'emporte!

M. DE FRANCHEVILLE. Tu te perds malheureux! Écoute au moins...

DORVAL. Adieu, je meurs au monde... Adieu, n'oublie[323] jamais que j'ai vécu pour t'aimer. *(Il sort précipitamment.)*

SCÈNE V.

M. DE FRANCHEVILLE, LE PÈRE LAURENT.
M. de Francheville reste quelques moments la tête baissée, les bras croisés sur la poitrine, dans une consternation profonde.

---

[318] Barba 1796: « avec la plus grande chaleur ».

[319] MS 384 et Barba 1796: « vous deviez ».

[320] « Explosion » appartient au lexique de la physique et désigne l'« action d'une chose qui en chasse une autre de la place qu'elle occupait », ainsi que le « bruit, éclat, mouvement que fait la poudre à canon et autres mélanges de salpêtre et de soufre quand ils s'enflamment ». Le *Dictionnaire* de Féraud note aussi qu'« on l'emploie beaucoup au figuré aujourd'hui ». L'expression « avec explosion » revient à trois reprises dans la pièce, désignant un jeu placé sous le signe de l'énergie et du naturel.

[321] D'après *L'Esprit des journaux, français et étrangers* (mai 1791, p. 300-309), « ce trait [...] produit le plus grand effet au théâtre » (p. 305).

[322] Réplique supprimée dans Barba 1796.

[323] Barba 1796: « N'oubliez », ce qui complique quelque peu le sens de la phrase et le référent du « tu » (qui désigne alors vraisemblablement Eugénie).

LE PERE LAURENT, *l'examine avec une joie maligne, et après un instant de silence, il s'approche de lui et lui dit d'un ton hypocrite*. La nuit est arrivée, Monsieur, et le cloître va se fermer.

M. DE FRANCHEVILLE. Je lis dans votre âme. Votre joie cruelle éclate malgré vous; mais votre triomphe sera[324] court. J'ai des yeux; ils sont fixés sur vous... Tremblez. *(Il sort.)*

SCÈNE VI.

LE PERE LAURENT, *seul*. Tremble toi-même... Tu ne sais pas jusqu'où notre vengeance peut atteindre.[325]

SCÈNE VII.

LE PÈRE LAURENT, LE PÈRE AMBROISE.[326]

LE PERE AMBROISE, *tenant une petite lanterne allumée*. Je viens de rencontrer Dorval, agité, éperdu... Ah! que j'ai craint pour nous l'issue de l'entretien que vous venez d'avoir.

LE PERE LAURENT. J'ai vu l'instant où tout était perdu... Dorval nous échappait.

LE PERE AMBROISE. Quoi? Les conseils de ce Francheville...

LE PERE LAURENT. L'emportaient sur tous mes efforts.

LE PERE AMBROISE. Quoi! son amour? Quoi! l'égarement de sa raison?...

LE PERE LAURENT. Voilà ce qui nous a sauvés. On l'entraînait, il fuyait; le nom d'Eugénie prononcé a retenu ses pas, nous l'a

---

[324] MS 384 et Barba 1796: « peut être ».

[325] Dans la version de 1830, on trouve, à la place: « Tu ne sais pas ce que c'est que la haine d'un prêtre », réplique accompagnée d'une note: « Historique. Paroles de Frilay, curé, jugé à Rouen et condamné aux travaux à perpétuité pour assassinat ». Ce fait-divers eut lieu en 1829-1830.

[326] Dans MS 384, appelé le Père Bazile.

rendu... Il est à nous, et sa fortune va réparer les maux qui peut-être nous attendent.

LE PERE AMBROISE. Quoi! Vous croyez qu'on oserait...

LE PERE LAURENT. On ose tout.[327] Nous devons nous préparer à tout, notre existence n'a peut-être plus qu'un moment.[328]

LE PERE AMBROISE. Mais comment, avant le coup qui nous menace, s'emparer de la fortune de Dorval, la réduire...?

LE PERE LAURENT. Elle est tout entière dans son portefeuille.

LE PERE AMBROISE. Et se dessaisira-t-il?

LE PERE LAURENT. J'en ai sa parole... Et la vengeance suivra de près le sacrifice.

LE PERE AMBROISE. Mais ce Francheville, ne le craignez-vous pas?[329] Il aime Dorval, il veillera sur lui... Comment soustraire à son œil inquiet, observateur?...[330]

---

[327] Barba 1796: « À présent on ose tout, on est désabusé de tout ».

[328] MS 384 ajoute ici (barré): « LE P. BAZILE. Cependant, vous aviez l'air de vous flatter... LE P. LAURENT. Aux yeux des autres, mais les miens ont vu venir de loin le coup prêt à nous anéantir. Qu'il s'arrête encore quelques instants... qu'un mois encore, il reste suspendu... et je brave tous les événements. Père Bazile, vous suivrez mon sort. Nos cœurs, nos esprits, nos penchants, tout s'accorde. Vous m'avez bien servi, vos soins ne seront pas perdus. J'ai réalisé tout ce dont ma place m'a permis de disposer, tout ce que ce que j'ai pu distraire de ces biens que l'on s'apprête à nous ravir, tout ce qui nous fera jouir ailleurs d'une liberté que l'on prétend, dit-on, nous rendre, mais qui serait limitée, et que je veux sans bornes. La fortune de Dorval, ajoutée à mes trésors cachés! ».

[329] Barba 1796 ajoute ici: « Élu maire de cette ville, fort de la confiance de ses concitoyens, il a bien du pouvoir ».

[330] Biffé dans le MS 384 (avec la signature B.): « LE P. LAURENT. C'est que bientôt peut-être il ne nous sera plus permis d'en recevoir. C'est demain que son sort se décide et... Reposez-vous en sur mon adresse... L'abandon total de sa fortune suivra de près le sacrifice de sa liberté... Nous savons après ce qui nous reste à faire et de l'homme et de ses bienfaits. Ses richesses nous deviendront utiles, mais ce qui pour mon cœur est un besoin plus pressant, c'est celui de la vengeance, c'est l'espoir de contenter ma haine, de punir à jamais et par un supplice affreux le rival que je déteste, par qui j'ai tout perdu et que ma fureur voudrait poursuivre encore dans la tombe où bientôt je vais l'ensevelir...

LE PERE LAURENT. Comment en ai-je imposé à tous les yeux sur le sort de ce malheureux qui depuis un mois a terminé sa carrière, qui, vingt ans entiers, expia dans nos cachots profonds le crime d'avoir révélé les mystères de notre conduite intérieure? N'ayez aucune inquiétude, je ne demande que du temps, et il m'en faut peu pour exécuter mes desseins. Un mois encore, et qu'après, les régénérateurs de l'empire[331] anéantissent, s'ils le veulent, jusqu'au nom que nous avons porté.

LE PERE AMBROISE. N'oublions pas non plus ce Père Louis.

LE PERE LAURENT. Son sort est décidé, et demain... Mais j'entends du bruit... C'est Dorval que son agitation ramène encore dans ces lieux... qui peut-être croit y retrouver M. de Francheville... Retirons-nous. J'ai plusieurs faits importants encore à vous communiquer. Avertissez nos amis de se rendre chez moi; nous rejoindrons Dorval, et n'épargnerons rien pour l'affermir dans les dispositions qui nous sont nécessaires. *(Ils sortent.)*

SCÈNE VIII.

DORVAL, *seul*.[332] J'ai entendu parler, et je croyais reconnaître sa voix... Francheville!... comme je l'ai quitté! Ô ma raison, qu'es-tu devenue? Il est parti... Et c'est demain... *Tu te perds malheureux!* m'a-t-il dit... C'est depuis un an que je suis perdu, que j'ai tout perdu... Quelle perte me reste-t-il encore à faire? La vie?... Trop heureux! trop heureux si le moment n'en est pas éloigné!

Eugénie... Passion, rage, désespoir, Eugénie, toi que j'adorais... toi qui m'avais en horreur, toi que Dorval avait su captiver... Qu'une vengeance horrible, épouvantable, comble sur lui les crimes que tu m'as forcé de commettre ».

[331] Le mot « régénérateur » n'apparaît dans le *Dictionnaire de l'Académie* qu'en 1798, dans le sens de « celui qui régénère ». L'expression, qui appartient au vocabulaire de la Révolution, revient à plusieurs reprises dans les discours prononcés lors de la fête de la Fédération de 1790, ainsi que dans des discours de Mirabeau ou Marat.

[332] Barba 1796 ajoute: « *et cherchant M. Francheville* ».

SCÈNE IX.

DORVAL, LE PÈRE LOUIS.

LE PERE LOUIS. Est-ce vous, Dorval?

DORVAL. Que me voulez-vous?

LE PERE LOUIS. Je vous cherche; il faut que je vous parle... Je veux vous sauver.

DORVAL. Me sauver?

LE PERE LOUIS. M. de Francheville est-il venu? Lui avez-vous parlé?

DORVAL. Oui.

LE PERE LOUIS. Vous a-t-il dit que je lui avais écrit?

DORVAL. Oui.

LE PERE LOUIS. Je n'ai pu le voir... On se défie de moi... J'ai été prisonnier chez moi probablement tant qu'a duré sa visite. Dorval, écoutez-moi. Nous n'avons qu'un moment. Le supérieur et ses dignes amis sont enfermés ensemble, et trament, à coup sûr, quelque nouvelle horreur; rappelez votre raison, ranimez vos forces, voici l'instant du courage et de la résolution. Écoutez-moi, vous avez perdu Eugénie?

DORVAL. Pour jamais.

LE PERE LOUIS. Connaissez l'homme atroce qui lui a donné la mort.

DORVAL. Qui?

LE PERE LOUIS. Votre rival,[333] l'homme qui maintenant a tout pouvoir sur vous, qui demain disposera de votre destinée... Un

---

[333] Biffé dans MS 384: « Le scélérat qui l'adorait, qui seul rompit les nœuds qui vous allaient unir, qui par ses conseils détestables la fit plonger dans un monastère dont l'abbesse depuis longtemps complice de son dérèglement et de ses crimes lui est entièrement dévouée, un monstre qui abusant de l'apparente sainteté de son caractère employa tout pour séduire le digne objet de votre amour, qui n'y pouvant réussir et prêt à voir son hypocrisie et sa scélératesse dévoilées aux yeux

tigre qui vous caresse et qui veut vous déchirer... le Père Laurent.

DORVAL. Lui! Juste ciel!...[334]

LE PERE LOUIS. Vous en doutez?... Il faut donc vous convaincre. Vous vous rappelez l'incendie qui consuma, il y a quelques mois, une partie de ce monastère, sa violence éclata principalement du côté qu'habite notre indigne supérieur; il était absent. Je vole vers le lieu que menaçait le plus pressant danger, son appartement était déjà la proie des flammes, je les traverse, j'entre dans son cabinet, je sauve de la destruction tout ce qui me paraît rare ou précieux. Un bureau était ouvert; je rassemble ce qu'il contient, papiers, argent bijoux, je les dérobe aux flammes; je fuis, emportant avec moi ces objets auxquels je suppose qu'il attache quelque intérêt; je fuis, et, derrière moi, s'abîme dans un gouffre de feu l'appartement que je viens de quitter; je dépose chez moi ce que j'ai arraché de l'incendie, et je vole ailleurs offrir mes soins et donner mes secours. Tout s'éteint, le calme se rétablit, je rentre dans ma cellule. Parmi les papiers que j'avais emportés précipitamment, une lettre se trouve ouverte; l'écriture frappe mes yeux; c'est celle d'une femme. Les premiers mots qu'involontairement je lis m'étonnent, me confondent, et piquent ma curiosité. La lettre était de l'abbesse de ce même couvent dont un simple mur nous sépare. Elle m'apprend qu'il existe entre les deux monastères une communication dont le père Laurent seul et ses affidés ont le secret et font un usage fréquent; cette lettre, monument du scandale et dépôt infernal des plus noires horreurs, anéantit mes scrupules et m'impose le devoir de pénétrer plus avant dans cet abîme d'iniquité. Enfin... j'apprends... Eugénie...

DORVAL. Le Père Laurent, parlez-moi de lui...

---

des hommes, jura la mort de celle qu'il n'avait pu corrompre et plongea dans la tombe l'innocente victime livrée à ses fureurs. DORVAL. Que m'avez-vous dit? Que d'horreurs, et quel est le monstre exécrable.... LE P. LOUIS. L'homme qui maintenant... ».

[334] MS 384 ajoute: « ce n'est pas possible ».

LE PERE LOUIS. Son amour effréné pour Eugénie paraît à découvert par les réponses de l'abbesse; elle sert les odieux projets de ce monstre abominable. Tous deux font jouer, mais vainement, tous les ressorts de la scélératesse, pour séduire, pour corrompre le cœur de votre amante. Elle éclate en reproches, elle veut fuir,[335] elle saisit pendant la nuit un instant qui lui paraît favorable... On l'épie, elle est arrêtée. On prévoit qu'au retour de ses parents, et lorsqu'il faudra la rendre, l'horrible secret sera découvert, Eugénie parlera... On est perdu... L'on n'en saurait douter... La mort d'Eugénie est jurée, tout se prépare, le projet s'exécute, et l'innocence et la beauté descendent dans la tombe, victimes d'un complot exécrable, impie,[336] et pleurées effrontément par les deux scélérats qui viennent de les y plonger.

DORVAL, *tombant dans un fauteuil.* Ô mon Dieu!... ô mon Dieu![337]

LE PERE LOUIS. Dorval revenez à vous... Songez au sort qui vous attend, je suis venu pour vous sauver...

DORVAL. Attendez... Ma tête... mes idées... tout se confond... Il existerait des hommes assez cruels... des scélérats assez endurcis... lui... lui... qui me pressait contre son sein... qui pleurait avec moi... qui me plaignait... qui m'exhortait... Rage... Fureur... Mais non... ce crime... il est trop horrible... il répugne à la nature... il est impossible.

LE PERE LOUIS, *tirant une lettre de son sein.* Lisez, *(Il remet la lettre à Dorval.)* j'ai vu le supérieur vous montrer quelques billets écrits par l'abbesse... et où elle affectait de regretter Eugénie... Vous devez reconnaître sa main.

DORVAL. Oui, cette lettre est d'elle. *(Il se place près des flambeaux qui sont sur la table, un fauteuil est derrière lui, il lit d'une voix entrecoupée.)* « Nous sommes perdus, mon cher Laurent, ses parents m'ont écrit, ils peuvent revenir d'un moment à

---

[335] Barba 1796: « elle veut finir ».

[336] Barba 1796: « et votre amante infortunée, impie, est précipitée dans la tombe ». L'adjectif « impie », évidemment, n'a guère de sens appliqué à Eugénie.

[337] Barba 1796, à la place: « Je succombe ».

l'autre; votre farouche et vindicative Eugénie persiste dans ses menaces de tout dire: elle a du caractère et tiendra parole, je la connais. Il ne s'agit plus d'incertitude ni de ménagements dangereux. Elle a voulu fuir, elle peut le tenter encore et réussir. C'en serait fait de nous. Un mot de réponse, et dans trois jours elle ne sera plus en état de nous nuire ». *(Dorval tombe dans un fauteuil.)*

LE PERE LOUIS. La mort d'Eugénie que la date de cette lettre n'a précédée que de trois jours, prouve assez quelle fut la réponse du scélérat; vous savez tout; le crime est avéré, on en veut à vos jours. Vous fûtes un rival qu'on déteste et qu'il fallut tromper pour pouvoir le punir. Vos vœux prononcés, votre fortune abandonnée à leur rapacité, vos amis écartés, tout secours interdit pour vous, la haine et la vengeance fondront sur votre tête. Vous serez mort pour la nature entière, mais vous vivrez pour eux, vous vivrez pour assouvir leur cruauté, pour éprouver tous les tourments, fatiguer toutes les tortures, et périr mille fois, avant que de cesser d'être. *(Dorval reste immobile.)* Vous ne me dites rien? Songez-vous que c'est demain... demain que pour jamais vous vous livrez à leur pouvoir... Sauvez-vous, il en est encore temps, et je puis vous en faciliter les moyens. J'accompagnerai votre fuite... Je vous aurai sauvé, vous me sauverez à votre tour. Je suis suspect, je n'en saurais douter; ma perte est décidée, je le vois, tout me le dit, et peut-être elle est prochaine.[338] J'ai su me procurer une clef du jardin, venez: l'instant est favorable, profitons-en, sortons.

DORVAL, *se levant avec impétuosité*.[339] Où est-il? Où se cache-t-il?... Oui, je te vengerai... Oui, je les punirai tes bourreaux impitoyables... Eugénie... Eugénie... Je t'entends... Tu m'appelles... Tu sors de la tombe... Je te vois... Tu remets dans mes mains le glaive qui doit déchirer leurs détestables cœurs... Donne, je le reçois... et j'en vais faire usage.

LE PERE LOUIS. Qu'allez-vous faire? Que voulez-vous?

---

[338] Barba 1796 ajoute: « et je n'ai qu'un moment pour me soustraire à mes bourreaux, je ne le laisserai pas échapper ».

[339] MS 384 ajoute: « tous ses mouvements sont convulsifs ».

DORVAL. Dévorer son cœur... me baigner dans son sang... Voilà ce que je veux.

LE PERE LOUIS. Vous vous perdez, vous me perdez moi-même.... Arrêtez.

DORVAL. Que je meure, mais qu'elle soit vengée!

LE PERE LOUIS. Éloignons-nous, fuyons.

DORVAL. Moi! fuir?[340]... Mort ou vengeance.

LE PERE LOUIS. Vos cris vont nous trahir... Vous me perdez, Dorval.

DORVAL, *avec des cris*. Eugénie!... Eugénie!...

LE PERE LOUIS. Je fuis... Il faut me suivre... J'entends du bruit... On vient... Malheureux! C'est ma mort et la vôtre... Venez, venez.

DORVAL, *que le père Louis veut en vain entraîner*. Eugénie!... Eugénie!...

LE PERE LOUIS. Périssez donc puisque vous le voulez... *(Il sort du côté opposé à celui où le bruit se fait entendre.)*

SCÈNE X.

DORVAL, *seul, errant sur la scène, hors de lui.*[341] Ciel! Guide mes pas...[342] Où courir... Où le trouver... Mes yeux sont obscurcis... Le désespoir... la rage... Dieu de vengeance...[343] Dieu de fureur, ne m'abandonne pas... Rends-moi la force... Livre à mes coups... Je chancelle... je tombe... je me meurs...! *(Il tombe sur le carreau.)*

---

[340] Barba 1796 ajoute: « ... sans les avoir punis? .. Non, non ».

[341] MS 384 ajoute: « et dans les convulsions du plus affreux désespoir ».

[342] Passage supprimé dans Barba 1796.

[343] Dans Barba 1796: « Guide moi, Dieu de vengeance! ».

SCÈNE XI.

DORVAL, LE PÈRE LAURENT, LE PÈRE AMBROISE, LE PÈRE ANASTASE, LE PÈRE ANDRÉ.

LE PERE LAURENT, *en entrant et même en dehors.*[344] Quels cris font retentir ces lieux? Qui donc ose troubler le saint repos?... Dorval! seul... étendu sur la terre... sans connaissance... Quelqu'un était ici avec lui? Nous avons entendu..

LE PERE AMBROISE. Oui, deux voix se confondaient... Oui, Dorval n'était pas seul ici... Cherchons...

LE PERE LAURENT. Notre premier soin doit être de le secourir... Nous saurons bien après... Lui-même il nous dira...[345] Dorval... mon frère, revenez à vous... Mon cher Dorval...

DORVAL. Qui m'appelle?

LE PERE LAURENT. Celui qui vous chérit comme un père, que l'état où vous êtes, réduit au désespoir... Mon cher Dorval...

DORVAL. Où suis-je?

LE PERE LAURENT. Dans les bras de l'ami le plus tendre...

DORVAL, *après l'avoir fixé et le repoussant avec horreur.* Toi!... toi!... Ô mon Dieu!

LE PERE LAURENT. Vous me repoussez, mon frère? Quoi! je parais vous faire horreur?…

DORVAL. Horreur!...

LE PERE LAURENT. Ah, juste Dieu! Quel est mon crime?

DORVAL. Ton crime!... Quel est ton crime? Tu le demandes, monstre exécrable?

---

[344] Barba 1796 ajoute: « Il est suivi de moines qui portent des flambeaux ».

[345] À la place des deux phrases qui précèdent, Barba 1796 propose: « Il est maître encore de sa fortune », ce qui semble plus conforme au caractère du Père Laurent et à la situation.

LE PERE LAURENT. Quel nom! Quelle fureur! Qu'ai-je donc fait?

DORVAL. Ô sécurité perfide!... Ô comble de la scélératesse! Elle est morte et tu demandes quel est ton crime? Quand ta main sacrilège a signé son arrêt.

LE PERE LAURENT. Votre raison s'égare... Ô mon ami, reprenez vos sens... regardez-moi... C'est à moi que vous parlez... Je ne mérite pas...

DORVAL. Dieu!... Je suis désarmé... Dieu qui l'entends... Dieu qui as permis tous ses crimes... Donne-moi donc les moyens d'accomplir ta justice, de venger les plus saintes lois violées, ton culte qu'il outrage et le nom d'homme qu'il déshonore.

LE PERE LAURENT, *se jetant à genoux au milieu du théâtre*. Grand Dieu! dont il appelle sur moi la justice et la foudre, pardonne-lui des fautes commises par la démence et non point par son cœur.

DORVAL. Par la démence, scélérat![346] Ce Dieu que ton hypocrisie implore, qui bientôt punira tes forfaits...[347] Il est déchiré le voile qui te cachait. Ton heure est arrivée, la mesure est au comble, et le ciel et la terre vont enfin être vengés.[348] Adieu.

LE PERE LAURENT. Vous ne sortirez pas, arrêtez-le!...

DORVAL, *que les moines arrêtent*. Quoi traîtres!... Vous oseriez.

LE PERE LAURENT. Vous ne sortirez pas... Que parlez-vous de crimes, de vengeances?... Expliquez-vous... il le faut... Je ne crains rien... mais je veux tout savoir.

---

[346] Barba 1796 ajoute: « Non, non... va, mes esprits ne sont plus égarés.. Non, le désespoir et l'excès de malheur m'ont rendu la raison... C'est moi qui l'invoque à mon tour, ce dieu que ton hypocrisie... ».

[347] Biffé dans MS 384: « DORVAL. Ce dieu a retiré son bras étendu sur ma tête... Je vois, je sens, je pense... L'excès du malheur m'a rendu la raison. Adieu, je sors, je quitte pour jamais ce repaire du crime, ce gouffre où sont rassemblés près de toi tous les vices, tous les fléaux qui déshonorent, qui affligent l'humanité.. Adieu ».

[348] Barba 1796: « et l'abîme entrouvert sous tes pas est prêt à t'engloutir ».

DORVAL. Tu ne crains rien?... Lis...[349] (*Il lui montre la lettre de l'abbesse que le père Laurent saisit.*)[350] Dieu! qu'ai-je fait?[351]

LE PERE LAURENT. Tout est connu, je suis trahi...

LE PERE AMBROISE. Nous sommes perdus.

LE PERE ANASTASE. Vous n'avez qu'un moment.

LE PERE AMBROISE. Il n'est qu'un seul parti.

LE PERE LAURENT. Cet arrêt dont tu me menaces a prononcé le tien. Meurs, et qu'avec toi s'ensevelisse à jamais le secret affreux que l'on t'a fait connaître... Saisissez-vous de lui.

DORVAL. Monstres affreux! Quoi! barbares!...

LE PERE LAURENT. Entraînez-le...

DORVAL, *qu'on entraîne*. Dieu puissant, défends-moi... Vils scélérats... tremblez... Secourez-moi, grand Dieu!

LE PERE LAURENT. Étouffez ses cris. (*Les moines l'environnent et lui nouent un mouchoir sur la bouche, il se débat, lutte contre eux, jette des cris inarticulés et sort de la scène traîné par les trois autres religieux*).[352] Point de pitié, périssons s'il le faut, mais périssons vengés.

---

[349] Barba 1796 ajoute: « scélérat ».

[350] Barba 1796: « Dorval lui remet la lettre, et le moment d'après, s'apercevant de son imprudence, il s'écrie, en s'efforçant de la reprendre ».

[351] La dernière phrase est absente dans MS 384.

[352] Dans MS 384, l'édition de 1798 et Barba 1796: « *traîné par les quatre religieux* ».

ACTE IV.

La scène est double et le théâtre représente deux cachots, celui d'Eugénie du côté de la reine;[353] il est éclairé par une lampe de terre posée sur une pierre. Tout le meuble[354] consiste en un paillasson[355] vieux et déchiré, une petite cruche d'huile, une cruche de grès, un pain bis et une pierre pour servir de traversin et de siège à la prisonnière. Le cachot de Dorval, du côté du roi, est, au lever du rideau, plongé dans une obscurité profonde;[356] on y voit deux tombes en pierre noire, avec un anneau à chacune pour lever la grande pierre qui la couvre. Au fond de chaque cachot est une petite porte de fer.

SCÈNE PREMIÈRE.

EUGÉNIE, DORVAL.

EUGENIE,[357] *pâle,[358] mourante, sa tête est nue, ses cheveux épars; elle est vêtue d'une robe blanche déchirée et qui tombe en lambeaux, elle est couchée,[359] c'est le moment de son réveil.* Ô

---

[353] Les expressions « côté de la reine » et « côté du roi » sont remplacées, dans l'édition Barba 1796 par « cachot [...] du couvent des religieuses, à la droite des acteurs », et « celui des Dominicains, à gauche ».

[354] Selon le *Dictionnaire* de Féraud, « Meuble se prend quelquefois collectivement pour toute la garniture d'un appartement, tapisseries, lits, sièges, etc ».

[355] « Paillasson », dérivé de « paille », désigne un « amas de paille renfermé dans un sac de toile, pour servir à un lit », « qu'on met au-devant des fenêtres. L'usage s'en perd tous les jours. Il est plus usité pour signifier une certaine quantité de paille, liée avec de la ficelle, dont on couvre les espaliers des jardins pour les garantir de la gelée » (Féraud).

[356] L'utilisation des quinquets (lampes à huile), initiée au théâtre en 1782, permettait de jouer sur les variations de lumière.

[357] Coup de théâtre: le nom d'Eugénie ne figurait pas dans la liste des personnages.

[358] MS 384 et Barba 1796 ajoutent « exténuée ».

[359] MS 384 et Barba 1796: « elle est couchée sur une natte, une pierre sous sa tête ».

que le sommeil des malheureux est pénible! Quoi! Porter jusqu'au sein du repos le souvenir de ses douleurs et le sentiment de ses peines! Si la faiblesse, si l'anéantissement que j'éprouve ferment un moment ma paupière... des songes affreux m'agitent... un spectre gémissant se présente...[360] le sommeil fuit, et mes yeux s'ouvrent pour observer la mort qui s'avance!... Heureux dans son infortune, celui qui s'endort!... pour ne jamais se réveiller... Il était là... près de moi... j'ai reconnu ses traits à travers le sang dont son visage était souillé... Il me tendait les bras... Il appelait Eugénie!... Cher Dorval! Eugénie n'existe plus pour toi! Ma jeunesse, mes plus douces espérances, la nature, le bonheur, et l'amour, tout, tout est enseveli avec moi dans une nuit éternelle... Et que leur ai-je fait aux cruels qui m'ont ainsi persécutée? Que leur ai-je fait? J'ai résisté à d'infâmes séductions; j'ai vu avec horreur l'amour et les projets d'un homme abominable; mon courage a rendu vains les criminels efforts de sa vile complice... Tous deux j'ai voulu les fuir... Je les ai menacés... Dieu! tu connais mon cœur... tu sais si j'eusse jamais accompli mes menaces... Cependant, ô les cruels! ils m'ont forcée d'entendre prononcer mon arrêt...[361] L'airain funèbre qui annonçait mon trépas a frappé mes oreilles... J'ai vu jusqu'au cercueil trompeur que l'on allait exposer aux regards, à la compassion, aux regrets de ceux qui m'ont aimée... Je descendais vivante dans cet asile de la mort, tandis que des femmes impies, que des hommes sacrilèges priaient aux yeux du peuple, priaient avec audace sur le simulacre de la victime qu'ils dévouaient dans leur âme à des tourments affreux...[362] Tout est fini pour moi. L'espoir de la mort, voilà ce qui me reste... Et quand viendra-t-elle cette mort tant souhaitée? Hélas! L'ordre de la nature n'existe plus pour moi! Les jours, ainsi que mes douleurs, je ne puis plus les compter! Tout se confond dans l'effrayante obscurité, dans le silence absolu qui règne autour de moi... Ce pain noir, cette eau corrompue, uniques soutiens de ma misérable existence, m'ont servi quelques mois à mesurer le temps... Des

---

[360] Barba 1796 ajoute: « il voudrait pénétrer dans ma tombe ».

[361] MS 384 ajoute « J'ai vu tracer mon nom sur le livre de mort ».

[362] MS 384 ajoute « Qui projeta ces crimes? qui les exécuta?.... Un ministre des autels, une épouse d'un dieu! ».

intervalles à peu près égaux séparaient les moments où l'on m'apportait ces malheureux secours... L'ordre a cessé... Cette nourriture grossière ne vient plus que de loin en loin... Pourquoi vient-elle?... Je cesserais d'être... Je ne souffrirais plus.[363] *(Elle parcourt son cachot en chancelant, et s'appuyant sur les murailles.)* Ah! C'est en vain que je le parcours... depuis que je languis dans ces murs odieux... aucune issue... aucune.[364] *(Elle s'arrête et réfléchit.)* Hélas! J'avais conçu quelque espoir! J'entrevoyais un terme à mon infortune, et cette illusion soutenait mon courage. *(Elle se traîne vers le mur de son cachot qui le sépare de celui des Dominicains.)* C'est là... là... qu'on frappait... Oui... L'on eût dit qu'un travail pénible et constant cherchait à se frayer un chemin jusqu'à moi... Mais je n'entends plus rien... Ah, combien j'ai versé de larmes, depuis qu'il a cessé, ce bruit consolateur!... C'est peut-être, disais-je, une captive comme moi... C'est à la liberté qu'elle aspire, sa pitié m'aidera sans doute à recouvrer la mienne...[365] *(Elle prête l'oreille.)* Non... je n'entends plus rien... Elle est morte, l'infortunée!... Ou peut-être elle est libre... Grand Dieu! Je t'en rends grâce pour elle... Morte ou libre, elle est heureuse! et moi... moi!... *(Elle tourne les yeux vers sa lampe qui ne jette plus que de faibles lueurs, et s'élance de ce côté avec autant de vivacité que ses forces peuvent le lui permettre,*[366] *elle se traîne vers la pierre, où sont*

---

[363] Barba 1796 ajoute « mais les barbares! ils ne seraient pas assez vengés! ».

[364] À la place, dans Barba 1796: « ne s'est présentée à mes yeux ». MS 384 ajoute ici: « Aucune issue, aucun moyen de recouvrer la liberté n'est venu frapper mes yeux et n'a ranimé mon courage.... *(Elle remet de l'huile dans la lampe qui est posée sur une pierre.)* Elle va s'éteindre... Ah! Dieu! ne m'abandonne pas... Toi mon unique consolation... flamme active, bienfaisante clarté, toi qui vis seule autour de moi dans cet asile de la mort. *(Elle tire un portrait de son sein.)* Toi par qui je puis jouir encore du seul bien qui me reste.... Dorval. Mes tyrans n'ont pu me le ravir. Il me suivra dans la tombe et recevra mon dernier soupir. Je me soutiens à peine. Ces aliments grossiers et rebutants.. combien d'heures se sont écoulées depuis que je n'en ai fait usage... Ma faiblesse repousse cette nourriture dangereuse qu'appelle vainement le besoin... *(Elle prend le pain, le regarde, et le replace sur la pierre.)* Non, je ne puis ».

[365] MS 384 ajoute ici: « Secondons ses travaux... Alors mes mains... mes faibles mains... Hélas! Mon sang coulait, il arrosait ces murs, et la pierre immobile bravait mes efforts impuissants ».

[366] Cette partie de la didascalie disparaît dans Barba 1796.

déposés la cruche d'eau et le pain noir.) Quoi!³⁶⁷ rien... rien... *(Elle prend le pain, le regarde et le replace sur la pierre.)* Ô mes parents, mes chers... mes cruels parents... vous qui m'avez sacrifiée...³⁶⁸ Un froid mortel... L'instant... serait-il donc enfin arrivé... Dorval! cher Dorval! *(Elle tombe évanouie de faiblesse.)*

SCÈNE II.

LE PÈRE AMBROISE, LE PÈRE ANASTASE.
La porte du cachot des Dominicains s'ouvre et l'on voit entrer le Père Ambroise, le Père Anastase qui pose une lampe sur la pierre.

LE PERE AMBROISE. Non, vous dis-je, celui-ci est impénétrable; on chercherait en vain, jamais on ne parviendrait à le découvrir.

LE PERE ANASTASE. Si M. de Francheville, si le Père Louis qui nous est échappé...

LE PERE AMBROISE. Le Père Louis en qui nous n'avons jamais eu de confiance, qui jamais ne fut initié dans nos mystères, ne peut connaître ce cachot, ni les chemins qui y conduisent, ne craignez rien. On demandera Dorval, je le crois... « Sa raison était égarée... Il a fui... Nous ignorons en quel lieu son délire a pu l'entraîner ». On insistera... « Cherchez »... et toute recherche deviendra superflue... Soyez tranquille...³⁶⁹ La nuit s'avance, nous sommes sans témoins, tout est plongé dans un profond sommeil... Venez... Voici l'instant de la vengeance. *(Ils sortent, la porte du cachot reste ouverte.)*

---

[367] Barba 1796 ajoute: « j'existe encore... et ma vie n'est qu'une longue... une douloureuse agonie... ».

[368] Barba 1796 ajoute: « ... sans pitié... Vous en auriez à présent, si vous voyiez mon sort... Un froid mortel me saisit... Mes yeux s'obscurcissent ».

[369] MS 384 ajoute ici: « ... Il va venir... Qu'il puisse apercevoir toute l'horreur de son sort... Qu'il voie dans ce tombeau comment finissent et quel supplice éprouvent ceux qui nous ont outragés... Celui qui repose ici expia vingt ans une indiscrétion criminelle. Et lui-même pour mourir se plaça dans la tombe que vingt ans il eut sous les yeux. Venez ».

SCÈNE III.

EUGENIE, *se relevant faiblement.* Quoi! je respire encore?... Quoi! Le moment n'est pas encore venu... Il n'est que différé... *(Elle retombe la tête appuyée sur la pierre qui est placée près d'elle.)*

SCÈNE IV.

DORVAL, LE PÈRE LAURENT, LE PÈRE AMBROISE, LE PÈRE ANASTASE, LE PÈRE ANDRÉ.

Dorval un mouchoir sur la bouche et traîné par les trois autres religieux, il se défend faiblement et comme un homme dont les forces sont épuisées, le Père Laurent le premier sur la scène.

LE PERE LAURENT, *à Dorval.* Objet de haine et de fureur, expie ici le crime que mon cœur n'a jamais dû pardonner,[370] vis pour mourir à chaque instant du jour... du jour que tu ne verras plus.[371] *(Il fait signe aux moines de se retirer.)* Adieu, c'est pour jamais. *(En prononçant ces mots il referme la porte du cachot: on entend le bruit des clefs des fortes serrures, des barres de fer.)*

SCÈNE V.

EUGÉNIE *dans son cachot,* DORVAL *dans le sien.*
Dorval toujours le mouchoir sur la bouche et étendu sur la terre, presque entièrement privé de sentiment; il ne lui est échappé pendant la scène précédente que des soupirs étouffés et quelques mots inarticulés. Eugénie toujours assise sur la pierre où elle s'était jetée quand elle est revenue de son évanouissement.

EUGENIE. Ô que je la quitterai avec joie cette dépouille mortelle! Qu'avec plaisir je rendrai à la terre cette vile poussière, qui ne

---

[370] À la place dans MS 384: « expie ici le crime de t'être fait aimer. Pleure l'amour qu'Eugénie eut pour toi, pleure cet amour qui fit mon désespoir et sa perte et la tienne ».

[371] La suite n'apparaît pas dans Barba 1796.

fut un moment animée que pour souffrir et détester l'existence.

DORVAL, *se relevant à demi, s'appuyant sur un bras et arrachant le mouchoir.* Où suis-je? Que sont-ils devenus? Mes yeux chargés de nuages ne distinguent rien, ne voient rien... Ma tête appesantie ne forme nulle idée...

EUGENIE. Qu'est-il devenu? Peut-être, hélas! il pleure en ce moment sur la sépulture de celle... qui vit encore... et qui vit pour l'aimer.[372]

DORVAL. Les ténèbres se dissipent... Je reprends mes esprits... Mes forces se raniment... Les idées se réveillent. *(Avec force.)* Ô ma chère Eugénie!

EUGENIE. Quoi! Cette porte ne s'ouvrira plus... jamais... jamais.[373]

DORVAL, *regardant autour de lui.* Des voûtes... des murs impénétrables... une porte de fer... et rien... *(Il parcourt le cachot et paraît chercher quelque instrument qui puisse en briser les portes, il s'efforce d'arracher la grille de fer.)* Vains efforts!... Rage impuissante!... Désespoir!... Désespoir... *(Il retombe épuisé sur la pierre.)*

EUGENIE. Depuis si longtemps personne n'a paru... Non, elles ne viendront plus... Mes maux ont enfin désarmé leur vengeance... Leur pitié me permet de mourir.[374]

DORVAL, *se relevant avec vivacité.* Il existe un dieu... Et il a souffert... il a permis... Des prêtres! ses ministres!... ceux par qui ce dieu communique avec nous. *(Avec une rage*

---

[372] Dans MS 384 (version n°1 de l'acte IV), à la place: « Elle sonnera cette dernière heure. Alors j'aurai vaincu mon affreuse destinée. Alors plus de chagrins pour moi, plus de regrets, plus de larmes ».

[373] À la place dans MS 384 (version n°1 de l'acte IV): « Ô mort, viens me venger des malheurs de ma vie ».

[374] À la place dans MS 384 (version n°1 de l'acte IV): « Qu'est-il devenu? Peut-être, hélas! il pleure en ce moment sur la sépulture de celle... qui vit encore... et qui vit pour l'aimer ».

concentrée.) Non, non. *(Il retombe dans ses réflexions et s'appuie sur le mur qui le sépare d'Eugénie.)*

EUGENIE, *elle tourne les yeux vers sa lampe qui ne jette plus que de faibles lueurs, et s'élance de ce côté avec autant de vivacité que ses forces le comportent.* Elle va s'éteindre... Ah! Dieu!... Oh! ne m'abandonne pas, toi, mon unique consolation, flamme active, bienfaisante clarté, toi qui vis seule autour de moi dans cet affreux tombeau.[375]

DORVAL, *parcourant son cachot avec toutes les marques de la fureur et du délire.* Le crime... et une justice éternelle!... Le crime... et un dieu qui peut tout! Dieu que je ne puis concevoir! Dieu dont la puissance et les œuvres confondent mes idées et révoltent ma raison... Toi à qui je n'ai pas demandé le don funeste de la vie... toi qui dus prévoir mon affreuse destinée, et qui cependant me jetas sur la terre... toi qui m'as plongé dans l'abîme où je suis... anéantis du moins en moi le sentiment de mon existence... reprends-moi la pensée... Elle irrite mes maux, elle aigrit ma fureur, et n'inspire à mon âme qu'un doute sacrilège et d'horribles blasphèmes. *(Il retombe sur la pierre.)*

EUGENIE. Dorval! Dorval! que de fois ton nom a frappé ces voûtes effrayantes... Hélas! Tu es libre, environné de séductions. *(Elle s'appuie contre le mur de communication.)*[376]

DORVAL, *regardant autour de lui.* Deux tombes!... Une pour moi... Mon dernier asile, le voilà... *(Il s'appuie sur celle qu'il a désignée, et continue.)* C'est là que tout finit... la scélératesse, les crimes des humains, leurs vengeances terribles... C'est là

---

[375] À la place, dans MS 384: « Mon cœur s'est ranimé... Il palpite... Un pouvoir inconnu, un sentiment que je ne puis définir, une force surnaturelle semblent me rappeler à la vie! »

[376] Dans MS 384, à la place: « Quoi, l'espoir renaîtrait?... Quoi, ses illusions consolantes... Présent du ciel! Flatteuse espérance! Tu ne nous quittes qu'avec la vie ».

que tout finit... tout. (*Il va s'appuyer contre le mur qui le sépare d'Eugénie.*)[377]

EUGENIE. Mais que se passe-t-il donc en moi? Quel trouble involontaire... quel sentiment que je ne puis comprendre.[378]

DORVAL. Que vois-je?[379] Sur cette pierre... on a gravé... *(Il lit.)* Cherchez, espérez... *(Avec exclamation.)* Espérez!... Quoi! grand Dieu!... Dans le séjour du désespoir!...[380]

---

[377] Didascalie différente dans MS 384: « *regardant autour de lui. [...] Il en désigne une des deux [...] Il la regarde [...] Il laisse tomber sa tête sur le couvercle, et se relève après un moment de silence. [...]* ». Le manuscrit ajoute, à la fin de la réplique: « Une autre vie... L'éternité... Encore des vengeances... encore d'affreux supplices... Non... non... Malheureux partout... Malheureux pour jamais... non. (*Il s'avance vers l'autre tombe*). Celle-ci sans doute pour celui qui me suivra... Qui peut-être est déjà condamné... Ils ne sont pas encore rassasiés de forfaits. (*Il soulève le couvercle qui tombe appuyé contre le mur et laisse la tombe à découvert.*) Ciel! La mort elle-même... La destruction... toute son horreur! Un homme expiré... Infortuné! Tu fus aussi leur victime.... (*Il reste immobile et contemple le cadavre*). Voilà donc mon unique ami.. celui qui seul va partager mon sort... Jusqu'à mon dernier soupir, je ne verrai que lui... Lui seul me reste dans la nature entière ».

[378] Dans MS 384 à la place: « Mais que se passe-t-il donc en moi? ... Quel charme non encore éprouvé embellit à mes yeux jusqu'à cette horrible prison? »

[379] Dans MS 384: « Que vois-je? ... Du sang... Aurait-il lui-même abrégé ses tourments? (*Il s'approche de la tombe et en retire un linge où est écrite en caractères de sang la lettre qu'il va lire.*) Des caractères?... Un écrit... Ah! lisons... « Qui que tu sois, infortuné que le crime et la vengeance condamneront aux tourments que j'ai soufferts, profite des vains efforts que j'ai tentés pour recouvrer ma liberté. (*S'interrompant.*) Juste ciel! (*Il continue.*) Depuis vingt ans que je péris ici, je suis parvenu à détacher une barre de fer qui lie cette tombe et la muraille... Tu la trouveras sous ma dépouille inanimée ». (*Dorval, fouillant dans le tombeau et en retirant la barre de fer, dit avec explosion*) La voilà! « Elle m'a servi à percer presque entièrement le mur contre lequel est placée l'autre tombe. Sous la pierre qui la couvre sont déposés les décombre que j'en retirai ». (*Il court à la tombe, en soulève le couvercle, et aperçoit les décombres avec un transport de joie.*) Il dit vrai! « Une dalle de pierre a caché mon travail. Reconnais-la au sang dont elle est teinte » (*Il regarde et aperçoit la pierre imprégnée de sang*) C'est elle... Je la vois... (*Il poursuit la lecture.*) « Lève cette dalle et peu d'instants te suffiront pour achever mon ouvrage. L'âge et de longues souffrances ont détruit mes forces. Je m'éteins et n'ai plus que quelques heures à vivre. Adieu. Plains-moi et aime-moi » (*Dorval, se jetant sur le cadavre et l'embrassant*) ».

[380] Barba 1796 place ici: « N'importe... cherchons... parcourons, voyons... ».

EUGENIE. Mon cœur s'est ranimé... il palpite... Un pouvoir inconnu, un sentiment que je ne puis définir, une force surnaturelle semblent me rappeler à la vie!

DORVAL, *parcourant son cachot.* N'importe... Cherchons... Parcourons, voyons... *(Il soulève le couvercle qui reste appuyé contre le mur et laisse la tombe à découvert, avec un cri terrible et reculant d'horreur.)* Ciel! un homme expiré!

EUGENIE. Ô mes souvenirs! Unique bien qu'ils n'ont pu m'arracher... ne me fuyez pas.

DORVAL. Eh quoi! Serais-je environné de décombres?[381]... Un vêtement... des caractères sanglants... Lisons. *(Il lit.)* « Qui que tu sois, profite de mes vains travaux » *(S'interrompant.)* Juste Ciel! *(Continuant.)* « Depuis vingt ans que je péris ici, je suis parvenu à détacher une barre de fer qui lie cette tombe à la muraille, tu la trouveras sous ces décombres ». *(Il fouille dans le tombeau, en retire la barre de fer et dit avec explosion.)* La voilà!... *(Il continue de lire.)* « Une dalle de pierre a caché mon travail, reconnais-la au sang dont elle est teinte ». *(Il regarde, il aperçoit la pierre imprégnée de sang.)* C'est elle!... Je la vois![382] *(Il continue sa lecture.)* « Lève cette dalle, et peu d'instants te suffiront pour achever mon ouvrage; je péris, adieu... Plains-moi et aime-moi ». *(Il se précipite à genoux au milieu du cachot, les mains et les yeux élevés au Ciel.)* Dieu que j'ai blasphémé, Dieu! dont je doutais, que j'ai maudit... pardonne, pardonne-moi, grand Dieu! que ta clémence égale mon ingratitude! Dieu de bonté, signale ta puissance! achève, achève ton ouvrage.[383]

---

[381] Barba 1796: « de cadavres? (Il va vers l'autre tombe qu'il découvre.) ».

[382] Barba 1796: « Voici du sang... en voici! ».

[383] *L'Esprit des journaux, français et étrangers* (mai 1791, p. 300-309), dans le compte rendu qu'il propose de la pièce, célèbre ce moment où « dans un mouvement de l'effet le plus pathétique, [Dorval] se précipite à genoux pour rétracter les blasphèmes qu'il vient de proférer » (p. 306).

EUGENIE. Présent du ciel, flatteuse espérance, tu ne nous quittes qu'avec la vie.

DORVAL, *se relève, saisit la barre de fer, s'élance vers la muraille et travaille à faire sauter la dalle.* La voilà, c'est elle. Oui, j'obtiendrai ma liberté! Tombez murs affreux, tombez... *(Il s'arrête un moment, et s'appuie sur la barre de fer.)* Ô mes forces ne m'abandonnez pas, ranimez-vous, secondez mon courage! *(Il reprend le travail et la dalle tombe.)*

EUGENIE, *avec explosion.* Ciel! Qu'est-ce que j'entends?

DORVAL, *travaillant et les pierres se détachant.* Tout succède à mes vœux... Redoublons mes efforts.

EUGENIE, *s'élançant vers le mur contre lequel Dorval travaille.* Le même bruit! *(Elle se jette à genoux.)* Dieu de miséricorde! Si mes longues souffrances ont désarmé ta colère... ne m'abandonne pas! Prends pitié de celle qui t'implore... Tu le sais, je n'ai pas mérité mes peines... Grâce, grâce! Ô mon Dieu!... Qu'une seconde fois je te doive la vie!

DORVAL. Liberté! liberté! soutiens-moi. *(Les pierres tombent.)*

EUGENIE. Une voix! Je l'entends... Elle a retenti dans mon cœur!

DORVAL, *s'arrêtant.* Quels sons ont frappé mon oreille? *(Il travaille avec plus d'ardeur.)*

EUGENIE, *s'efforçant d'arracher les pierre avec ses mains.* Je te seconderai... Eh quoi! mes faibles mains... Ô désespoir... Non je ne puis. *(Une pierre tombe dans le cachot d'Eugénie et laisse entrevoir d'un caveau à l'autre. Elle voit tomber cette pierre.)* Juste Ciel!

DORVAL, *étonné.* Un cri s'est fait entendre.

EUGENIE, *s'élançant vers la muraille entrouverte.* Qui que vous soyez, ayez pitié de moi... Sauvez-moi... Sauvez-moi...

DORVAL. Une femme!... Ah grand Dieu! Du courage, Madame, du courage!... Encore un moment et nous sommes libres!...

EUGENIE. Qu'a-t-il dit? Quels accents!... Se pourrait-il? *(Elle regarde: une seconde pierre en tombant forme un plus grand jour. Elle aperçoit Dorval à l'aide de sa lampe qu'elle a portée avec elle.)* C'est lui! Je me meurs!... *(Elle tombe de sa hauteur sur terre, la lampe s'éteint.)*

DORVAL, *travaillant toujours avec la plus grande énergie.* Sans doute encore une victime... Je la délivrerai ou je périrai avec elle. *(Les pierres tombent;*[384] *il entre dans le cachot d'Eugénie, qui est toujours évanouie et dont les cheveux cachent entièrement le visage; il reste à l'entrée de la brèche et voyant qu'on ne lui répond pas, il rentre dans son caveau prendre sa lampe, et s'avance près d'Eugénie.)* Un cachot!... Malheureuse!... Elle est évanouie... Ah! Revenez à vous!... Reprenez vos esprits! Que votre libérateur, que votre ami ne vous inspire aucun effroi. *(Dorval a posé sa lampe à terre, il est à genoux auprès d'Eugénie, la soulève doucement, la soutient du bras gauche, et, de la main droite, écarte les longs cheveux qui lui dérobent les traits,*[385] *elle se ranime.)*

DORVAL, *avec un cri terrible.* Eugénie! Dieu! C'est elle, Eugénie!

EUGENIE, *ouvrant les yeux.* Qui m'appelle... Le voilà!

DORVAL. Eugénie!

EUGENIE. Cher Dorval.

DORVAL. Tu vis!...

EUGENIE. Je te revois...

DORVAL. Les barbares! Que de maux ils t'ont fait souffrir!

EUGENIE. Des maux? Ah! dis-moi que tu m'aimes... ils sont tous oubliés.

DORVAL. Si je t'aime! Ô moitié de ma vie! Chère épouse!... Reprends tes forces... Renais à l'espérance; aide ton ami qui

---

[384] Barba 1796: « et finissent par lui ouvrir un passage ».

[385] Barba 1803: « la prisonnière ».

va briser et ses fers et les tiens... La liberté, la vie et le bonheur, voilà le prix de nos efforts.

EUGENIE. Privée d'espoir, l'amour seul m'a soutenue, il a bravé les douleurs et la mort... Juge quand je te revois, s'il permet à mon âme le découragement et la faiblesse... *(Bruit.)*

DORVAL. Ciel! Qu'est-ce que j'entends? *(Du côté du cachot de Dorval on entend des cris, un bruit, un tumulte qui va toujours en augmentant.)*

EUGENIE. Des voix confuses... des cris tumultueux...

DORVAL. Serions-nous découverts?...

EUGENIE. Ah! nous sommes perdus!

DORVAL. On se précipite en foule à la porte de mon cachot... Adieu... C'est pour jamais.

EUGENIE. Moi! Te quitter?

DORVAL. Reste ici...

EUGENIE. Rien que la mort peut nous séparer.

(Dorval rentre dans son cachot et entraîne Eugénie qui s'attache à lui; il est armé de la barre de fer qui lui a servi à démolir.[386] *Eugénie se saisit de deux pierres; Dorval est devant elle, le bras levé. Les débris du mur sont épars çà et là. La tombe qui renferme le cadavre est ouverte. On entend du dehors le Père Louis criant avec force:)* Voici la porte, je la reconnais... C'est ici, courage mes amis... Frappez, brisez... arrachez... Du courage, du courage. *(La porte du cachot est renversée, le premier qui paraît est le Père Louis, conduisant M. de Francheville, décoré comme un maire de ville,*[387] *suivent des gardes nationaux armés de fusils et de haches; viennent ensuite M. et Mme de St. Alban, Picard et tous les domestiques, les officiers municipaux et la troupe se répandent*

---

[386] Barba 1796 précise: « *le mur de communication* ».

[387] À partir de là MS 384 propose: « *Des gardes les suivent et traînent avec eux le P. Laurent* ». La suite est conforme.

également dans les deux cachots.)[388]

SCÈNE VII, et dernière.

EUGÉNIE, DORVAL, LE PÈRE LOUIS, M. DE FRANCHEVILLE, M. et Mme DE ST. ALBAN, LES OFFICIERS MUNICIPAUX, LA GARDE NATIONALE, TOUS LES DOMESTIQUES, DU PEUPLE.

LE PERE LOUIS, *montrant Dorval à M. de Francheville.* Le voilà, le malheureux! le voilà![389]

DORVAL. Ciel!

M. DE FRANCHEVILLE, *embrassant Dorval.* Ô mon ami! *(Il aperçoit Eugénie, recule un pas et dit.)* Que vois-je?

EUGENIE, *se jetant à son cou.* C'est Eugénie...[390]

M. ET MME DE ST. ALBAN. Ma fille! ma fille! mon Eugénie![391]

EUGENIE, *serrant son père dans ses bras.*[392] Ô ma mère! ma mère... Revoyez-moi... Ne me haïssez plus.

MME DE ST. ALBAN, *revenant à elle.* Te haïr! Éternelle justice! Vous avez vu mon crime, et c'est ainsi que vous me punissez.

---

[388] Barba 1796 place à la fin de la didascalie la réplique du Père Louis et la fait suivre de: « *La porte du cachot est brisée, enfoncée à coups de hache et de levier* ». Dans la version de 1830, tout le monde entre « *en entraînant les religieuses et les dominicains qu'ils ont surpris dans le couvent de femmes* ». C'est également ce qui se produisait dans *Venoni* de Lewis.

[389] Barba 1796 ajoute: « une femme! ».

[390] MS 384 ajoute « FRANCHEVILLE, *avec des cris.* Ma nièce! Eugénie... Eugénie... Mme DE ST-ALBAN, *en entrant.* Que dit-il? M. DE ST-ALBAN, *en entrant.* Qu'avez-vous? DORVAL ET FRANCHEVILLE, *avec explosion.* La voilà! La voilà! »

[391] MS 384 ajoute « *Mme de Saint-Alban tombe dans les bras de son frère. Je me meurs* ».

[392] Dans Barba 1796: « *la serrant dans ses bras* ».

(Elle se précipite aux genoux de sa fille.) Pardonne à ta mère, pardonne-lui.

EUGENIE. Pressez-moi contre votre cœur. *(Elles restent dans les bras l'une de l'autre, tous les domestiques s'empressent autour d'Eugénie[393] qui leur fait à tous les plus tendres caresses.)*

M. DE FRANCHEVILLE. Ô mes concitoyens! Vous voyez les bienfaits de la loi. Vous jugez quels affreux abus elle vient de détruire. Vous connaissez à présent cet homme exécrable qui usurpa si longtemps votre confiance et votre estime.[394] Il est enfin détruit ce pouvoir inique, cet empire odieux;[395] et l'auteur de tant d'atrocités va subir les peines qui lui sont dues.

MME DE ST. ALBAN. Ma fille, mon Eugénie, par quel prodige?

LE PERE LOUIS. Vous savez tout...[396] Mais Mademoiselle a souffert si longtemps: venez, arrachons-la de ce séjour effroyable.

DORVAL, *prenant le Père Louis dans ses bras*. Mon ami, mon libérateur.

M. DE FRANCHEVILLE. C'est à lui que nous devons tout; sans lui, nous n'eussions jamais pu découvrir l'entrée de ces cachots impénétrables.

LE PERE LOUIS. Ils n'ont rien négligé pour les dérober à mes regards. Mais ils me haïssaient et je craignais tout de leur vengeance. Une juste défiance[397] m'a fait suivre leurs pas, observer leurs démarches, et descendre, invisible à leurs yeux, jusqu'aux portes de ces cachots épouvantables.

---

[393] Barba 1796 ajoute: « *ils lui baisent les mains, les vêtements.. Elle embrasse Picard, la femme de charge* ».

[394] MS 384 ajoute: « *(Il aperçoit la tombe ouverte, y regarde et s'écrie.)* Encore un crime... Regardez... Frémissez. TOUT LE MONDE. Oh! Grand Dieu! ».

[395] Barba 1796 ajoute: « que depuis longtemps a fondé l'imposture ».

[396] Lepetit 1792 et Barba 1796: « Vous saurez tout », ce qui est plus cohérent.

[397] MS 384 propose: « l'amour de la vie ».

EUGENIE, *au Père Louis*. Ah! ma reconnaissance...

MME DE ST. ALBAN. Ma vie entière.

M. DE ST. ALBAN. Mon amitié, ma fortune.

TOUS. Nos cœurs, tous nos cœurs...

LE PERE LOUIS. J'ai protégé l'innocence, j'ai défendu la cause de l'humanité, j'ai fait mon devoir et je suis récompensé... Sortons, sortons de ces funestes lieux.[398]

M. DE FRANCHEVILLE.[399] Venez, mes amis, courons tous aux pieds des autels, remercier le Dieu qui nous a réunis, ce Dieu de bonté, qui permet que l'on épure enfin son culte des abus honteux qui le dégradaient; ce Dieu qui pour mieux signaler sa justice permet quelquefois aux méchants le triomphe d'un jour; mais qui ne souffre pas que nous confondions dans nos jugements sévères l'homme de bien,[400] modèle des vertus, objet de nos respects et de l'honneur de la religion, avec le scélérat qui la trahit, mais sans jamais l'avilir.[401]

FIN.

---

[398] MS 384 ajoute ici: « DORVAL, *s'avançant vers la tombe ouverte*. Adieu mon bienfaiteur, adieu... Jamais je n'oublierai ce que je te dois... Ce qui reste de toi, mortel infortuné, recevra le tribut de mes larmes et de mon éternelle reconnaissance. TOUS. Chère Eugénie... Dorval! ».

[399] Cette dernière réplique est omise dans Barba 1796, qui conclut sur ces mots du Père Louis: « Vous allez vous unir par des nœuds éternels; et moi je vais briser les chaînes que la violence m'imposa si longtemps... On m'avait fait un besoin de l'égoïsme, un devoir du mensonge, une loi de l'hypocrisie... Un décret bienfaisant me rend à la vérité, à ma patrie, à la nature!.... *La toile tombe* ». Les deux dernières phrases seront omises à partir de l'édition de 1826.

[400] Dans MS 384: *montrant le P. Louis*.

[401] La version de 1830 s'achève ainsi: « FRANCHEVILLE. Venez mes amis, courons tous aux pieds des autels remercier ce Dieu qui ne souffre pas que nous confondions, dans nos jugements sévères, l'homme de bien, modèle des vertus et l'honneur de la religion, avec le scélérat qui la trahit, mais sans jamais l'avilir. TABLEAU ».

ANNEXE 1

BIOGRAPHIE DE MONVEL[402]

25 mars 1745:
Naissance à Lunéville, à la cour du Roi de Pologne, de Jacques-Marie Boutet.

Entre 1755 et 1760:
Entrée au collège des Quatre-Nations.

1760:
Son père, François Boutet devient directeur de troupe à Amiens puis à Liège et se fait appeler Boutet de Monvel.

1764:
François Boutet de Monvel obéit à un ordre de début à la Comédie-Française signé le 30 juin par le maréchal duc de Richelieu et le duc de Duras. Il débute dans les « rôles à manteau ». Mais il n'est pas reçu. De 1767 à 1771, il joue à Lille, où il se lie à Dazincourt et d'Hannetaire.

1765:
Premier texte de Jacques-Marie: une pièce manuscrite de près de cinq cents vers intitulée *La Galiote d'Avignon*.

4 septembre 1768:
Naissance d'un fils, Noël-Barthelémy Boutet de Monvel. La mère est Jeanne-Marie Michelet, comédienne qui a débuté à la Comédie-Française dans les rôles de jeunes princesses de tragédie et de jeunes premières de comédie. Reçue dans les rôles d'utilités, elle préfère cependant poursuivre sa carrière en province. Elle partira en Russie en 1776.
Monvel est alors acteur à Lyon, dans la troupe de Rosimond, puis à Genève (jusqu'en 1768), Marseille, Nantes, où il reçoit du maréchal duc de Richelieu l'ordre de débuter à la Comédie-Française en 1770.

---

[402] Nous tirons notre information du livre de Roselyne Laplace, *Monvel, un aventurier du théâtre au siècle des Lumières* (Paris: Champion, 1998).

28 avril 1770:
Monvel joue pour la première fois dans la troupe des Comédiens-Français les rôles d'Égisthe dans *Mérope* et d'Olinde dans *Zénéide*, comédie de Cahusac. Accueil favorable. Il est ensuite distribué dans 19 rôles en 15 jours.

18 mai 1770:
Monvel est reçu à l'essai pour jouer « tous les rôles où il sera jugé nécessaire pour l'utilité de la troupe ». Il est distribué 238 fois jusqu'à la fin de l'année, principalement dans des comédies.

30 juillet 1770:
Première création: Monvel joue le jeune brahmine dans *La Veuve du Malabar,* tragédie anticléricale de Lemierre.

14 juillet 1770:
Monvel joue pour la première fois à la cour, à Versailles, lors des représentations données pour le mariage du Dauphin.

10 avril 1772:
Il est nommé Sociétaire de la Comédie-Française à quart de part.

28 septembre 1772:
Première, à la Comédie-Italienne de *Julie,* comédie en trois actes mêlés d'ariettes de Monvel sur une musique de Dezède. L'auteur est appelé par le public à la fin de la représentation.

14 juin 1773:
Il fait jouer *L'Erreur d'un moment, ou la suite de Julie,* comédie mêlée d'ariettes. Succès considérable au Théâtre-Italien.

1773:
Le Stratagème découvert, comédie mêlée d'ariettes de Monvel avec musique de Dezède est retirée de la Comédie-Italienne après la première représentation. Le Dauphin et la Dauphine ont assisté *incognito* à la première.

9 avril 1773:
Monvel reçoit un quart de part d'augmentation.

Mars-avril 1773 :
Monvel compose et prononce les compliments de clôture et de rentrée de la Comédie-Française.

23 novembre 1774 :
Monvel est nommé au Comité d'administration de la Comédie-Française. Il devient responsable des décorations, du magasin, des machinistes, tailleurs et autres gagistes.

26 mars 1777 :
Il reçoit un quart de part supplémentaire, ce qui le met au rang des sociétaires à part entière.

1775 :
Il publie à Londres un roman historique, *Frédégonde et Brunehaut*, bien accueilli.

24 mai 1777 :
Il fait jouer à la Comédie-Italienne *Les Trois Fermiers* (musique de Dezède), comédie en deux actes et en prose mêlée d'ariettes, inspirée par un fait-divers.

13 août 1777 :
Il fait jouer à la Comédie-Française *L'Amant bourru*, comédie en trois actes et en vers (qui avait été reçue à l'unanimité le 2 décembre 1774). Première en présence de la reine, à qui la pièce est dédiée.

6 octobre 1777 :
Il fait jouer à la cour, à Choisy, *A.E.I.O.U*, tragédie burlesque.

10 décembre 1778 :
Représentation au Théâtre-Italien de sa pièce, *Jérôme ou le Porteur de chaise*, comédie-parade mêlée d'ariettes (musique de Dezède).

Février 1779 :
Naissance de la future Mlle Mars, fille de Monvel et de Jeanne-Marguerite Salvétat, comédienne.

1780:
Représentation à la Comédie-Française de *Clémentine et Désormes,* drame en cinq actes et en prose de Monvel (reçu à l'unanimité le 28 mai 1776).

2 juillet 1781:
Ayant quitté Paris et la Comédie-Française pour fuir divers scandales, Monvel arrive à Stockholm, engagé au service de Gustave III, roi de Suède.

13 février 1782:
Monvel fait jouer en Suède *Le Chevalier français ou Tout pour l'amour,* comédie en cinq actes et en vers.

30 juin 1783:
Représentation en son absence à la Comédie-Italienne de *Blaise et Babet ou la suite des trois fermiers,* comédie mêlée d'ariettes (musique de Dezède). Grand succès.

8 juillet 1783:
Monvel fait jouer devant le roi de Suède *L'Amant malgré lui.*

22 juillet 1783:
Monvel fait jouer en Suède *Jean de Montfort,* tragédie en prose.

17 janvier 1785:
Représentation (en son absence) à la Comédie-Italienne d'*Alexis et Justine,* comédie mêlée d'ariettes (musique de Dezède).

28 février 1786:
Monvel épouse en Suède Catherine-Victoire Leriche de Cléricourt.

24 août 1786:
Création à la Comédie-Française, en son absence, d'une comédie héroïque reçue en 1780, *Le Chevalier sans peur et sans reproche ou les Amours de Bayard.*

Automne 1786:
S'étant vu accorder un congé par Gustave III, Monvel choisit de revenir définitivement en France.

Été 1787 :
Tournée dans les théâtres du nord de la France.

14 mai 1788 :
Monvel fait représenter au Théâtre-Italien, *Sargines ou l'Élève de l'amour,* comédie mêlée d'ariettes, musique de Dalayrac, inspirée par une anecdote de Baculard d'Arnaud.

Juin 1789 :
Monvel reparaît dans un théâtre parisien, aux Variétés Amusantes.

31 octobre 1789 :
Création à la Comédie-Italienne de *Raoul, sire de Créqui,* comédie en trois actes mêlée d'ariettes (musique de Dalayrac).

10 juillet 1790 :
Monvel fait jouer à la Comédie-Italienne *Le Chêne patriotique ou La Matinée du 14 juillet,* comédie en deux actes mêlée d'ariettes qui sera représentée le 14 juillet lors de la fête de la Fédération.

11 février 1791 :
Monvel fait représenter au théâtre de la République *Le Potier de terre ou le Rien bien payé,* comédie en trois actes et en prose. Échec.

28 mars 1791 :
Création des *Victimes cloîtrées* au Théâtre de la Nation, dernière création faite à ce théâtre avant la scission et alors que Monvel fait déjà partie de la troupe rivale. Pourtant un « bon pour la rentrée de M. Monvel au Théâtre-Français, sauf à rédiger des conventions » est signé le 3 avril 1791 par une douzaine de sociétaires du théâtre de la Nation. Sans effet.

Printemps 1791 :
Monvel rejoint les « rouges » sécessionnaires du théâtre de la Nation au théâtre de la Rue de Richelieu et y reprend ses anciens rôles.

10 octobre 1791 :
Monvel fait représenter à la Comédie-Italienne *Agnès et Olivier,* comédie en trois actes mêlée d'ariettes (musique de Dalayrac).

7 décembre 1791:
Monvel crée le rôle du curé de *Mélanie* de La Harpe.

28 décembre 1791:
Monvel fait représenter à la Comédie-Italienne *Philippe et Georgette,* comédie mêlée d'ariettes (musique de Dalayrac).

1792:
Il est nommé Secrétaire du Directoire du Département de Paris

12 janvier 1793:
Monvel fait représenter à la Comédie-Italienne *Ambroise ou Voilà ma journée!,* comédie en un acte mêlée d'ariettes.

9 février 1793:
Il crée au théâtre de la République le rôle de Fénelon dans la pièce de Marie-Joseph Chénier et est couronné sur scène. Mais les attaques contre l'auteur rejaillissent sur lui.

14 octobre 1793:
Représentation au Théâtre-Italien de sa pièce *Urgande et Merlin,* comédie en trois actes mêlée d'ariettes, musique de Dalayrac. Le 16 octobre, cette pièce jugée trop frivole pour des temps de révolution est attaquée par la *Feuille du salut public*. Pour se disculper, Monvel décide de retirer la pièce.

15 novembre 1793:
Monvel est l'un des cinquante membres nommés par la Convention sur présentation du Comité de l'instruction publique pour former le Jury des arts.

30 novembre 1793:
Il prononce dans la section de la Montagne, en la ci-devant église Saint-Roch, un discours pour la fête de la Raison violemment antimonarchique et anticlérical. Grand succès. Une souscription est ouverte pour la publication du texte.

29 janvier 1794:
Autre discours remarqué, dans le Temple de la raison, section Guillaume Tell, *Sur le caractère et les devoirs du républicain.* Après la Révolution, Monvel tentera de faire disparaître ces deux discours.

31 mars 1794 :
Son drame en cinq actes, *Evrard Rixleben ou l'Homme à la main de fer* (d'après Goethe), annoncé dans la presse pour le 1er avril au Théâtre de la République, est interdit à la veille de la représentation. Le texte, perdu, aurait été détruit.

15 décembre 1795 :
Monvel est élu à l'Institut.

26 décembre 1796 :
Il crée, au Théâtre de la République, en collaboration avec Alexandre Duval, *La Jeunesse du duc de Richelieu ou le Lovelace français,* comédie en cinq actes et en prose.

1798 :
Monvel est nommé « maître de la scène » au Théâtre de la République et des Arts.

20 février 1798 :
Monvel rejoint la troupe du Théâtre Feydeau après la fermeture du théâtre de la République. Il y reprend le rôle du père Louis dans la reprise des *Victimes Cloîtrées* (qu'il avait déjà joué en 1795).

23 mai 1799 :
À la Comédie-Italienne, création du *Général suédois,* opéra (musique de Della Maria).

30 mai 1799 :
Réouverture de la Comédie-Française. Monvel a participé à sa reconstitution, en tant que Commissaire. Il y jouera désormais les pères nobles et raisonneurs.

29 juin 1799 :
Création à la Comédie-Française de *Mathilde,* drame en cinq actes et en prose.

Juin 1801- février 1802 :
Monvel entame une tournée dans l'ouest et le sud-ouest.

Avril 1802:
Il triomphe dans le rôle d'Auguste de *Cinna* et impressionne Napoléon, qui comprend alors le personnage.

Décembre 1802:
À la mort de Molé, Monvel devient Doyen des sociétaires de la Comédie-Française.

Mars 1803:
Il obtient, en récompense de sa carrière d'acteur, une gratification annuelle de deux mille francs.

19 avril 1806:
Ultime apparition sur la scène de la Comédie-Française dans le rôle de don Diègue du *Cid*.

1er juin 1806:
Dernière représentation à Saint-Cloud, encore dans *Le Cid,* sur ordre de Napoléon, qui avait décidé de la distribution et réintroduit le rôle de l'Infante.

Avril 1807:
Monvel obtient une chaire de Professeur au Conservatoire impérial.

24 juin 1811:
La Comédie-Française donne une représentation au bénéfice de Monvel (*Esther* et *Les Deux Gendres*).

13 février 1812:
Mort de Monvel.

ANNEXE 2

RELIGION, POLITIQUE ET THÉÂTRE PENDANT LA RÉVOLUTION: CHRONOLOGIE

Date	Événements historiques et politiques	Vie et institutions théâtrales
1789	4 mai: ouverture des États généraux 14 juillet: Prise de la Bastille 4 août: Abolition des privilèges 26 août: Déclaration des Droits de l'homme et du citoyen. 6 octobre: Retour du roi à Paris. 9 novembre: 1ère séance de l'Assemblée constituante.	4 août: La Comédie-Française se fait appeler Théâtre de la Nation. 19 août 1789: Création d'*Éricie ou la Vestale* de Dubois-Fontanelle (1768) septembre: Le Théâtre de la Nation passe sous le contrôle de la Commune de Paris. 4 novembre 1789: Création de *Charles IX* de Chénier.
1790	13 février 1790: Suppression des ordres religieux contemplatifs. 12 juillet: Constitution civile du clergé. 14 juillet: Fête de la Fédération.	Janvier-avril: Tensions au sein de la troupe du Théâtre-Français. 16 avril: Représentation du *Couvent* de Laujon au Théâtre de la Nation. 14 mai: Création du *Comte de Comminge* de Baculard d'Arnaud (1765) au Théâtre de la Nation. Juillet: Brouille des Comédiens-Français avec Talma. Incidents lors de représentations à l'automne. 23 août: Représentation des *Rigueurs du cloître* de Fiévée, à la Comédie-Italienne.

		Octobre: Création du *Couvent ou les vœux forcés* d'Olympe de Gouges. Novembre: Reprise du *Brutus* de Voltaire, avec mise en action du tableau de David.
1791	20 juin: Fuite de la famille royale et arrestation à Varennes. 18 septembre: Proclamation de la Constitution. 1er octobre: Première séance de l'Assemblée législative.	4 janvier: Création de *La Liberté conquise ou La Prise de la Bastille* de Harny (Théâtre de la Nation). 13 janvier: Loi sur la liberté des théâtres. Disparition de la censure préalable. 21 février: Création du *Couvent des Bénédictines* de Riouffe. 25 février: Création du *Mari directeur* de Flins des Oliviers (Théâtre de la Nation). 28 mars: Création des *Victimes cloîtrées* de Monvel (Théâtre de la Nation). 27 avril: Réouverture du Théâtre français de la Rue de Richelieu, avec les « rouges » du Théâtre de la Nation, réunis autour de Talma. Inauguration avec *Henri VIII* de Chénier. 7 décembre: Création de *Mélanie* de La Harpe (1770) au Théâtre de la Rue de Richelieu.
1792	20 juin: Manifestations et invasion des Tuileries. Juillet: Arrivée des Fédérés à Paris.	12 janvier: Ouverture du Théâtre du Vaudeville. 9 février: *Caïus Gracchus* de Chénier (Théâtre de la Rue de

		10 août: « Journée ». Prise des Tuileries. La famille royale est enfermée au Temple. 2 septembre: Début des massacres de septembre. 21 septembre: La Convention succède à la Constituante. Abolition de la royauté et proclamation de la République française. 11 décembre: Début du procès de Louis XVI.	Richelieu). Février: Incidents dans des théâtres. Représentations au bénéfice des victimes du 10 août. Le Théâtre de la Rue de Richelieu devient Théâtre de la Liberté et de l'Égalité, puis, le 30 septembre, Théâtre de la République. 20 octobre: Ouverture du Théâtre du Palais-Variétés.
1793		21 janvier: Exécution de Louis XVI. 8 mars: Appel aux armes. Création du tribunal révolutionnaire. 11 mars: Insurrection en Vendée. Avril: Création du Comité de Salut public. Fin mai-début juin: Insurrection à Paris. Arrestation des Girondins. 13 juillet: Assassinat de Marat. 17 septembre: Loi des suspects. Début de la Terreur. Octobre: Début de la déchristianisation	2 janvier: Représentation mouvementée de *L'Ami des lois* de Laya au Théâtre de la Nation. 16 janvier: interdiction de *L'Ami des lois*. 9 février 1793: Création de *Fénelon* de Chénier (Théâtre de la République). 1er août: Création de *Paméla* de François de Neufchâteau au Théâtre de la Nation. Août: Décret contraignant les théâtres à jouer des pièces patriotiques « pour et par le peuple ». 29 août: Interdiction de *Paméla*. 3 septembre: Fermeture du Théâtre de la Nation et emprisonnement des Comédiens-

	16 octobre: Exécution de Marie-Antoinette. 31 octobre: Exécution des Girondins. 23 novembre: Fermeture de tous les lieux de culte.	Français. 17 octobre: Création du *Jugement dernier des rois* de Maréchal au Théâtre de la République. Novembre: Représentation des *Dragons et les bénédictines* de Pigault-Lebrun.
1794	Mars: Arrestation et exécution des Hébertistes. Avril: Arrestation et exécution des dantonistes. 7 mai: Reconnaissance de l'Être suprême. 8 juin: Fête de l'Être suprême. 10 juin: Début de la grande Terreur. 27 juillet: Arrestation et exécution de Robespierre. 17-21 septembre: Sans-culottides.	Mars: le Comité d'instruction publique est chargé de la surveillance et de l'épuration du répertoire. 9 mai: Interdiction de *Timoléon* de Chénier au Théâtre de la République. Juin: Labussière sauve les Comédiens-Français de l'exécution. Ils seront libérés. 27 juin: Ouverture du Théâtre de l'Égalité, qui accueillera les Comédiens-Français libérés. Octobre-novembre: Création simultanée aux théâtres de l'Égalité et de la République de pièces célébrant la figure de Cange.
1795	Février: Terreur blanche 21 février: Décret reconnaissant la liberté des cultes. Mars: Émeutes de la faim à Paris 1-2 avril: Journées insurrectionnelles contre la	Janvier: Les Comédiens-Français rejoignent le théâtre Feydeau. 24 janvier: Création de *La Bayadère* de Julie Candeille au Théâtre de la République. Incidents dans la salle. 12 février: Reprise des *Victimes*

	Convention. 20-24 mai: autres journées insurectionnelles. Répression. 31 mai: Suppression du tribunal révolutionnaire. 23 septembre: Proclamation de la Constitution de l'An III. 5 octobre: Insurrection royaliste écrasée par le Général Bonaparte. 31 octobre: Directoire exécutif.	*cloîtrées* au Théâtre Feydeau. Reprise au Théâtre de la République le 11 mars. 16 juillet: Interdiction de chanter sur les théâtres d'autres airs que ceux qui figurent dans les pièces annoncées.
1796	10 avril: Début de la campagne d'Italie, menée par Bonaparte. Août: Victoires en Italie.	4 avril: Molé, Préville, Monvel et Grandmesnil intègrent l'Institut.
1797	4 septembre: Coup d'état du 18 fructidor.	16 novembre: Motion de M.-J. Chénier pour limiter le nombre des spectacles à Paris.
1798		Février: Négociations de Sageret pour réunir les troupes du Théâtre Feydeau et du Théâtre de la République. 20 mars: Le bail du Théâtre de la République revient à Sageret. Avril: Les comédiens du Théâtre de la République jouent au Théâtre Feydeau. 1er juin: Sageret récupère le bail de l'Odéon. Mise en place du « système Sageret ».
1799	Coup d'état du 18 brumaire: instauration du Consulat.	Janvier: Révolte des comédiens contre le système Sageret. Maherault reprend le dossier.

		Réunion des deux troupes. 18 mars: Incendie de l'Odéon.

ANNEXE 3

LES VICTIMES CLOÎTRÉES ET LE THÉÂTRE MONACAL

Nous présentons ici quelques textes tirés du versant « sérieux » du théâtre monacal représenté pendant la Révolution, qui offrent avec Les Victimes cloîtrées des points de comparaison, qu'ils aient servi de source, plus ou moins explicite, qu'ils aient été inspirés par la pièce de Monvel, ou qu'enfin, ils témoignent de l'actualité, idéologique et esthétique, de certains thèmes et motifs dramaturgiques.

La dénonciation du cloître

La dénonciation anticléricale passe d'abord par le discours, le théâtre faisant entendre les gémissements, traditionnellement étouffés, des victimes de la claustration conventuelle. Si, dans la plupart des pièces citées ici, il s'agit de jeunes filles, Monvel, lui, déplacera l'enjeu vers le personnage de Dorval, Eugénie n'étant pas victime de vœux qu'elle n'a pas prononcés, mais des manœuvres criminelles de prêtres dévoyés. Il n'en reste pas moins que, comme son amant, elle souffre des conditions de vie offertes à celles qui ont pris le voile, conditions incompatibles avec les exigences de la nature et de la société défendues par les Philosophes.

Dubois-Fontanelle, Éricie ou la vestale, *drame en trois actes et en vers, publié à Londres en 1768, représenté à Paris, au Théâtre-Français le 19 août 1789.*

C'est au moyen d'un détour par la Rome antique (qui n'empêchera pas sa pièce d'être interdite) que Dubois-Fontanelle, en 1768, entreprend de critiquer l'inhumanité de l'institution conventuelle et des vœux forcés. Son héroïne, Éricie, enrôlée dans l'ordre des Vestales sur l'ordre de son père, n'a jamais pu oublier son amant Osmide. Lorsque celui-ci surgit dans le sanctuaire pour la supplier de fuir avec lui, la jeune femme laisse s'éteindre la flamme sacrée. Condamnée par son propre père, grand pontife, à être enterrée vivante, elle choisit, alors qu'elle est sur le point d'être sauvée par Osmide, de se donner la mort.

Dès la scène 1 de l'acte I, Éricie fait entendre la lamentation qui sera celle de toutes les « victimes cloîtrées » qui viendront après elle.

> ERICIE.
>
> Le désespoir, le trouble, la terreur,
> Au fond de cette enceinte étalent leur fureur;
> Sous le poids des devoirs toujours l'âme y soupire;
> Un vautour éternel sans cesse l'y déchire;
> Les sanglots au-dehors n'osent point s'exhaler;
> On repousse des pleurs, qui craignent de couler;
> La vertu même, ailleurs si douce, si paisible,
> Y fait notre supplice, et le rend plus terrible. [...]
> Rome n'est pas témoin de nos gémissements,
> Des cris du désespoir dont ces lieux retentissent.
> On nous vante... et nos fers, sur nous, s'appesantissent;
> L'épaisseur de ces murs en dérobe l'horreur...
> Vous ne connaissez pas tous les tourments du cœur
> Émire, croyez-moi: combien d'infortunées,
> Comme vous à Vesta, par le zèle amenées,
> Gémissant, mais trop tard, de leurs vœux indiscrets,
> Dans un silence affreux, dévorent leurs regrets!
> Il en est... elles sont plus à plaindre peut-être,
> Qui victimes du rang, où le sort les fit naître,
> Et de l'ambition de leurs pères cruels,
> Vinrent, avec douleur, jurer à ces Autels,
> De ne quitter jamais cette enceinte profonde,
> Tandis que tous leurs vœux les appelaient au monde,
> Où mille objets divers présentaient à leurs yeux,
> Une félicité qu'on ignore en ces lieux.
> Ce temple, où doit finir leur obscure carrière,
> Entre elles et le monde, élève une barrière;
> On voudrait la franchir, y rentrer, mais le ciel
> Oppose à leur retour un obstacle éternel;
> Au-delà de ce mur, qui de tout les sépare,
> Leur âme à chaque instant se transporte et s'égare;
> Leurs désirs vont chercher, au milieu des Romains,
> Un bonheur qui les fuit, et de nouveaux destins;
> Mais leurs jours sont liés à ce Temple funeste,
> L'illusion s'éloigne, et le désespoir reste;
> On sent plus vivement la rigueur de son sort,

Et pour briser sa chaîne, on appelle la mort;
La mort sourde à leurs cris, trahit leur espérance.[403]

La Harpe, *Mélanie*, drame en trois actes et en vers, imprimé pour la première fois en 1770, représenté le 7 décembre 1791, au Théâtre de la Rue de Richelieu.

Faublas, pour offrir à son fils une position dans le monde, prend le parti de sacrifier sa fille, Mélanie, en la contraignant à prendre le voile. Amoureuse de Monval, celle-ci s'y refuse, avec le soutien de sa mère et celui, plus inattendu, d'un curé compatissant, qui s'élève contre le père. Tous leurs efforts seront pourtant vains: Mélanie s'empoisonne. Franval, apprenant au même instant la mort du fils à qui il a sacrifié la jeune fille, se trouve tout à coup éclairé, mais trop tard. C'est, dans cette pièce, par le discours, plus que par le spectacle, que s'exprime la charge anticléricale, comme dans la scène suivante, où Mme de Faublas dépeint la réalité du cloître, invitant son époux à dépasser les apparences:

MADAME DE FAUBLAS.

N'en croyez pas, monsieur, l'apparence infidèle.
La retraite, il est vrai, peut nous paraître belle;
Mais c'est pour un moment, c'est lorsqu'on n'y vit pas.
Sous ces lambris sacrés quand nous portons nos pas,
Tout semble calme et doux jusqu'à l'air qu'on respire;
Des paisibles vertus nous ressentons l'empire,
L'oubli des passions, des maux et des erreurs,
Et l'attendrissement passe au fond de nos cœurs.
Mais percez plus avant, pénétrez ces cellules,
Ces réduits ignorés où des esprits crédules,
Désabusés trop tard et voués au malheur
Maudissent de leurs jours la pénible lenteur;
C'est là que l'on gémit, que des larmes amères
Baignent pendant la nuit les couches solitaires,
Que l'on demande au ciel, trop lent à s'attendrir,
Ou la force de vivre, ou celle de mourir.[404]

---

[403] Dubois-Fontanelle, *Éricie ou la vestale,* drame en trois actes et en vers (Londres: s.n., 1768), I, 1, p. 10-11.

La confrontation du père inflexible et du curé sensible, à l'acte II, scène 4, est également emblématique de la remise en cause d'une conception rigoureuse du devoir religieux et de la prégnance croissante des valeurs philosophiques. Le curé répond aux reproches de Faublas, qui l'accuse de manquer à ses devoirs d'ecclésiastique:

> LE CURE.
> Je blâme les excès, je blâme les abus.
> Il n'est que trop d'esprits lâches et corrompus,
> Qui vivent sans principes et pensent sans courage,
> Sourds à la vérité, mais soumis à l'usage,
> Et qui, dans un état lorsqu'ils sont engagés,
> Au rang de leurs devoirs comptent ses préjugés.
> Je suis loin d'adopter ce mérite stérile.
> Ma règle est d'être vrai, mon état d'être utile.
> Quant au titre de sage, en nos jours prodigué,
> Dénigré par la haine, et par l'orgueil brigué,
> Celui qui le mérite honore la nature.
> L'ignorance et l'envie en ont fait une injure,
> L'hypocrite un forfait, l'honnête homme un devoir.
> Je vois que mes discours sont sur vous sans pouvoir,
> Et que du directeur l'avis et le suffrage,
> Flattant vos passions, ont sur moi l'avantage.
> Les formes sont pour vous, je le sais; mais, monsieur,
> Vous ne séduirez point le ciel ni votre cœur.
> C'est assez: votre fille attend sa destinée;
> Vous allez à jamais la rendre infortunée,
> Vous dédaignez ses pleurs, vous la désespérez;
> C'est un crime, monsieur, et vous en répondrez.
> Pesez ces derniers mots.
>
> M. DE FAUBLAS.
> Ces mots sont un outrage...
>
> LE CURE.
> Vous vous en direz plus, et je puis davantage.
> Mélanie aujourd'hui n'a plus de père en vous;

---

[404] Voir acte I, scène 1 de La Harpe, *Mélanie*, dans *Théâtre du XVIIIe siècle*, éd. J. Truchet (Paris: Gallimard, « Bibliothèque de la Pléiade », 1974), II, 841.

Je dois l'être, il suffit; j'en réponds devant tous.
Je saurai mettre obstacle à vos projets sinistres;
Je cours de la justice implorer les ministres,
Et chez l'abbesse ici je proteste à l'instant
Contre le sacrifice où l'on force une enfant.
Je suivrai Mélanie au pied de l'autel même.
C'est là qu'au nom du ciel et d'un Dieu qui nous aime
Ma voix lui défendra des serments criminels.[405]

Marie-Joseph Chénier, *Fénelon ou les religieuses de Cambrai*, tragédie en 5 actes, représentée pour la première fois à Paris sur le Théâtre de la République le 9 février 1793.

Chénier s'inspire d'un épisode exemplaire de la vie de Fléchier, rapporté par d'Alembert, mais que Chénier décide d'attribuer à Fénelon, incarnation de la tolérance et d'une religion compatible avec l'esprit philosophique. Héloïse, héritière d'une grande famille, a contracté un mariage secret, contre la volonté de ses parents qui l'ont fait enfermer dans un couvent où elle languit depuis quinze ans, dans un cachot souterrain, passant pour morte aux yeux du monde. L'enfant née de son union, Amélie, est, à l'insu d'Héloïse, novice dans le même couvent, et lui prodigue des soins consolateurs. Refusant de prononcer ses vœux, la jeune fille s'enfuit du couvent et va implorer l'aide de Fénelon, évêque de Cambrai. Celui-ci s'empresse de délivrer Héloïse, qui retrouve, en d'Elmance, ami de Fénelon et gouverneur de la ville, son époux et le père de sa fille. À la scène 3 de l'acte IV, Héloïse affronte l'Abbesse:

HELOÏSE.
Et vous, par quel moyen la désarmerez-vous? [la vengeance céleste]
Qui pourra vous sauver de l'immortel courroux,
Lorsque vous rendrez compte au Dieu de la nature,
Des tourments qu'a soufferts sa faible créature?
Mon crime fut d'aimer; le vôtre est de haïr.
Dieu créa les mortels pour s'aimer, pour s'unir:
Ces cloîtres, ces cachots ne sont point son ouvrage;
Dieu fit la liberté, l'homme a fait l'esclavage.

---

[405] *Ibid.*, II, 4, p. 864.

Mais l'esclave ne porte aux pieds de l'Éternel
Qu'un hommage stérile, un encens criminel.
À ses vœux quelquefois, si le ciel est propice,
C'est quand sa voix gémit et demande justice;
Quand l'infortune en pleurs, maudissant ses bourreaux,
N'a que Dieu pour témoin dans l'ombre des tombeaux.
Au cri du désespoir le monde est peu sensible;
Mais l'Être qui peut tout n'est jamais inflexible.

        L'ABBESSE.
Jusqu'à quand, dites-moi, voulez-vous l'outrager?
Comment espérez-vous qu'il pense à vous venger?
L'Éternel, selon vous, prendra votre querelle!
C'est nous qu'il punira!

        HELOÏSE.
                N'en doutez point, cruelle.
C'est vous qui répondrez de mes longues douleurs:
Il comptera mes cris, mes sanglots et mes pleurs,
Les heures, les instants de mes jours déplorables;
Et tout retombera sur vos têtes coupables.
Si la bonté du ciel, la pitié des humains,
Ne m'arrachent bientôt à vos coupables mains,
Pour prix de mes malheurs, qu'aucune autre victime
Ne vienne, après ma mort, au fond de cet abîme,
Déposer les chagrins de son cœur désolé
Sur la pierre insensible où mes pleurs ont coulé!
Qu'on ne retrouve plus dans le sein des familles
Des pères inhumains et bourreaux de leurs filles!
Que la religion, que vous déshonorez,
Ferme et détruise enfin ces cachots abhorrés:
Que la liberté règne au pied du sanctuaire;
Que jamais un mortel, ou faible ou téméraire,
Ne prête devant Dieu le serment insensé
D'être inutile au monde où ce Dieu l'a placé![406]

---

[406] Voir acte IV, scène 3 de M.-J. Chénier, *Fénelon ou les religieuses de Cambrai* dans *Théâtre*, éd. G. Ambrus et F. Jacob (Paris: GF, 2002), p. 308

À la scène suivante, Fénelon surgit dans le cachot, et confronte à son tour l'Abbesse:

FENELON.
Quel objet!... Vous qu'ici mon aspect doit confondre,
Elle a gémi quinze ans, qu'osez-vous lui répondre?

L'ABBESSE.
Par les décrets du ciel son arrêt fut dicté.

FENELON.
Ce ciel pardonne tout, hors l'inhumanité.

L'ABBESSE.
Dieu même prescrivait ces rigueurs légitimes.

FENELON.
Toujours le ciel et Dieu quand on commet des crimes!
Ce ciel vous a-t-il dit, je veux être vengé?
Pourquoi punissez-vous avant qu'il ait jugé?
Pourquoi vous armez-vous d'une rigueur impie
Qu'accusent à la fois sa doctrine et sa vie?
Ah! puisque votre cœur est si mal inspiré,
Instruisez-vous du moins dans le livre sacré.
Comment Dieu parle-t-il à la femme adultère?
Elle pleure à ses pieds; va-t-il, dans sa colère,
Chercher pour la punir des tourments inconnus?
Il pardonne, et lui dit: *Allez, ne péchez plus.*
Il fallait égaler sa sublime indulgence.
Ne songez désormais qu'à fléchir sa vengeance.
Si des juges mortels j'invoquais le courroux,
Vous sentiriez les lois s'appesantir sur vous.
Je n'imiterai point votre rigueur sinistre,
Par respect pour celui qui m'a fait son ministre.
Vous, dont il a souffert les destins inouïs;
Puisque vous me voyez, tous vos maux sont finis:
Ce jour est le dernier de votre long supplice.
Ah! C'est au nom de Dieu que l'humaine injustice
Osa vous condamner à d'horribles revers;
Et c'est au nom de Dieu que je brise vos fers.

HELOÏSE.
Ô pitié douce et tendre! ô sagesse suprême!

Est-ce un homme, un pontife, ou l'Éternel lui-même?[407]

Fiévée et Berton, *Les Rigueurs du cloître*, comédie en deux actes en prose, mêlée d'ariettes, représentée pour la première fois par les Comédiens Italiens ordinaires du Roi le 23 août 1790.

Sur un ton plus léger que les pièces précédentes, cette comédie mêle intrigue amoureuse et thématique conventuelle. Prisonnière de ses vœux, Lucile est sauvée au dénouement, à la fois par le Comte son amant et par l'abolition des vœux forcés, matérialisée, comme dans la pièce de Monvel, par l'irruption dans le couvent des autorités politiques. Nous reproduisons l'intégralité de la dernière scène.

SCÈNE VII.

LE COMTE, *en uniforme de grenadier,* UN OFFICIER *de la garde nationale,* SOLDATS *de sa compagnie* et LES PRÉCÉDENTES [L'ABBESSE, RELIGIEUSES, LUCILE, ÉMILIE].

CHŒUR DE RELIGIEUSES. Expliquez-vous; quelle épouvante!

LE COMTE, *dans la coulisse.* Où la chercher? Cruelle attente! (*paraissant sur la scène.*) Lucile!... Hélas! de quel côté...

LUCILE, *apercevant le Comte.* C'est lui... Grand Dieu! Je meurs contente. (*Elle tombe dans les bras du Comte*).

LE COMTE, *la serrant dans ses bras.* Amour!

CHŒUR DE RELIGIEUSES. Vengeance!

L'OFFICIER ET LES SOLDATS NATIONAUX, *paraissant.* Liberté!

LE COMTE, *montrant le souterrain et Lucile, qu'il a portée mourante dans un fauteuil.* Ah! Mes amis, regardez et jugez si j'avais tort.

---

[407] *Ibid.*, IV, 4, p. 312-313.

L'OFFICIER. Mille pardons, Mesdames, de la manière un peu brusque dont nous sommes entrés ici, mais d'après les alarmes que nous avait données notre frère, nous avons cru...

L'ABBESSE. Et de quel droit, Monsieur, ose-t-on violer un asile?...

L'OFFICIER. Du droit de l'humanité qui ne permet plus que l'on commette des crimes sous le vain prétexte de venger le ciel. Des lois que nous avons juré de maintenir, auxquelles personne ne peut se soustraire, et que vous respecterez, Madame, viennent de briser les grilles de vos saintes prisons et de rendre à la nature tant d'objets malheureux que des vœux indiscrets ou forcés avaient enlevés à la Société.

L'ABBESSE, *à l'Officier*. Quoi! Monsieur, on aurait la cruauté de nous contraindre?...

L'OFFICIER. Cessez de le craindre, Madame; en détruisant les abus, on sait compatir à la faiblesse de ceux qui en sont les victimes. Si votre conscience, l'âge ou l'habitude vous engagent à ne pas rentrer dans le monde, restez dans ces enceintes. Une existence, suffisante pour quelqu'un qui a fait vœu de pauvreté, vous donnera les moyens de vivre. Mais vous, jeunes infortunées, ne vous laissez plus séduire par de pieux mensonges, et croyez que l'être le plus parfait aux yeux de la divinité, est celui qui remplit dignement les devoirs d'homme, de citoyen, d'époux, de frère et d'ami.

L'Abbesse et les vieilles religieuses sortent en colère; les jeunes se pressent autour de Lucile. La sous-prieure et la vieille religieuse qui sont restées se consultent, et finissent par se ranger du parti des jeunes.

              CHŒUR GENERAL.
Ô liberté! déesse de la France,
Plutôt mourir que de vivre sans toi,
  Du despotisme étouffer la puissance,
  N'obéir jamais qu'à la loi;
Punir tous ceux qui lui seraient rebelles,
  Voilà nos vœux. Dieu, devant toi,
Nous le jurons, nous leur serons fidèles.

CHŒUR D'HOMMES
Périsse à jamais l'homme impie
Qui pourrait trahir nos serments;
Que les remords, la honte et l'infamie,
  Comme des vautours renaissants,
  Jusqu'au dernier jour de sa vie,
  Ne lui donnent que des tourments.

CHŒUR GENERAL.
Ô liberté! déesse de la France,
Plutôt mourir que de vivre sans toi,
Du despotisme étouffer la puissance,
N'obéir jamais qu'à la loi;
Punir tous ceux qui lui seraient rebelles,
  Voilà nos vœux. Dieu, devant toi,
Nous le jurons, nous leur serons fidèles:
Vive la liberté, la Patrie et le Roi.

FIN.[408]

Baculard d'Arnaud, *Euphémie ou le triomphe de la religion*, drame en 3 actes et en vers, publié en 1768, représenté le 24 décembre 1791 sur le Théâtre Montansier.

Animé par le désir de montrer « jusqu'à quel point la religion aux prises avec l'amour est susceptible de produire un spectacle vraiment pathétique », le romancier et dramaturge Baculard d'Arnaud met en scène les malheurs d'Euphémie, qui, suite à la perte (supposée) de son amant, Sinval, a choisi de prononcer ses vœux, croyant trouver, dans la claustration et la religion, une consolation. Mais il n'en est rien: la passion amoureuse ne cesse de la tourmenter, et se trouve avivée par l'arrivée du Père Théotime, en qui elle reconnaît Sinval, devenu lui aussi religieux. Un dilemme se pose alors aux amants: fuir ensemble ou respecter leurs vœux. La pièce se clôt tragiquement, sur la mort d'Euphémie, achevée par ce choix impossible.

La préface que Baculard d'Arnaud ajoute à son drame indique que son propos ne se réduit pas à offrir une critique de l'institution

---

[408] Voir acte II, scène 7 de Fiévée, *Les Rigueurs du cloître* (Paris: Lepetit, s.d.), p.38-42.

monastique, mais revêt un enjeu de nature plus esthétique, et même poétique. Monvel s'en souviendra, dans le quatrième acte des *Victimes cloîtrées*.

> Les passions concentrées dans le silence et l'obscurité de la retraite ont une véhémence, une force, auxquelles sont incapables d'atteindre la langueur et la délicatesse d'un monde dissipé; un cœur isolé, forcé de se replier sur lui-même, de se parler, de se répondre, de se nourrir, si l'on peut s'exprimer ainsi, de sa propre substance, en acquiert plus de ressort et d'énergie dans ses mouvements. Il n'est point de faibles oscillations pour une âme solitaire: tout y porte de violentes secousses; elle s'attache avec vivacité aux moindres objets qui l'intéressent et elle les embrasse avec fureur; on peut comparer des âmes de cette espèce à ces volcans dont l'explosion est d'autant plus terrible que la flamme a été plus comprimée, et que tout lui a servi d'aliment. L'imagination, dans une personne séparée de la société, est prompte à s'allumer parce qu'elle est plus recueillie et moins divisée.[409]

Le songe d'Euphémie, qui met en pratique ce dispositif esthétique de la claustration, réunit déjà un certain nombre d'éléments thématiques et dramaturgiques présents dans *Les Victimes cloîtrées*:

>   MELANIE.
> Pouvez-vous sous le voile, ô ma chère Euphémie,
> Nourrir sans espérance une flamme ennemie,
> Le poison dévorant d'un amour insensé?
> Malgré votre raison, et le ciel offensé,
> Un objet qui n'est plus vous occupe sans cesse!
> La mort…
>   EUPHEMIE.
>   La mort n'a pu lui ravir ma tendresse.
> Il vit, il vit toujours dans ce cœur déchiré,
> Et souvent à Dieu même il s'y voit préféré.
> Je ne veux point cacher tout l'excès de mon crime:
> Plus que jamais, l'amour s'attache à sa victime;
> Il s'arme contre moi des ombres de la nuit;

---

[409] Baculard d'Arnaud, *Euphémie ou le triomphe de la religion*, drame, troisième édition (Paris: Le Jay, Slatkine reprints, 1972), I, vi.

Jusque dans ce cercueil sa fureur me poursuit;
J'y voulais déposer le poids de mes alarmes;
Mon œil appesanti se fermait dans les larmes;
Mon âme qui cédait aux horreurs de mon sort,
S'essayait à dormir du sommeil de la mort:
Quel songe! quel spectacle a frappé ma paupière!
Un lugubre flambeau me prêtait sa lumière;
J'égarais mes ennuis, mes tourments, mes remords,
À travers les tombeaux, les spectres, et les morts:
Un éclair brille et meurt dans ces vastes ténèbres;
Un cri m'est apporté par des échos funèbres.
La terre gronde, et laisse échapper de ses flancs
Un fantôme, entouré de sombres vêtements;
Un glaive étincelait dans sa main menaçante;
Il s'avance à grands pas, me glace d'épouvante,
S'approche, offre à mes yeux... je reconnais Sinval,
Sinval, de l'Éternel audacieux rival,
Sinval, que je devrais repousser de mon âme,
Qui toujours y revient avec des traits de flamme...
« Viens, suis moi, m'a-t-il dit, suis ton premier époux;
Cesse de m'opposer l'autel d'un Dieu jaloux.
L'autel, pour m'arrêter, n'a point de privilège. »
Soudain, sous les efforts de son bras sacrilège,
Mon voile se déchire... Insensible à mes cris,
Parmi le sang, la mort et ses affreux débris,
De cercueils en cercueils, sur les bords d'une tombe,
Il me traîne expirante; il m'y jette, je tombe;
Sinval plonge le fer dans mon sein malheureux
Et la foudre, en éclats nous a frappés tous deux.[410]

Le pittoresque monacal

Le théâtre monacal ne se réduit pas à des discours: pour peindre ces espaces interdits et donc peu familiers, il invente d'autres modalités représentatives, expérimente, tant pour la décoration scénique que pour la pantomime, un symbolisme nouveau, minutieusement décrit dans les didascalies.

---

[410] *Ibid.*, I, 2, p. 13-14.

Dubois-Fontanelle, *Éricie ou la vestale*.

À la fois précurseur du théâtre monacal et émule de Voltaire, Dubois-Fontanelle, après avoir joué avec les ressources expressives de la lumière, à travers le symbolisme du feu entretenu par les vestales, programme, dans la didascalie initiale du troisième acte de sa pièce, un spectacle saisissant: celui du tombeau dans lequel Éricie va être ensevelie vivante:

> *Le fond du temple est ouvert; il laisse voir une place qui fait partie de l'enceinte; on y aperçoit un Tertre élevé, qui est le tombeau destiné à Éricie; l'ouverture est au-dessus; on remarque autour de larges pierres qui doivent servir à la fermer. La nuit est sur sa fin.*[411]

Mais la *Correspondance littéraire* de Grimm, qui rend compte de l'édition de la pièce, souligne qu'en matière de pittoresque funèbre, il a déjà été dépassé par Baculard d'Arnaud, qui:

> tapisse toujours la scène de tombeaux, de crucifix, de têtes de morts. Je ne hais pas ces sombres images; il est peu de jours où elles ne m'occupent et ne m'inspirent cette mélancolie douce qui succède très bien à la gaieté et en est à son tour suivie; mais je trouve que Madame la princesse de Beauvau avait raison lorsque le drame du *Comte de Comminge* parut, de dire que M. d'Arnaud dégoûtait du caveau. Ne pouvant être pathétique et touchant, il croit qu'il suffit de se barbouiller de noir de la tête aux pieds. Je vais solliciter pour lui la place de tapissier d'enterrement à la paroisse de Saint-Roch ou de Saint-Eustache; mais c'est à condition, parbleu! qu'il n'écrira plus.[412]

Baculard d'Arnaud, Le Comte de Comminge, drame en trois actes et en vers, publié en 1765, représenté le 14 mai 1790 au Théâtre de la Nation.

À la différence de la *Correspondance littéraire* et d'un certain nombre de critiques, Baculard d'Arnaud prenait très au sérieux ce pittoresque nouveau, au point d'en faire, dans le discours

---

[411] Dubois-Fontanelle, *Éricie ou la vestale*, op. cit., p. 41.

[412] Grimm, *Correspondance Littéraire*, op. cit., mars 1768, VIII, 45: sur *Éricie* de Dubois-Fontanelle.

préliminaire de son *Comte de Comminge*, l'un des critères distinctifs du genre sombre qu'il entendait alors créer, et qui inspirera Monvel.

> C'est dans un fonds si riche et si neuf [la religion] que j'ai puisé mon *costume*. J'ai cherché à répandre dans ma Pièce ce *sombre* qui est peut-être la première magie du pittoresque, partie dramatique que les Anciens ont si bien connue, que la plupart de nos Gens de Lettres ont ignorée ou négligée, dont le seul Crébillon nous a offert quelques traits et après lui M. de Voltaire dans ses dernières Tragédies. Qu'il me soit permis de m'arrêter un peu sur cette partie intéressante pour les Peintres, les Poètes. Jetons les yeux sur les grands Maîtres dans ces arts, nous voyons Raphaël, Michel-Ange atteindre, par cette route, au sublime de la Peinture. Qu'on lise *L'Enfer* du Dante, *Le Paradis perdu* de Milton, *Les Nuits* du docteur Young et l'on sentira combien cette branche du pathétique a d'empire sur tous les hommes. Fut-on jamais autant affecté d'une prairie émaillée de fleurs, d'un jardin somptueux, d'un palais moderne que d'une perspective sauvage, d'une forêt silencieuse, d'un bâtiment sur lequel les années semblent accumulées? Je voudrais bien que nos Métaphysiciens se donnassent la peine d'éclairer la raison de ce sentiment qui nous maîtrise, nous emporte, nous ramène à ces débris de monuments antiques, de tombeaux. C'est cette partie du Théâtre que j'ai entrevue et qui, dans les mains d'un homme de génie conduirait aux plus grands effets et produirait une source, que l'on me passe le terme, d'horreurs délicieuses pour l'âme; on serait tenté de croire que nous sommes nés pour la douleur, pour le ténébreux. Il y a encore un autre avantage à employer ce ressort dramatique, il nous fait replier sur nous-même, rend, pour ainsi dire, plus délicates les fibres de la sensibilité, entretient dans le cœur cette humanité qui n'est autre chose que l'amour de soi-même dans les autres; et quel sentiment est plus propre à nous faire réfléchir que ce *sombre* qui fait mourir autour de nous toutes les illusions de la dissipation et du manque de raisonnement?[413]

La didascalie liminaire de l'acte I réalise ce programme esthétique:

---

[413] *Le Comte de Comminge, drame en trois actes et en vers* (Paris: veuve Duchesne, 1780), p. 6-7.

La toile se lève et laisse voir un souterrain vaste et profond, qui est supposé être le lieu consacré aux sépultures des Religieux de la Trappe; deux ailes du Cloître, fort longues et à perte de vue viennent aboutir à ce souterrain. On y descend par deux escaliers composés de pierres grossièrement taillées, et d'une vingtaine de degrés. Il n'est éclairé que d'une lampe. Au fond du caveau, s'élève une grande Croix, telle qu'on en voit dans nos cimetières, au bas de laquelle est adossé un sépulcre peu élevé, et formé de pierres brutes; plusieurs têtes de morts amoncelées lient ce monument avec la Croix. C'est le tombeau du célèbre Abbé de Rancé, Fondateur de la Trappe. Plus avant, du côté gauche, est une fosse qui paraît nouvellement creusée, sur les bords de laquelle sont une pioche, une pelle, etc. Au-devant de la Scène, dans un des côtés, à main droite, est une autre fosse. Sur les deux ailes de ce souterrain se distinguent, de distance en distance, et à peu de hauteur de terre, une infinité de petites Croix, qui désignent les sépultures des Religieux. On aperçoit au haut d'un des escaliers, du côté droit, les cordes d'une cloche. Au bas de la grande Croix, sur les têtes de morts, se lit cette inscription latine: cogitavi vanitatem saeculorum et dies aeternos in mentem habui. *Au fond du caveau, au-dessus de la même Croix, est cette autre inscription*:

C'est ici que la Mort et que la Vérité
   Élèvent leur flambeau terrible
C'est de cette demeure, au monde inaccessible,
   Que l'on passe à l'Éternité.

On peut lire encore, des deux côtés du souterrain, ces deux nouvelles inscriptions, à droite et à gauche:

   Qu'après de vaines connaissances
Les Esclaves du siècle empressés de courir,
Se livrent aux erreurs des Arts et des Sciences.
   Ici, l'on apprend à mourir

Homme aveugle, dont l'âme, au mensonge asservie
Du souvenir du Monde est encore poursuivie,
Que l'aspect de ces Lieux dissipe ton Sommeil;
   C'est où finit le Songe de la Vie

Où de la Mort commence le Réveil.[414]

Les rituels de la Trappe sont soigneusement mis en scène. À la scène 6 de l'acte II, Comminge creuse sa tombe, pendant que frère Euthime (en réalité sa maîtresse Adélaïde, qu'il n'a pas reconnue sous son travestissement) se livre à une gestuelle expressive. Nous retranscrivons les didascalies.

[Euthime] descend de l'escalier au côté droit; c'est de ce même côté que Comminge a les deux mains et la tête appuyées sur le tombeau, il est donc assez naturel qu'il ne voie pas Euthime, qui n'aperçoit point aussi Comminge. Euthime se traîne en quelque sorte jusqu'à sa fosse; on se souviendra qu'elle est sur le devant du Théâtre à droite; ce Religieux, qui a toujours la tête enfoncée dans son habillement examine longtemps son dernier asile, il gémit, il y tend les deux mains qu'il lève ensuite au ciel, il quitte ce lieu de la scène, fait quelques pas pour se retirer, aperçoit Comminge, paraît troublé, va à lui, s'en écarte, revient enfin; Comminge qui ne l'a pas vu se lève et passe au côté gauche du théâtre près de la fosse; Euthime court prendre sa place. Il a remarqué que Comminge avait laissé échapper ses pleurs sur le tombeau, il y demeure dans la même situation où l'on vient de voir Comminge. [...] Comminge enfonce la pioche, creuse la terre, trouve de la résistance. Pendant ce temps, Euthime donne des baisers au tombeau, on dirait qu'il veut recueillir dans son cœur les larmes de Comminge. [...] [Comminge] arrache des pierres qu'il jette sur le bord de la fosse. [...] Il prend la pelle, et jette la terre de côté et d'autre, il met les pieds dans sa fosse. [...] Euthime se relève, tourne les yeux vers le Ciel, met sa main sur son cœur, et retombe dans la même situation. [...] [Comminge] tombe dans une attitude de douleur sur le coin de la fosse qui regarde le tombeau, par là il peut être vu du spectateur; Euthime qui continue à n'être pas aperçu de Comminge, fait quelques pas vers lui, revient, fait des signes de douleur, retourne et demeure, une main appuyée sur le tombeau. [...] Comminge tire de son sein le portrait d'Adélaïde. Euthime est parvenu jusqu'auprès de Comminge, et

---

[414] *Ibid.*, acte I, p. 13-14.

met une de ses mains à ses yeux comme s'il pleurait, il écoute Comminge avec intérêt [...].[415]

Baculard d'Arnaud, *Euphémie.*

La scène 1 de l'acte III d'*Euphémie* porte en germe bien des traits dramaturgiques du monologue d'Eugénie, à l'acte IV des *Victimes cloîtrées.*

Le rideau se lève. Le théâtre représente un caveau funéraire, tel qu'il en existe encore dans nos anciennes églises. On voit plusieurs tombeaux de forme différente, quelques-uns ruinés par le temps; des sépulcres entrouverts, dont les pierres sont à moitié brisées; les murs chargés d'épitaphes; à un des côtés du théâtre, un escalier autour duquel règne une balustrade de pierre; vis-à-vis de l'escalier une voûte souterraine à perte de vue; à l'extrémité du caveau, on aperçoit encore d'autres tombeaux, des colonnes surmontées d'urnes qui sont l'emblème de l'éternité; il y a une de ces colonnes sur le devant du théâtre. On observera que les tombeaux sont dans les côtés, qu'ils ne dérobent rien de l'action au spectateur, et qu'elle se passe au milieu de la nuit.

EUPHEMIE, *seule. Elle paraît sur le perron de l'escalier, une lampe à la main dans une extrême agitation, regarde de tous côtés, lève les yeux au ciel, s'avance en tremblant, descend quelques degrés, lève encore les yeux au ciel, s'appuie, comme accablée de douleur, la main et ensuite la tête sur la balustrade, déchirée par de grands mouvements, fait des efforts pour remonter, tombe avec un gémissement à la seconde marche, demeure quelques moments dans cette situation douloureuse, se relève, continue de descendre avec le même trouble, et fait quelques pas sur la scène.*

De lugubres horreurs... de tombeaux entourée,
À chaque pas tremblante... incertaine... égarée...
Emportant avec moi les enfers, le remords,
Je marche... à la lueur... du flambeau de la mort..

---

[415] *Ibid.*, II, 6, p. 57-59.

(Elle fait quelques pas).

Que sa barbare main ne m'a-t-elle frappée!

Elle pose sa lampe sur un tombeau de forme carrée; Euphémie y appuie pendant quelques moments les deux mains et la tête, ensuite la relève, laissant une de ses mains sur le tombeau, et tournant ses regards vers le ciel.[416]

Charles Pougens, *Julie ou la Religieuse de Nîmes*, drame historique écrit en 1789, publié en 1796, non représenté.

Un dédoublement de l'espace scénique comparable à celui de l'acte IV des *Victimes cloîtrées*, mais obtenu sans mur, grâce à des jeux de lumières, se trouve dans un drame monacal de Charles Pougens, *Julie ou la religieuse de Nîmes*, qui, comme *Fénelon* de Chénier, s'inspire de l'anecdote sur Fléchier. Écrite, selon son auteur, « au bruit du canon de la Bastille », lue publiquement par M. Le Texier à Londres, commentée dans les journaux dès 1792, mais publiée seulement en 1796, cette pièce, que Pougens destine à la seule lecture,[417] pouvait-elle être connue de Monvel? On peut en douter. Mais sa didascalie initiale, que le *Journal encyclopédique* salue en 1792 comme l'œuvre d'un peintre, l'auteur ayant été reçu comme professeur à l'Académie de peinture de Rome avant de perdre la vue,[418] n'en témoigne pas moins de convergences révélatrices d'une vogue esthétique et dramaturgique.

---

[416] Baculard d'Arnaud, *Euphémie, op. cit.*, III, 1, p. 57.

[417] Charles Pougens, *Julie ou la religieuse de Nîmes*, drame historique en un acte et en prose (Paris: Dupont, an IV), Préface p. XVI-XVII.

[418] *Journal encyclopédique*, Avril 1792, p. 340-345: « cet ouvrage est plutôt un tableau dramatique qu'un véritable drame, dont l'essence consiste à offrir la marche d'une action qui amène par divers incidents le développement des passions et des caractères. Ces sortes de tableaux sont d'une difficulté extrême à traiter. Ils ont l'inconvénient, si fatal à une pièce, de laisser les personnages dans la monotonie de la même situation. La scène devient bientôt une masse lourde, à laquelle on ne peut imprimer ni la vie, ni le mouvement dramatique. C'est par des transitions habilement ménagées, des oppositions vigoureuses, une pantomime savante qu'on peut vaincre une partie de ces difficultés. M. de Pougens nous paraît avoir souvent employé avec succès ces moyens que fournit l'art secondé par

La scène est double. Durant les premières strophes, la partie du théâtre qui est à la droite du spectateur paraît ensevelie dans une nuit profonde, l'œil n'y peut pénétrer; mais une lueur vague et indécise se répand par degrés sur l'autre portion de la scène. On aperçoit alors un souterrain, au fond duquel se trouve un escalier tournant, dont les marches à moitié usées sont hautes et étroites. On distingue en même temps un bruit confus de verrous et de clefs, auquel se mêle le grincement aigu d'une porte épaisse qui tourne avec effort sur ses gonds. À ce bruit succède le son lugubre d'une cloche qui s'affaiblit par degrés. On voit ensuite descendre une vieille religieuse qui, d'une main, tient une lanterne sourde, et de l'autre une cruche remplie d'eau. Elle s'avance, tire de son tablier un morceau de pain noir, le pose d'un air chagrin sur un cercueil à demi renversé. [...]

La nuit s'est dissipée par degrés; alors on découvre à la droite du théâtre un cachot voûté qui ne reçoit le jour que par une lucarne, revêtue d'une grille armée de pointes de fer. Les murailles paraissent humides; plusieurs pierres détachées de la voûte sont restées éparses sur la terre; d'autres semblent prêtes à tomber. On voit Julie, vêtue de noir mais sans voile et à demi couchée sur un peu de paille brisée. Son corps est entouré d'une longue et lourde chaîne, dont l'extrémité est terminée par un anneau fortement scellé dans la muraille. Ses bras, ses pieds sont nus et chargés de fers. La pâleur de la mort règne sur son front, ses lèvres sont décolorées: cependant, à travers l'extrême maigreur de ses traits, on distingue les restes d'une grande beauté. Près d'elle est une pile de pierres sur laquelle on a placé une tête de mort. Julie sommeille et paraît oppressée: ses membres sont agités de mouvements convulsifs. Elle secoue machinalement ses chaînes et le bruit en retentit jusque dans l'avant-cachot.[419]

---

le talent naturel. Il a écrit avec soin la pantomime de sa pièce. On y reconnaît dans la plus grande vérité l'influence que les passions exercent sur les traits de physionomie, la manière dont elles modifient le geste et les diverses nuances de la voix qu'elles occasionnent ».

[419] *Julie ou la religieuse de Nîmes*, op. cit., p. 2 et p. 4-5.

ANNEXE 4

La mise en scène des Victimes Cloîtrées
Décors[420]

Malgré l'importance que revêtent dans cette pièce l'espace scénique et les décorations, très peu d'informations, parmi lesquelles malheureusement aucune image, sont parvenues jusqu'à nous. Seuls les registres du Théâtre de la République nous fournissent quelques indications, sous la forme d'une description des décors utilisés lors de la reprise de 1795, rue de Richelieu.

Actes I et II:
Le salon étrusque (1790)
Peintre: Dussaux
Valeur: 1788 francs
Description: 8 châssis, une ferme pleine à 3 portes, 4 châssis obliques avec portes, 4 dessus-de-porte, 2 autres châssis obliques dont un avec croisée entoilée et peinte des deux côtés, et 5 plafonds.
Un rideau dessus, côté jardin.
Accessoire commun aux différents salons: un rideau représentant un vestibule avec cabinet de chaque côté, ledit rideau servant derrière leur ferme les différents salons (176 francs).
Accessoire de ladite décoration pour les *Victimes cloîtrées*: un châssis sur lequel est peint un portrait de l'actrice au-dessus d'une console (31 francs), dont le peintre est Lemaire.
Ce décor est l'un des plus employés à l'époque.

Acte III:
Le palais gothique (créé en 1791, pour la première représentation de *Henri VIII* de Chénier le 27 avril)
Peintre: Dussaux
Valeur: 2833 francs

---

[420] D'après les registres du Théâtre de la République, reproduits sur le CD-ROM réalisé par J. Razgonnikoff et B. Daniels, en complément de *Patriotes en scène. Le Théâtre de la République (1790-1799)*, Vizille, Artlys, 2007.

Description: 4 châssis de chaque côté; le n°3 au premier, le n°4 au 2, n°5 au 3, le grand châssis portant deux colonnes au 4 chaque côté; un châssis oblique du premier au 3 où est une porte à deux ventaux; aux 5 et 6 chaque côté deux châssis de jardin; au milieu une croix devant la muraille et la grille; côté cour 3 petits châssis formant chapelle; rideau de *Henri VIII.*
Décor ayant servi également pour *Charles IX* de Chénier (acte I), *Gabrielle de Vergy* de De Belloy (actes I-IV), *Othello* de Ducis (acte I), *Robert chef de brigands* de La Martelière (acte I).

Le parloir ou le cloître (1791, sans doute peint pour la création de *Mélanie* de La Harpe, représentée le 7 décembre).
Peintre: Dussaux
Valeur: 952 francs
Description: 4 châssis, une ferme en 3 parties, de 2 brisures chacune, un grand grillage, 3 plafonds.

Acte IV:
Un décoration dite « le souterrain double des Victimes cloîtrées *»* (créée en 1795, pour la reprise au Théâtre de la République).
Peintre: Lemaire
Valeur: 863 francs
Description: la partie à droite du spectateur, dite « côté cour », d'un châssis brisé allant de l'avant-scène au n°4, d'un châssis de fond en 4 brisures avec porte grillée, garnie d'un gros verrou et d'une forte serrure et d'un châssis parallèle au premier traversant le théâtre du n°4 à l'avant-scène, ledit châssis avec démolition en osier, toile, foin. La partie à gauche du spectateur, un châssis allant de l'avant-scène au n°3, un châssis de fond et un retour d'équerre revenant du n°3 à l'avant-scène aussi avec démolition un pied droit formant la séparation extérieur des deux cachots; un terrain traversant le théâtre; un petit fond en toile servant derrière la démolition; 3 tombeaux peints en granit, le dessous à coulisse; 2 pierres carrées pour poser des lampes; 5 autres pierres.

Costumes[421]

Là encore, les rares informations dont on dispose nous viennent des registres du Théâtre de la République et concernent la reprise de 1795:

Père Louis: camail,[422] scapulaire,[423] ceinture et calotte, le tout de voile noir. Monvel se fournit la robe et garde le tout dans sa loge.

Dorval, novice: robe, camail, scapulaire, ceinture, le tout de voile blanc. Il ne lui faut pas de calotte. Pour son changement du 3e au 4e acte, il lui faut un pareil habit, le tout en serge blanche.

Père Laurent: robe de voile blanc, camail, scapulaire, ceinture et calotte, le tout en voile noir.
Idem pour le Père Bazile, le Père Ambroise et le Père Anastase.

3 comparses religieux du même ordre: 3 habits pareils à ceux des acteurs, le tout en serge. Un des camails est celui de bernardin qui sert dans *Fénelon*.

2 comparses sapeurs: deux habits du *Soldat prussien*[424] tous deux convertis en uniformes de garde nationale. 2 gilets de serge blanche, 2 culottes de ras[425] de castor blanc, 2 bonnets de sapeur,

---

[421] *Ibid.*

[422] Courte pèlerine que portent les ecclésiastiques.

[423] Vêtement de certains religieux, fait de deux larges bandes d'étoffe tombant des épaules sur la poitrine et sur le dos.

[424] Comédie en 3 actes en prose de Antoine-Jean Bourlin, dit Dumaniant et Arnaud Berquin créée au Théâtre des Variétés amusantes, le 1er décembre 1789.

[425] Ras: nom que l'on donne à plusieurs sortes d'étoffes croisées, fort unies et dont le poil ne paraît point.

hache de *Robert*[426] et tablier de ras de castor noisette, sabre d'*Urbelise*[427] et ceinturon du *Soldat prussien*.

Officier de la garde nationale: habit uniforme au nom de Fleury, gilet et culotte de toile de coton blanche, guêtres de laine noire, tricotés, oscole de cuivre argenté, sabre du *Soldat prussien*.

Service du théâtre: Il faut donner à Benoît pour mettre dans les tombeaux du décor au 4e acte, deux lambeaux de vêtement de religieuse, dont un a des caractères ensanglantés, une autre tunique de voile blanc.

Pour le 1er acte, il faut le tapis de toile peinte qui sert dans *Othello*.[428] Le poser par terre sous la table. Il faut aussi l'écharpe tricolore de municipal. La mettre sur la table du côté du public. Un rideau de taffetas vert qui reste au décor. L'écharpe sert au 4e acte au C. Vanhove. Il faut lui poser sur l'épaule.

Distribution

Création[429]

M. de Saint Alban	?
Mme de Saint Alban	Mme Suin
M. Francheville	Vanhove
Dorval	Fleury
Picard	Dazincourt
Le Père Laurent	Naudet
Le Père Louis	Saint-Fal
Le Père Anastase	?
Le Père André	?
Le Père Ambroise	?
Eugénie	Mlle Contat

---

[426] *Robert, chef des brigands*, drame en 5 actes en prose de Jean-Henri Ferdinand La Martelière, d'après Schiller, créé au Théâtre du Marais en 1792 et repris au Théâtre de la République le 7 juin 1793.

[427] *Urbelise et Lanval, ou la journée aux aventures*, comédie-féérie en trois actes et en prose de Dumaniant, représentée pour la première fois le 30 avril 1788.

[428] Tragédie de Ducis créée au Théâtre de la République le 26 novembre 1792.

[429] D'après les coupures de presse.

LES VICTIMES CLOITREES

Laquais	Larochelle, Champville
La femme de charge	?

1795 au Théâtre Feydeau[430]

M. de Saint Alban	Déligny
Mme de Saint Alban	Mme Suin
M. Francheville	M. Lacave
Dorval	Fleury
Picard	Dazincourt
Le Père Laurent	Drouin
Le Père Louis	Damas
Le Père Anastase	Gérard
Le Père André	?
Le Père Ambroise	Marchand
Eugénie	Mlle Lange
Laquais	?
La femme de charge	?

1795 au Théâtre de la République[431]

M. de Saint Alban	Després, Duval
Mme de Saint Alban	Valérie, Baptiste bru
M. Francheville	Vanhove
Dorval	Talma, Damas
Picard	Dugazon, Michot
Le Père Laurent	Baptiste aîné
Le Père Louis	Monvel
Le Père Anastase	Bourdain
Le Père Bazile	Bouvard
Le Père Ambroise	Berville
Eugénie	Mme Vanhove, Simon, Turbot
1er domestique	Baptiste cadet, Larochelle
2e domestique	Boucher
Une femme de charge	Desbrosses

---

[430] Distribution reconstituée d'après les comptes rendus de presse.

[431] Selon les comptes rendus de presse et le registre R 156^2 de la Comédie-Française (p. 71).

Acteurs ayant participé à des représentations après le 5 septembre 1798[432]

M. de Saint Alban	Desprez, Duval, Lacave, Déligny
Mme de Saint Alban	Valérie, Baptiste bru, Suin
M. Francheville	Vanhove, Desrozières, Lacave, Déligny
Dorval	Damas, Talma
Picard	Dugazon, Michot, Dazincourt
Le Père Laurent	Baptiste aîné, Drouin
Le Père Louis	Monvel, Damas
Le Père Anastase	Bourdais, Marchand
Le Père André	Bouvard, Coste, Gérard
Le Père Ambroise	Berville
Eugénie	Mme Vanhove, Simon, Turbot, Mars
Laquais	Baptiste Cadet, Larochelle, Champville, Boucher, Dublin.
La femme de charge	Desbrosses, Émilie Contat

La reprise de 1830 au Théâtre de la Porte Saint-Martin

M. de Saint Alban	M. Constant
Mme de Saint Alban	Mme Gobert
M. Francheville	M. Auguste
Dorval	M. Gobert
Picard	M. Moessard
Le Père Laurent	M. Jemma
Le Père Louis	M. Provost
Le Père Anastase	M. Vissot
Le Père André	M. Lemaire
Le Père Ambroise	M. Héret
Eugénie	Mme Allan-Dorval
Un laquais	M. Laisné
Une femme de charge	Mme Oudry

---

[432] D'après le registre R 156[1] de la Comédie-Française.

La mise en scène de 1989
    M. de Saint Alban   Denis Cacheux
    Mme de Saint Alban   Yveline Hamon
    M. Francheville   Bernard Jousset
    Dorval   Gilles Masson
    Picard   Serge Martel
    Le Père Laurent   Michel Caccia
    Le Père Louis   Patrick Cartié
    Le Père André   Vincent Goethals
    Le Père Ambroise   Dominique Thomas
    Le P. Anastase   Francis Boulogne
    Eugénie   Corinne Ortega
    Laquais   Francis Boulogne,
                                    Olivier Sowinski
    La femme de charge   Corinne Ortega

Jouer Les Victimes cloîtrées

À la création:

Journal de Paris, n°89, mercredi 30 mars 1791:
« M. Fleury a joué le rôle de Dorval et y a montré une profondeur de sentiment et une énergie qu'il n'avait pas encore eu l'occasion de développer. Mlle Contat n'a pas été moins supérieure dans le rôle d'Eugénie, et celui d'un vieux domestique fort attaché à ses maîtres a été rendu avec beaucoup de vérité par M. d'Azincourt. Mme Suin, MM. Vanhove, Naudet et Sainval [sic] ont aussi donné les preuves de talent que comportaient leurs rôles. On a demandé M. Fleury et Mlle Contat après la pièce, ainsi que l'auteur qui a paru: c'est M. Monvel ».

Affiches, Supplément du mercredi 30 mars 1791:
« Elle a été jouée avec l'ensemble de talents le plus parfait. M. Fleury surtout a joué le rôle de Dorval en comédien profond et consommé dans son art: l'abandon du désespoir, l'accent de la douleur, et le délire d'une tête exaltée, il a peint toutes ces affections avec la plus grande vérité. MM. Vanhove, S. Fal ont aussi joué supérieurement, et MM. Dazincourt, Larochelle, ainsi que Mlle Contat les ont très bien secondés. On a demandé l'auteur, et M. Monvel s'est présenté ».

Chronique de Paris, mercredi 30 mars, n°89, p. 354:
« Cette pièce est établie avec beaucoup de soin, et parfaitement jouée. M. Fleury a été inimitable dans le rôle de Dorval; il est impossible de peindre d'une manière plus touchante et plus sublime les divers sentiments dont il est agité dans ce rôle terrible. Mlle Contat a inspiré un grand intérêt dans le rôle très court, mais très difficile d'Eugénie et les autres rôles ont été fort bien rendus ».

Gazette nationale ou Le moniteur universel, n° 91, vendredi 1er avril 1791, « Théâtre de la Nation », p. 7-8.
« M. Fleury a représenté le rôle de Dorval avec une perfection que nous appellerions presque inabordable. Il est impossible d'être plus vrai, plus profond, plus naturel au fond, plus exact dans les nuances d'expression que ne l'a été cet acteur qui, tous

les jours, acquiert encore de nouveaux droits à l'estime publique et aux suffrages des connaisseurs ».

Mercure de France du 16 avril 1791, p. 130:
« Cette pièce est jouée avec une perfection qui ne laisse rien à désirer. On a surtout distingué le naturel piquant de M. Dazincourt dans le rôle d'un vieux domestique, le jeu animé de M. St-Phal dans celui de l'honnête père Louis, la diction franche et éloquente de M. Vanhove dans celui de Francheville. On a applaudi à la manière dont Mlle Contat, belle dans ses larmes comme la Magdeleine de Lebrun, a rendu plusieurs expressions touchantes d'Eugénie. Mais on doit les plus grands éloges à M. Fleury, qui, dans tout le cours de son rôle, exprime avec la plus grande énergie l'amour, la frénésie et le désespoir, toutes les passions qui agitent Dorval ».

Au Théâtre de la République :
Journal des Théâtres, 11 mars 1795:
« Le théâtre de la République vient de donner le 22 ventôse la première représentation des *Victimes cloîtrées*. [...] Cette pièce a été jouée avec beaucoup d'ensemble: Monvel, Talma et la cit. Vanhove ont été fort applaudis; nous pensons qu'ils méritaient de l'être. L'on doit savoir gré à Baptiste aîné de s'être chargé du rôle ingrat de Laurent. Nous ne parlerons ni des décorations, ni des costumes: au théâtre de la République, cette partie du spectacle est toujours parfaite ».

Un compte rendu du *Censeur dramatique* de Grimod de la Reynière, concernant la représentation du 10 novembre 1797 au Théâtre Feydeau.
« Nous remarquerons d'abord l'inconvenance d'annoncer comme Pièce remise un ouvrage au courant du répertoire, joué il n'y a pas cinq mois et dont les représentations n'ont été interrompues que par le voyage de M. Fleury. Qu'une pareille ruse soit pratiquée à des théâtres subalternes, qui ont besoin de cette charlatanerie pour attirer la foule, à la bonne heure! Mais qu'on se permette d'aussi petits moyens à la Comédie-Française, c'est ce dont on ne saurait trop s'étonner. Le talent de M. Fleury n'en a pas besoin; son nom seul sur l'affiche suffit pour amener des spectateurs. [...]
[La pièce] n'a pas plus gagné que bien d'autres ouvrages au démembrement de la Comédie-Française. M. Damas, dans le

père Louis, et M. Drouin dans le père Laurent nous ont souvent fait regretter M. Saint-Fal et M. Naudet.
[...] Le rôle de Dorval est de ceux qui ont mis le sceau à la réputation de M. Fleury, et le succès mérité qu'il y obtient confirme ce que nous avons dit de son talent dans le dernier numéro. Comme ce rôle n'exige ni un physique imposant, ni beaucoup de noblesse, ni une grande tenue, il n'est point étranger aux qualités de M. Fleury; aussi le joue-t-il avec une parfaite intelligence: de l'égarement, de la sensibilité, de l'abandon, un grand usage de la scène, une adresse parfaite qui remplace la faiblesse de ses moyens physiques en paraissant les doubler; voilà ce qu'il y fait continuellement admirer, et ce qui y produit beaucoup d'effet. Il a parfaitement l'air d'un novice, en qui la douleur tient lieu de confiance, à qui tout est égal parce qu'il a tout perdu, et qui s'abandonne à sa destinée parce que son désespoir lui persuade qu'il n'y a plus sur terre pour lui d'avenir. Toutes ces nuances ont été saisies par M. Fleury avec beaucoup d'art. Il a mis beaucoup de chaleur dans la seconde partie du rôle, qui présente un autre caractère; car dès que Dorval est détrompé, ce n'est plus le même homme. La joie qu'il éprouve dans la prison, en trouvant un rayon d'espoir; la manière dont il lit l'écrit sanglant; ses efforts pour percer le mur; la reconnaissance avec Eugénie, tout cela a été rendu avec une grande vérité. Nous ne reprocherons qu'un peu d'enfantillage en quelques endroits, surtout dans les premiers actes; mais peut-être cet enfantillage est-il nécessaire aux moyens de cet acteur pour compléter l'illusion; en ce cas, nous ne lui en ferons point un sujet de blâme. Tout ce qui mène à l'illusion sans sortir de la vérité a, surtout dans un drame, le droit de désarmer la critique. [...]
Nous croyons que c'est pour la première fois que M. Drouin jouait le rôle du père Laurent; rôle odieux sans doute, mais qui demande un grand talent, et des formes qui ne s'accordent guère avec celles de cet acteur. D'abord, sa coiffure était trop mondaine. Un hypocrite comme le père Laurent doit avoir les cheveux plats, sans frisure et sans poudre; ce n'est qu'en s'éloignant de l'élégance des gens du monde qu'il doit chercher à leur persuader sa dévotion. Ensuite son ton n'était ni assez mielleux avec Madame de Saint-Alban, ni assez sévère avec Dorval au troisième acte. Sa voix a continuellement été dans le haut, ce qui nuisait aux effets de ses intonations. Ses gestes ne s'accordaient pas toujours avec ses paroles, et ses habitudes de

corps n'étaient pas celles d'un Supérieur de Religieux. Enfin, quoiqu'il ait dit son rôle en général plus purement que la plupart de ses camarades, on voit que sa mémoire travaillait, ce qui, comme on sait, ôte aux Comédiens une grande partie de leurs moyens. Lorsqu'on cherche ce que l'on doit dire, il est rare qu'on le dise bien. Un rôle qui ne se présente pas lui-même, et qu'il faut chercher dans sa tête, ne sera jamais un rôle bien joué; et c'est particulièrement le cas où l'effort du travail bannit tout à fait l'illusion.

[...] Si M. Damas n'avait point été vêtu en Dominicain, nous aurions cru, à son entrée du troisième acte, qu'il venait jouer les fureurs d'Oreste. Jamais nous n'avons vu entrer sur la scène plus en énergumène; il avait vraiment l'air d'un furieux. Il est clair cependant par le premier mot de cette scène: *Est-ce vous Dorval?* qu'il doit entrer avec beaucoup de précautions, comme un homme qui craint d'être aperçu. Toute la scène doit même être dite à voix très basse. M. Monvel, M. Saint-Fal n'y manquent pas, lorsqu'ils jouent ce rôle. Nous ignorons ce qui a poussé M. Damas à le crier à tue-tête; c'est non seulement un contresens, mais un oubli total des convenances théâtrales. Un homme qui a un secret à révéler, dans un lieu où il craint à chaque instant d'être surpris, doit non seulement parler bas, mais s'interrompre à tout moment pour écouter et voir s'il n'arrive personne, etc.: c'est le moyen de faire un grand effet; car plus on parle à voix basse dans un moment intéressant, plus l'attention des spectateurs redouble. Tout acteur qui prendra le contre-pied de M. Damas dans cette scène peut être assuré de la bien rendre. D'ailleurs Dorval est tellement agité pendant toute cette scène, que, si le père Louis, qui vient pour le sauver, ne joue pas avec sang-froid et prudence, il n'y a point d'opposition et ils n'ont plus l'air que de deux imprudents qui vont se perdre. Or ce n'est pas là l'intention de l'auteur; il s'en faut bien. Une lecture un peu réfléchie de cette scène suffira pour en convaincre.

Nous rendrons justice à M. Damas dans d'autres parties de ce rôle. La scène du premier acte avec Picard a été assez sagement rendue, quoiqu'avec trop de précipitation encore; en tout trop de gestes, des mouvements brusques, un jeu point arrondi, de l'exagération, pas assez de tenue, de grâces ni d'aplomb; voilà les défauts: mais de la chaleur, souvent de la vraie sensibilité, du sentiment et de la force; voilà ce qui les compense. En tout, M. Damas, qui jouait Dorval au théâtre de la République, ne s'est pas assez souvenu que le père Louis, quoique chaud dans son amitié, est un caractère tout opposé; et que même ce n'est que du calme de l'un et de l'ardente exagération de l'autre que doivent naître plusieurs effets, dont le résultat est tout à fait manqué si l'on joue ces deux rôles dans le même sens. Nous finirons par demander à M. Damas pourquoi il vient, au premier acte, chez M. de Saint-Alban sans chapeau. Le chapeau fait partie de l'habit de Dominicain, ainsi que du costume de presque tous les ordres religieux, tout autant que de l'habit civil. Ainsi, c'est manquer aux convenances que de se présenter dans une maison étrangère sans cette partie intégrante de l'habillement.

M. Déligny a été monotone à son ordinaire dans le rôle peu important de M. de Saint-Alban. Il y avait l'air commun et y était trop bourgeoisement vêtu. Les acteurs paraissent un peu trop oublier aujourd'hui le costume dans la plupart des rôles qu'ils jouent; il est cependant très essentiel pour le complément de l'illusion.

Nous avons été beaucoup plus satisfaits de M. La Cave dans le rôle de M. de Francheville. Il y a mis de la vérité, de la noblesse, de l'aplomb, une diction très sage et la dose de sensibilité que comporte ce rôle. C'est un de ceux dans lesquels il nous a fait le plus de plaisir. Nous l'invitons à soutenir ses finales; à prendre plus d'aisance à la scène, à moins cadencer certaines phrases, surtout à la fin de ses couplets; et à bien s'observer sur ses gestes, partie, au reste, sur laquelle il s'est déjà beaucoup corrigé. Nous voyons avec plaisir que ce comédien profite des avis qu'on lui donne. Il a le bon esprit de sacrifier le petit amour-propre que d'autres mettent à mépriser une critique utile; il paraît mettre le sien à en profiter: c'est ainsi qu'on fait des progrès dans son art. [...]

Après avoir parlé des maîtres, disons un mot des valets. M. Dazincourt, dans Picard, a constamment été d'une vérité parfaite. Il avait bien l'air d'un de ces vieux et bons serviteurs, si rares aujourd'hui, qu'une longue suite de services et d'attachement a rapprochés de leurs maîtres; mais qui ont le bon esprit de ne pas oublier la distance qui les en sépare. Son ton était parfait avec M. de Francheville et avec le père Louis. La manière dont il l'a nuancé avec les autres domestiques, qu'il traite avec un sentiment d'amitié mêlé de bonté, qui prouve que si, d'un côté, ils servent le même maître, il n'est cependant pas tout à fait leur égal, nous a fait le plus grand plaisir. Elle prouve ce discernement exquis, cet esprit fin et réfléchi, cette connaissance profonde des finesses de l'art; qualités qui sont nécessaires pour jouer la comédie avec supériorité, mais qui malheureusement deviendront chaque jour plus rares; et ce n'est pas le public actuel qui les fera renaître lorsque la tradition en sera perdue.

On avait fait apprendre à M. Marchand le rôle du père Ambroise; mais pour ne pas fatiguer sa mémoire, on ne lui en a fait dire absolument que les répliques; ce qui rendait beaucoup d'endroits de la pièce inintelligibles. Nous ne nous en prendrons point à M. Marchand, ci-devant danseur et qui n'est à la comédie que pour faire des annonces; mais nous demanderons compte aux Comédiens d'une telle distribution. Pourquoi n'avoir pas fait jouer ce rôle à M. Gérard, qui au moins l'aurait dit tel qu'il est, au lieu de celui du père Anastase, qui n'a que quelques lignes? C'est avoir manqué doublement au public, 1° en lui présentant, dans un rôle assez important, un accessoire accoutumé à ne jouer que de simples monosyllabes; 2° en mutilant d'un bout à l'autre ce rôle, pour l'accommoder aux moyens de cet accessoire. Une telle conduite ne serait tolérable que si l'on manquait de sujets. Mais dès qu'il restait encore plusieurs acteurs à qui ce rôle pouvait convenir, on devait le leur faire jouer, et donner à M. Marchand celui qui n'a que quelques mots.

On doit des éloges à Mme Suin, qui a mis de la noblesse, une grande aisance et une belle entente de la scène dans le rôle de Mme de Saint-Alban; rôle que l'auteur a voulu rendre ridicule par des sentiments peu à l'ordre du jour; mais dont il a manqué l'effet en ne faisant dire à cette femme que des choses en général fort raisonnables.

Mlle Lange a déployé de la sensibilité dans Eugénie; mais cette sensibilité a été monotone, et par-là même de peu d'effet; ce qui tient plus au rôle lui-même, en général mal écrit et sans couleur, qu'au talent de l'actrice qui ne manque assurément ni d'âme ni de moyens d'intéresser. Au reste, elle nous a prouvé combien nous avions eu raison de blâmer les scènes doubles; car dans la scène cinquième du quatrième acte, elle s'est trompée de réplique dans son second couplet; erreur qui s'est prolongée jusqu'au milieu de la scène et qui a plus d'une fois embarrassé M. Fleury, qui cependant a coupé à diverses reprises avec adresse. Cette erreur, dont nous ne prétendons pas jeter la faute entière sur Mlle Lange, est une suite de la disposition de la scène. Le théâtre étant séparé par une cloison assez épaisse pour figurer un gros mur, et la réplique ne parvenant aux acteurs qu'en passant le long de la rampe, il devient fort difficile de la saisir, surtout lorsque le rôle oblige de parler à voix basse. [...] L'effet de cette représentation a été médiocre; parce qu'excepté M. Fleury et M. Dazincourt, presque personne n'était dans son rôle, et que la plupart le jouaient pour la première fois; aussi la pièce était-elle peu sue et la prose changée à un point incroyable. Sans le talent de M. Fleury, qui a soutenu l'intérêt et l'attention, le public serait sorti peu satisfait. On commence à se lasser de ces compositions exagérées, tellement hors de la nature qu'elles manquent leur but en l'outrepassant. Il n'a peut-être jamais existé en France, dans un ordre religieux, un scélérat comme le père Laurent. Jamais on n'y a fait passer pour morte une religieuse, parce qu'il devenait impossible de justifier son décès, et qu'en cas de doute, le ministère public avait soin de faire des recherches. L'envoi au couvent d'Eugénie n'est point assez motivé; et la vocation de Dorval peu probable au bout d'un an d'épreuve, etc. Or, tout l'intérêt qui n'est point fondé sur la vraisemblance est un intérêt factice et qui n'émeut point. Aussi cette pièce, écrite d'un bout à l'autre du style le plus trivial, le plus commun et le plus embarrassé n'est-elle nullement attachante. On n'y éprouve guère que des sentiments d'horreur et de curiosité. Le cœur n'est pour rien dans les sensations qu'elle procure. Nous comparerons ces sortes de compositions à ces breuvages qui n'ont de mérite que dans leur force; que les gourmets d'un goût délicat repoussent et qui ne peuvent convenir qu'à des gens blasés et dépravés, avec lesquels il est plus nécessaire de frapper fort que de frapper juste. »[433]

En 1830
Représentations du Théâtre de la Porte Saint-Martin:
Souvenirs de France et d'Italie dans les années 1830, 1831 et 1832, par le comte Joseph d'Estourmel, Paris, Crapelet, 1848, à la date du 1er octobre 1830, p. 47-48:

---

[433] Grimod de la Reynière, *Le Censeur dramatique,* 10 novembre 1797, p. 472-484.

« Je suis surtout frappé à présent du ridicule; j'en ai trouvé beaucoup dans ces *Victimes*, et le jeu des acteurs n'y gâtait rien. Il y avait entre autres un capucin profondément dissimulé qui n'a pas cessé de retourner ses prunelles et d'en faire ce que le roi Dagobert faisait de ses culottes: jamais on n'a mieux louché au théâtre. Mais aussi quel succès d'enthousiasme: " Voyez l'affreux scélérat! criaient les prêtrophobes; il ne montre que le blanc de ses yeux! " et c'était une joie et des transports et des *marseillaises* qui se répondaient du parterre au paradis. Vraiment, si l'on voulait considérer combien il faut se rendre ridicule pour plaire à la multitude, je crois que cela en dégoûterait ».

Le Corsaire, journal des spectacles, de la littérature, des arts, mœurs et modes, 22 août:
« Gobert (Dorval) donne surtout à son rôle une expression de sensibilité déchirante ».

Courrier des théâtres, n° 4271, samedi 21 août 1830, p. 4:
« Gobert, sa femme, Auguste, Provost et Mme Dorval s'y acquittent parfaitement de leurs rôles, et le théâtre donne beaucoup de soin à la vérité de la mise en scène. La dernière scène est des plus touchantes »

Courrier des théâtres, n° 4273, lundi 23 août, p. 4:
« Pièce jouée avec ensemble. Point capital ».

Journal des comédiens, 20 août 1830, p. 3:
« Son succès n'a pas été douteux hier; seulement il sera nécessaire de faire encore de nouvelles coupures. Mme Allan-Dorval, qui reparaissait par le rôle très court d'Eugénie a été fort applaudie et méritait de l'être. Le public a aussi fréquemment donné des preuves de sa satisfaction à M. Gobert, chargé du rôle fatigant de Dorval; à M. Jemma qui joue le père Laurent. M. Provost, qui représente le père Louis a été applaudi à trois reprises au second acte ».

Représentation*s* en province :
Journal des comédiens, 15 octobre 1830: Théâtre d'Orléans, p. 2-3:
« Mais revenons aux *Victimes cloîtrées*. Il est peu de parisiens qui ne se rappellent avoir applaudi Mme Alexis Colleuille à la

Porte Saint-Martin. Beaucoup d'âme et de vérité, une grande entente de la scène, une voix faible mais pénétrante, mais féconde en émotions, de la grâce sans afféterie, de la tournure, de la physionomie, de la beauté, voilà ce qui recommande cette intelligente actrice.
Nous ne nous attendions guère à voir un drame si bien rendu par une troupe d'opéra-comique. Le père Laurent, M. Gondain, a parfaitement nuancé son rôle; c'est l'écueil de l'acteur chargé de celui de Dorval: sans doute il est chaleureux, mais c'est l'être trop que de l'être toujours. Le père Louis a été rendu par M. Alexis Colleuille, avec une franchise qui contraste très bien avec la noirceur perfide du père Laurent; et la *Parisienne*, qu'il est venu chanter en costume de Dominicain n'a pas offert le contraste le moins piquant de la représentation ».

Journal des comédiens, 17 octobre 1830: représentation de Calais, le 6 octobre, p. 3:
Les Victimes cloîtrées « avaient attirée chambrée complète au spectacle, dimanche. Ce drame de Monvel a été joué avec beaucoup d'ensemble par nos acteurs, qui méritent tous des éloges. Nous devons citer cependant M. Fontbonne, qui, dans son rôle de Dorval, a déployé un véritable talent. À la dernière scène du premier acte, son jeu a été si dramatique, si touchant, qu'une dame s'est trouvée mal: tous les yeux étaient pleins de larmes. Mlle Fédora a produit le même effet dans le rôle trop court d'Eugénie ».

Journal des comédiens, 20 octobre 1830: représentation à Strasbourg du 13 octobre, p. 3:
« *Tartufe* et *les Victimes cloîtrées* avaient attiré beaucoup de monde [...]. Les situations fortes et pathétiques des *Victimes cloîtrées* ont beaucoup intéressé et vivement ému l'auditoire. [...] Il est juste de dire qu'il a été fort bien joué. Le rôle de Dorval se rapproche du ton tragique et convient parfaitement au talent de M. Lagardère; Mme Lami-Grasseau a été entraînante dans le court mais intéressant rôle d'Eugénie: elle a fait couler d'abondantes larmes ».

Journal des comédiens, 21 octobre 1830, représentation à Marseille du 15 octobre, p. 2-3:
« l'ouvrage admirable [...] a été représenté avec un ensemble rare: l'effet a été colossal. [...] Le père Laurent a été représenté

d'une manière exécrablement atroce par M. Falbert. C'est faire le plus bel éloge du talent de cet artiste ».

Journal des comédiens, 2 décembre 1830: représentation au Théâtre de Metz du 28 novembre, p. 5-6:
« Les acteurs ont fait de leur mieux pour donner à l'œuvre de Monvel cet ensemble si indispensable au succès de toute représentation dramatique. M. Lange, chargé du rôle difficile de Dorval, a rendu ce personnage d'une manière très remarquable, et a prouvé beaucoup d'intelligence en ne se livrant point à une diction mélodramatique, mais en répandant à propos de la chaleur et une profonde sensibilité. Mlle Clément a fort bien exprimé toutes les angoisses auxquelles Eugénie est en proie. Le père Laurent, dont le caractère odieux est calqué sur celui de Tartufe, est un rôle susceptible des plus profonds développements de la part de l'artiste qui en est chargé; ce rôle était confié à M. Elie, qui a donné à ce dominicain un ton hypocrite assez naturel, mais n'a pu cependant parvenir à faire passer dans l'âme des spectateurs toute l'horreur que doit inspirer un tel personnage ».

ANNEXE 5

LA ROMANCE DES *VICTIMES CLOÎTRÉES*[434]

La popularité de la pièce de Monvel est attestée par l'existence d'une romance intitulée *Les Victimes cloîtrées ou les Infortunes de Dorval et d'Eugénie*, qui a circulé sous la forme d'une petite brochure de quatre pages in-12 ou 6 pages in-24, dans plusieurs éditions, au moins jusque dans les années 1810. L'un des exemplaires consultés [Arsenal G.D. 24583, version reproduite ici] l'attribue au Citoyen Collignon du Mont (ou Collignon-Dumont), auteur, par ailleurs, du *Catéchisme républicain ou La France par l'abolition des rois et de la royauté* (1792). Nulle trace de préoccupation idéologique pourtant dans ce texte, d'un intérêt littéraire limité, pas plus que dans le résumé de l'intrigue qui précède la chanson. Ce qui en fait l'intérêt, en témoignant de la progressive dépolitisation de la fable dans l'imaginaire collectif.

Les paroles se chantaient sur l'air *Comment goûter quelques repos*, qui est celui de Céphise dans *Renaud d'Ast*, comédie en deux actes et en prose par Radet et Barré, sur une musique de Dalayrac, représentée pour la première fois à la Comédie-Italienne le jeudi 19 juillet 1787.

Dorval, fils d'un riche négociant, aimait tendrement Eugénie, il demanda sa main, on lui promit, mais le Père Laurent, directeur des Dominicains et confesseur de la mère d'Eugénie, fit rompre les promesses. Elle fut mise dans un couvent, près celui des Dominicains. Le père Laurent, d'intelligence avec la Supérieure voulut la séduire; mais elle le repousse avec indignation et promit de se plaindre à ses parents; peu de jours après, la supérieure écrivit au père Laurent qu'elle persistait toujours dans ses mêmes résolutions, alors ils la firent renfermer dans un cachot, et on la fit passer pour morte.

---

[434] *Les Victimes cloîtrées ou les infortunes de Dorval et d'Eugénie*, par le C. Collignon du Mont, propriété de l'Éditeur Gauthier, se trouve rue du Martoy, n°5, Arcade St-Jean, près de la Grêve. [Arsenal G.D 24583]. Autre exemplaire sous la forme d'une brochure de 4 pages, in-12, se trouve chez Mde. Labarre, rue St.-Germain l'Auxerrois, s.d. [Tolbiac, YE-56375, dans un recueil factice de chansons, qui datent pour la plupart des années 1806-1810].

Dorval, que le désespoir entraîne, résolut de se retirer du monde, il se rendit dans le couvent des Dominicains sous la direction du père Laurent qui l'exhortait beaucoup à prononcer ses vœux, mais le père Louis, jeune dominicain, l'en détourna en disant que le père Laurent qui le caressait était l'auteur de la mort d'Eugénie. Il ne voulut pas le croire, alors il tire une lettre de son sein, qui était celle que la supérieure avait écrit au père Laurent: Dorval lit! frémit d'horreur! et promit de venger son amante.

Le père Laurent le surprit la lettre entre ses mains, et il le fit aussi renfermer dans un cachot; là seul livré à la douleur, il cherche et trouve un écrit qui lui indique une barre de fer dont il se sert pour la démolition du mur qui le sépare d'un autre cachot; il entend des gémissements, il redouble avec courage, les pierres tombent; il entre dans le cachot et reconnaît Eugénie.

Le père Louis qui avait observé toutes leurs démarches fut avertir les parents d'Eugénie; ils viennent au couvent, font perquisition et découvrent les cachots des deux victimes.

LES VICTIMES CLOITRÉES

OU

LES INFORTUNES DE DORVAL ET D'EUGÉNIE

ROMANCE

AIR: Comment goûter quelques repos.

Dorval, modèle des amants
Ne voyait que son Eugénie,
Et tout le bonheur de sa vie
Consistait dans ses doux serments;
Mais, oh! fatales destinées,
L'orgueil les sépare à jamais,
Et le plus affreux des forfaits
Fait deux victimes condamnées. (*bis*)

  Là tout auprès, jour odieux!
Dans un cloître du voisinage,
Sa tendre amante, ah! quel outrage!
Est enlevée à tous les yeux.
Dans le fond d'un cachot horrible,

On la plonge malgré ses pleurs,
Et pour augmenter aux horreurs,
On dit mort cet être sensible. (*bis*)

Dorval, en proie à la douleur,
Profère le nom d'Eugénie,
Et du sentiment qui le lie,
Il ne connaît plus la douceur;
Dans le fond d'un couvent austère
Il veut ensevelir ses maux,
Et, par les plus rudes travaux,
Pleurer une perte si chère. (*bis*)

Père Laurent, son directeur,
Flatte et caresse sa victime,
Et par l'artifice et le crime,
Arrache le vœu de son cœur.
Trompé par cette voix impure,
Dorval promet l'âme et les biens,
Et, pour former d'affreux liens,
Il va mentir à la nature. (*bis*)

Voyons Dorval de son côté,
Toujours brûler de même flamme,
Conserver au fond de son âme
L'espoir de la félicité.
Alors la voix de la sagesse
Lui dit: Sois libre, sois à toi!
Il articule: Elle est à moi,
Je dois vivre pour la tendresse. (*bis*)

Son souvenir est dans mon cœur,
Je revois toujours son image;
Je lui rendrai ce pur hommage,
Où je trouvais le vrai bonheur.
Punissons cette apostasie,
Dit Père Laurent en courroux:
Amis, sa fortune est à nous,
Coupable, il doit perdre la vie. (*bis*)

Dans un affreux cachot jeté,
Respirant près de son amante,

Il n'a que la mort pour attente.
Un cercueil est à son côté;
Il l'embrasse et verse des larmes,
Quand un écrit frappe ses yeux;
Il lit: Espère et sois heureux
Et vois la fin de tes alarmes. (*bis*)

   Aussitôt des gémissements
Se font entendre à son oreille;
De longs soupirs, quelle merveille,
Vient troubler mes derniers moments?
Ah! Ranimons notre courage,
Ébranlons ce mur mitoyen;
Pour tant de mal, faisons le bien,
D'un homme juste c'est l'ouvrage. (*bis*)

   Il frappe à grands coups redoublés,
Un autre cachot se présente.
Dieu! Quel transport, c'est mon amante,
Rassurez mes esprits troublés.
Je te revois, mon Eugénie,
De mes jours, c'est là le plus beau;
Je ne craindrai plus le tombeau,
Il nous unira, mon amie. (*bis*)

   Mais quel ange consolateur
Descend dans cette sépulture!
Veut-on nous rendre à la nature!
Retrouverons-nous le bonheur?
Je vois mon ami, vois ta mère,*
Nous rendre à notre liberté,
Heureux moment, félicité;
Tu renais enfin sur la terre. (*bis*)
* *Il voit entrer le père Louis, qui conduit l'oncle, le père et la mère d'Eugénie.*

ANNEXE 6

LEWIS ET *LES VICTIMES CLOÎTRÉES*

THE MONK (1795)

Quoique Lewis, dans son avertissement ne fasse pas figurer *Les Victimes cloîtrées* au nombre des sources revendiquées de son roman, certains passages portent la trace du drame de Monvel. En voici quelques exemples:

La disparition d'Agnès:
Le lendemain matin, Lorenzo alla au couvent et demanda à voir sa sœur. L'abbesse se présenta à la grille, la tristesse sur le visage. Elle lui apprit que depuis plusieurs jours, Agnès avait paru fort agitée, qu'en vain les nonnes l'avaient pressée de dire ce qu'elle avait, de s'adresser à leur tendresse si elle avait besoin d'avis et de consolations: elle s'était obstinée à taire la cause de ses chagrins; mais dans la soirée du jeudi, l'effet en avait été si violent qu'elle était tombée malade et qu'à présent elle était retenue au lit. Lorenzo n'en crut pas une syllabe: il insista pour voir sa sœur; si elle était hors d'état de venir à la grille, il demanderait à être admis dans sa cellule. L'abbesse fit le signe de la croix: elle fut choquée de l'idée que l'œil profane d'un homme pénétrerait l'intérieur de la sainte maison, et témoigna son étonnement que Lorenzo pût avoir une telle pensée. Elle lui dit que sa demande ne pouvait lui être accordée, mais que, s'il revenait le jour suivant, elle espérait que sa bien-aimée sœur serait suffisamment rétablie pour venir à la grille du parloir. Sur cette réponse, Lorenzo fut obligé de se retirer, mécontent et tremblant pour la sûreté de sa sœur.[435]

---

[435] Matthew G. Lewis, *Le Moine*, roman traduit de l'anglais par Léon de Wailly, Arles, Actes sud, « Babel », 1996, Volume II, chapitre 2, p. 231.

Agnès passe pour morte. À l'occasion d'une émeute contre le couvent, Lorenzo pénètre dans ses souterrains et découvre une malheureuse recluse, qui évidemment, s'avèrera être sa sœur:

[La lueur] venait d'une petite lampe posée sur un tas de pierres, et dont les rayons languissants et lugubres servaient plutôt à montrer qu'à dissiper les horreurs d'un cachot exigu et sombre, construit dans une partie du souterrain: elle faisait voir aussi plusieurs autres enfoncements semblables, mais dont la profondeur se perdait dans l'obscurité. La lumière jouait froidement sur les murailles humides dont la surface moisie la reflétait à peine; une brume épaisse et malsaine enveloppait d'un nuage la voûte du cachot. En avançant, Lorenzo sentit un froid perçant circuler dans ses veines; mais les plaintes fréquentes l'engagèrent à poursuivre. Il se tourna de leur côté, et à la faible lueur de la lampe, il vit dans un coin de ce séjour odieux une créature étendue sur un lit de paille, et si misérable, si amaigrie, si pâle, qu'il ne sut si c'était une femme. Elle était à moitié nue; ses longs cheveux épars tombaient en désordre sur son visage et la cachaient presque entièrement; un bras décharné pendait négligemment sur une couverture en lambeaux qui entourait ses membres convulsés et grelottants; l'autre était replié autour d'un petit paquet qu'elle serrait contre son sein;[436] un grand rosaire était près d'elle; en face, un crucifix sur lequel elle tenait fixés ses yeux creux, et à son côté un panier et une petite cruche de terre.

Lorenzo s'arrêta: il était pétrifié d'horreur; il regardait ce misérable objet avec répugnance et pitié. Il trembla à ce spectacle: il sentit le cœur lui manquer; ses forces l'abandonnèrent, et ses membres furent incapables de soutenir le poids de son corps. Il fut obligé de s'appuyer contre le petit mur qui était près de lui, sans pouvoir avancer ni parler à cette infortunée: elle jeta les yeux vers l'escalier; le mur cachait Lorenzo et elle ne le vit point.

- Personne ne vient! murmura-t-elle enfin.

Sa voix était creuse et râlait; elle soupira amèrement.

- Personne ne vient! répéta-t-elle; non! on m'a oubliée; on ne viendra plus!

Elle s'arrêta un instant, puis elle continua tristement:

---

[436] On s'apercevra par la suite qu'il s'agit du cadavre de son nouveau-né!

- Deux jours! deux longs jours, et pas de nourriture, et pas d'espoir, pas de consolation! Insensée! Comment puis-je désirer de prolonger une vie si misérable!... Pourtant une pareille mort! O Dieu! périr d'une pareille mort! Passer des siècles dans cette torture! Jusqu'ici, je ne savais pas ce que c'était que d'avoir faim!... Écoutons!... Non! personne ne vient: on ne viendra plus.[437]

De son côté, le moine Ambrosio s'est emparé d'Antonia, qu'il convoite depuis longtemps. Ayant assouvi son désir, il refuse de la laisser partir.
- Où allez-vous? cria-t-il d'une voix sévère; revenez à l'instant.
Antonia tremblait: il avait l'air furieux.
- Que voulez-vous de plus? dit-elle timidement, ma ruine n'est pas complète? ne suis-je pas perdue, perdue à jamais! Votre cruauté n'est-elle pas satisfaite, ou ai-je encore plus à souffrir? Laissez-moi partir: laissez-moi retourner chez moi, et pleurer en liberté ma honte et ma misère.
- Rentrer chez vous? répéta le moine, avec une ironie amère et dédaigneuse; puis tout à coup, les yeux flamboyants de colère: Quoi! afin que vous me dénonciez au monde; afin que vous me proclamiez un hypocrite, un ravisseur, un traître, un monstre de cruauté, de libertinage et d'ingratitude! Non, non, non! Je sais toute la gravité de mes torts; je sais que vos plaintes seraient trop justes, et mes crimes trop notoires! Vous ne sortirez point d'ici pour raconter à Madrid que je suis un scélérat, que ma conscience est chargée de péchés qui me font désespérer du pardon divin. Malheureuse fille, vous devez rester ici avec moi; ici, parmi ces tombes solitaires, ces images funèbres, ces corps hideux, putréfiés. Ici vous resterez et serez témoin de mes souffrances; vous verrez ce que c'est que d'être en proie aux horreurs du désespoir; et de rendre le dernier soupir dans le blasphème et les imprécations!...[438]

---

[437] *Ibid.*, volume II, chapitre III, p. 400-401.

[438] *Ibid.*, volume II, chapitre IV, p. 417-418.

Publiant, en 1931, *Le Moine (de Lewis)*, qu'il entend « raconter » et non traduire, Antonin Artaud relève quelques caractéristiques du roman qui présentent bien des points communs avec l'esthétique dramatique du 4ᵉ acte des *Victimes cloîtrées.*

La scène dans le souterrain, pour qui veut la voir sous son vrai jour, se dépouille de son romantisme apparent, de ses flux et reflux de cadavres, de son abjecte odeur trop purement physique, pour prendre l'aspect d'un coup de sonde jeté dans tous les bas-fonds du hasard et de la chance, et, revêtue du plus scintillant aspect métaphysique, devenir un appel pressant, frénétique, à l'amour dans la liberté. Les libertés extérieures, physiques, physiologiques, que le moine se donne sur sa victime ne sont rien à côté du mouvement sadique qui pousse Lewis à opposer en imagination, à ce moment-là, toutes les barrières, tant morales que physiques, au mouvement naturel de l'amour, pour mieux s'y ruer et les vaincre, pour arriver à une sorte de phosphorescence psychique, - en rapport avec toutes celles des pourritures environnantes, - du sentiment comprimé à son point maximum.

Barrière du lieu, à la fois désert et plein de recoins susceptibles de dissimuler n'importe quel voyeur gênant;

Barrière du froid, des bandelettes de la victime qu'il faut enlever une à une et qui s'opposent l'une après l'autre à l'assouvissement de son ravisseur; barrière des vœux du moine brisés une fois de plus; barrière du rapt initial qui pèse comme une tare sur cet amour; barrière de la mort de la victime qu'on n'a qu'au fond d'un sépulcre et en profitant de la croyance générale en sa mort; barrière de l'insensibilité de la victime qui doit se réveiller du sommeil comme de la mort pour qu'on puisse la posséder; barrière des circonstances extérieures, de l'émeute, du couvent envahi, des religieux qu'on égorge tandis que leur chef, au fond d'un caveau, cherche à posséder une femme; barrière de l'instabilité même des circonstances qui fait que la solitude du moine avec sa victime peut être d'un instant à l'autre violée; barrière du cadre, de l'horrible, nauséabonde, et - étant donné les circonstances - véritablement *philosophique* odeur de la mort;

Barrière enfin de la mort elle-même, des cadavres en train de se liquéfier dans leur niche, avec toutes les conclusions morales qui peuvent en être tirées quant à l'usage et à la *destination* des corps, dans l'amour et ailleurs, etc., etc.

Ceci dit, reste le côté fantastique du *Moine* contre lequel je continuerai à ne pas m'inscrire en faux, quelles que soient les réactions des modes littéraires à son sujet. La valeur intrinsèque du *Moine*, au point de vue littéraire, n'est ici pas cause et ce n'est pas l'aspect sous lequel je veux le considérer. Si les milieux littéraires, qui ont remis le livre à la mode il y a quelques années, s'en détournent, - libre à eux, - cela n'empêche pas que, même littérairement parlant, et en fonction de l'atmosphère extraordinaire, véritablement surnaturelle qu'il dégage par endroits, *Le Moine* ne continue à demeurer un livre réussi et d'actualité.

La scène de *la Nonne sanglante*, celle du *Juif errant*, celle surtout de la chute et du désastre du couvent, avec la poursuite dans les catacombes et l'apparition de la Statue magique, ont la même efficacité d'évocation, le même pouvoir de lever en bloc les images dans le cerveau du lecteur, que les incantations d'un rituel magique par rapport à l'objet de ces incantations. Je veux dire que, réellement et *matériellement*, tout cela tient d'une sorte de sorcellerie verbale, et que je ne me souviens dans aucune lecture avoir vu arriver sur moi des images, s'ouvrir en moi des images avec ces sortes de plongées dans tous les dessous intellectuels de l'être, des images qui, dans leur aspect d'images, traînent avec elles un véritable courant de vie prometteur *comme dans les rêves*, de nouvelles existences et d'actions, à l'infini.[439]

VENONI OR THE NOVICE OF ST. MARK'S *(1808)*

Cette adaptation des *Victimes cloîtrées* est analysée dans l'introduction. Nous nous contentons de reproduire une partie de la préface de Lewis, les derniers mots de la pièce, ainsi que deux comptes rendus concernant les représentations de la pièce et sa réception à Londres.

Extraits de la préface de Lewis:

---

[439] Antonin Artaud, avertissement du *Moine* (1931) (Paris: Gallimard, « Folio », 1966), p. 10-12.

This drama is in great measure translated from a French Play in four acts, called *Les Victimes cloîtrées*. – The principal alteration consisted in the Viceroy's character, who in the original was a Republican Mayor, whose sentiments and conduct were by no means adapted to the present times or to the British taste; this character, therefore, I was obliged to new-model entirely.

[...] On the first night of representation the two first acts were well-received; the last was by no means equally successful, and the concluding scene operated so strongly on the risible muscles of the audience, as to make it evident to me on the third night, that unless I could invent an entirely new last act, the piece must be given up altogether- under this persuasion, I set my brain to work, and in four-and-twenty hours I composed the last act, as it now stands, both plot and dialogue. With this alteration, the drama was received with unqualified applause; and it has already gone through eighteen representations, when a stop was put to it by the burning down of Drury Lane Theatre.[440]

Acte III, scène 3, derniers mots de la pièce (dans la version finale du dénouement). La leçon proposée par Lewis est quelque peu différente de celle de Monvel. Le Père Michael est ici l'équivalent du père Louis, le Vice-roi celui de Francheville et Venoni celui de Dorval.

FATHER MICHAEL. [...] then retiring to some more virtuous fraternity...

THE VICEROY. What, Father? after such experience of a convent's interior, will you again...

FATHER MICHAEL. Ah! Forbear, my Lord, nor brand a whole profession with disgrace because some few of its professors have been faulty- 'tis not the *habit* but the *heart,* 'tis not the name he bears but the principles he has imbibed, which make men the blessing or reproach of human nature. – Virtue and

---

[440] *Venoni or The Novice of St. Mark's,* a drama in three acts, by M. G. Lewis (Londres: Longman, 1809), p. v-vi.

vice reside equally in courts and convents; and a heart may beat as purely and as nobly beneath the Monk's scapulary, as beneath the ermine of the judge, or the breast-plate of the warrior.

VENONI. The good Friar says right, my friend – then let us scorn to bow beneath the force of vulgar prejudice, and fold to our hearts as brethen in one large embrace men of all ranks, all faiths and all professions. The monk and the soldier, the protestant and the papist, the mendicant and the prince, let us *believe* them all alike to the be virtuous till we *know* them to be criminal, and engrave on our hearts, as the first and noblest rule of moral duty and of human justice, those blessed words:

BE TOLERANT.

Compte rendu de la *Select reviews and spirit of the foreign magazines*: Theatrical. Drury Lane. Thursday, December 1, 1808.

A New Drama, called *Venoni, or the Novice of St. Mark,* from the pen of Mr. *Monk* Lewis, was performed for the first time.

Fable. Venoni, a young Sicilian nobleman, was on the point of marriage with Josepha, when her parents were obliged to visit the court of Naples. During their absence, Josepha was placed in a convent, where, it was reported, she shortly after sickened and died. Grief for her loss for a time robbed Venoni of his senses; and on his recovery he entered the monastery of St. Mark, which was only separated by a party-wall from the convent of the Ursulines, in which Josepha was said to have expired. At this period the piece commences. Venoni is on the eve of pronouncing his vows, when father Michael gives him a letter form the abbess to the prior of St. Mark, which explains that Celestino, the prior, had failed in an attempt upon Josepha's virtue, and that her removal from the world had been thought necessary, to prevent her divulging to her parents the infamous conduct of the abbess and her confederate. Blinded by fury, Venoni shows this letter to the prior, who says to his holy brethens: « We are all discovered. » In consequence, Venoni is prevented from leaving the monastery, and confined in a subterraneaous dungeon, where the preceding victim of Celestino's rage died, after having been confined twenty years, and which the prior believes to be unknown to all except himself and his accomplices: but father Michael having suspected the existence of such a dungeon, has traced out the way to it, and hastens to apprize the viceroy. In the meanwhile, Venoni, in endeavouring to escape from his prison, knocks down the party-wall, and thus breaks into the adjoining convent, and discovers his mistress, likewise in a dungeon, who had not been put to death, but closely confined; and the deliverance of both is shortly after produced by the arrival of father Michael, with the Viceroy and Josepha's parents.

Dangbe—Excellent, i'faith! – But won't this appear *rather improbable?*

Puff—To be sure it will; but, what the plague! a play is not to show occurrences that happen every day; but things just so strange that though *they never did*, they *might have happened!*—SHERIDAN.

Notwithstanding this authority, we cannot help avowing, that we think the incidents of this play never did, or are ever likely to happen. There is such a mixture of horrour and improbability about them that defies even all credibility; for who can believe that Celestino, the prior of St. Mark, could live on such terms of intimacy and friendship, as he is represented to do, with the marchioness of Caprara, while he is keeping her daughter Josepha during the period of twelwe months, in a tremendously horrid subterraneous cave, lighted only by the melancholy glimmer of a sorry lamp, because she would not consent to his libidinous passion; at the same time cajoling her mother and all her friends, with the tale that she was dead and buried, in the convent of the Ursulines, in which her relations had placed her!— But this burying alive is not all: we have insanity and murder to boot, insomuch that our author again, as Shakespeare says « waxes desperate with imagination », as he was wont to do in the MONK, and his other gloomy and most extravagant productions. His predilection for caverns, ghosts, blacks and other strange auxiliairies to his muse had fortified us in the expectation of witnessing something not to be met with every day, either in castle, cloister, or prison; but, notwithstanding this, the denouement of *Venoni* is so horrid and improbable, and the pantomime atrocity so very glaring, that it excited the universal disgust of the audience; and, like them, we more than once wished the curtain would fall to relieve us from terrours no one could give credit to.

The noise and confusion was so great at the latter end of the piece, that we could not by any means discover what became of the prior and his holy brotherhood, who were all represented to be villains alike, in compliment, we suppose, to the reigning sentiment lately in vogue in France (that all priests are rogues) whence this piece derives its origin. It is taken from the French drama entitled *Les Victimes cloîtrées*, which was performed at Paris with great success. And when it is considered how forcibly it attacks the monks, we cannot in the least be surprised; as that order of people has been, by the fashionable philosophical currency, sujected ot the most unmanly attacks of writers who chose to level their sarcasm and illiberality at them when they had not even the privilege of defending themselves from *la liberté et l'égalité*.

The audience manifested great disapprobation; and much must be curtailed to ensure it even a short run. The third act can never remain on the stage in its present state. A most ridiculous masquerade scene helped to lenghten the play without producing any other effect, than that of adding weight to what was already too heavy; although, like the comick wit of the piece, it was intended to lighten it. *Apropos* of this wit the following is a specimen. The scene, as our readers have already been informed, lies at Messina. Benedetto says: « If I were a senator I would have *an act of parliament* to prevent fat people from walking out in the dog days. » — In fact the humorous parts of the play produced no laughter; but it would be doing great injustice to the author not to avow that the language of the serious parts, in general, is highly creditable to him; eliciting fine sentiments, finely expressed. When it is published, we shall notice some of those passages which struck us as particularly worthy of attention.

We present our readers with a slight representation of the situation of the hero and heroine in the last scene, by which they will be enabled to judge of its probability. Such of them as have been abroad will be surprised to see a convent and a monastery so nigh each other, and perhaps may exclaim as a highly distinguished foreigner did to us, on viewing this exhibition: *Diantre, nous autres n'avons jamais vu pareille chose dans le monde—mais croyez-vous que John Bull l'avalera?*

LES VICTIMES CLOITREES

Mr. Lewis's pair of Dungeons.[441]

EXPLANATION.

A. Josepha's dungeon, in the convent of the Ursulines, where she has been confined one year. This unfortunate lady appears only in this last scene.—B. Venoni's dungeon in the monastery of St. Mark.— This pair of dungeons fills the whole front of the stage.
C. The party wall that divides the two dungeons, and which is knocked down by the exertions of Venoni— a feat we believe not to have been equalled since the days of Guy Earl of Warwick, or Jack the Giant-Killer.
N°2 represents the dungeons after the exertions of Signor Venoni's athletick powers.
****
On Wednesday evening, December 7, the author, in consequence of the marked disapprobation of the audience, desired it to be announced that he would withdraw the piece, to write an entire new third act.— On the same morning appeared the following paid for puff, in a diurnal print:
« Indeed this new drama seems to unfold new beauties every successive representation. It was disputed, however, which had more admirers, *Venoni* or *Love in a Tub*: the latter certainly appeared universally to please. »
Thus it appears that a contemptible dance has *universal* admirers, while Venoni, notwithstanding *its new beauties every night*, is left in the minority and obliged to be written over again! Surely this is a strange way of puffing, and worthy only of *modern* managers, modern authors and modern newspapers.
****
Monday, December 12, the drama of *Venoni* was again brought forward, with alterations and an entire new third act, much to the credit of the author, and to the improvement of the piece; as some part of the improbability has been done away, *although Ludovico,* THE DEAD MAN, *has really been brought to life*, as our readers will perceive by the following account of the new third act.

---

[441] Suivent deux dessins, qui illustrent la bipartition de la scène et la réunion des deux cachots à la fin de l'acte

It opens wth a view of the inside of an awful, subterraneous dungeon, where Celestino and his confederates determine to fix the last abode of Venoni, whom they convey thither. There Venoni meets the monk Ludovico (spoken of in the play as dying, after having been confined 20 years in the vaults of the monastery) and informs him, that he has discovered an outlet that leads to the convent, but that door to the passage is strongly bolted. This door, Venoni, by means of a bar found in his dungeon, breaks down, and thereby escapes. The next scene discovers the abbess and Celestino consulting about the future disposal of Josepha, and concludes with his determination to possess her. Josepha is then brought blindfolded into a dungeon, near the hall of the convent, and left, as if to be confined there for ever; when suddenly, after a solemn symphony on the organ, the scene draws and discovers the abbess with her sister companions in the hall, which is finely illuminated and prepared for a banquet; here, while the abbess is persuading Josepha to listen to Celestino's designs, Venoni breaks in and, recongnising Josepha, endeavours to carry her off, but is prevented by the entrance of Celestino and his party; who, while parting the lovers, is himself suprised by the entrance of father Michael, with the Viceroy and a party of guards at one door, and the father and mother of Josepha through another door of the convent; and the piece concludes.

This alteration was received with much applause, particularly by those who, like ourselves, had witnessed the ridiculous exhibition of a pair of dungeons, the party-wall, and its demolition. But the denouement could have been rendered still more complete if the *cidevant* dead man, Ludovico, had been introduced in the last scene, and confronted with his infamous superior, Celestino.[442]

Autre compte rendu, tiré du *Monthly Mirror*:

---

[442] *Select reviews and spirit of the foreign magazines,* by E. Bronson and others, vol. 1 (Philadelphia:The Lorenzo Press of E. Bronson, 1809).

[...] In this *damned* play called *Venoni*, Mr. Lewis, in dullness on one hand, and utter absurdity on the other, has left all his competitors [...] far behind [...].

That a man like Mr. Lewis, who once partly escaped from the delirium of a German brain, crowded with « *thick-coming fancies* », the inspiration of folly and wrote one of the most poetical and ingenious tragedies of modern times, should again relapse into its most ridiculous paroxysms, is altogether unaccountable. The mole blundered into a little light, its pureness offended him, and he hurried back to his original gloom. This is to have the genius of a Poet, unaccompanied by the taste and judgment of a critic.

[...] Venoni is then introduced and it is difficult to describe him. He (Mr. Elliston) appeared as if he were standing in *a white sheet* for his past offences— in *tragedy* we hoped, with a thorough determination to sin no more— but it turned out to be the old common cause, *love,* a he resolved to make himself as ridiculous as that passion can make a man. His appearance, like that of the *Ghost of Gaffer Thumb*, excited an universal titter, and some time elapsed before we discovered that this white dress, which clung about his little figure like a wet sheet, was intended for the costume of a *Noviciat of St. Mark's.* [...] He sees Josepha's picture, and much vapouring ensues, which ends in his fainting in Celestino's arms, who with great difficulty drags him off in that laughable situation, for he has all the appearance of a drunken man in his shirt, or one caught walking in his sleep.

[...] It is not easy to conceive anything more dull that the two acts already described, but the absurdity of the third is still more remarkable. The third opens with—believe it or not as you please— *a masquerade!* We saw Mr. Godwin in the house, and expected him every moment to cry out with old Dennis, « *That's my thunder!* » A *masquerade* in *Falkland* was, if possible, not so absurdly introduced as in *Venoni*— it was hissed throughout two scenes. Now we proceed. From the masquerade, we are transported to the dungeons.—O! such a dungeon, a double dungeon. Mark, and understand if you can. The scene represents two caves separated by a wall.—In the one on the left of the spectators was Josepha, all alive, and she was in the Ursuline convent; in the one to the right was soon after exhibited Venoni, and he was on the monastery of St. Mark's. You see them—the lady with dishevelled hair, *in the straw,* in one apartment, and the grieving lover, apparently in his shirt, prostrate in the next. To bring it more clearly before you: have you ever seen a weather-glass, now the *lady* out, now the *gentleman?* Such was the effect of this scene. Whe should have likened them in their two dens to the royal Bengal tyger, and his mate, but that there wanted a man with a long pole to stir them up in front. Here was a situation for effect—if you could but keep your muscles down.—Unluckily this was not the case, and our Pyramis and Thisbe without a hole in the wall were obliged to go on. Venoni looks about his cage, and the first thing he finds is a mouldering carcase in a box, at which he turns up his nose, and proceeds to discover in a corner (most miraculously) a scroll, on which is written in blood, not a story of a cock and bull, but of a crow, « *a crow without a feather* », one of some metal, with which he picks a hole in the wall, throwing about the bricks and mortar with infinite grace, until he finds himself in the arms of Josepha, whom he knows by the feel, for his own lamp is out, and he carefully puts out hers before he sees her. Just at this moment the viceroy, directed to this double dungeon by Michael, *who did not know* of its existence, bursts into Venoni's half, who is there in a moment to receive him; and at the same instant the Marquis and Marchioness rush into Josepha's, who is also there to do the honours of her share of the building: thus concluded, amidst a whirlwind of hisses, one of the most ridiculous and dull pieces we ever witnessed.

[...] In our outline of *Venoni*, we have not turned sense into ridicule, or burlesqued that which was serious. We admit that there is an interest in the first and second acts, and some ingenious working of the passions, but it is stretched to a ludicrous extreme. Such a piece must be seen, to be justly appreciated [...].

Mr. Elliston, in Venoni, was almost throughout an object of laughter. Whatever the *cat-lappers* of his dressing-room may assure him, he is never so very dull, as when he would assume an air of gravity and consequence, or so irresistibly droll, as when he affects a tragic start and stare. [...] « *The bird in younder cage confined* », meaning Mrs. H. Siddons in Josepha, was placed in a situation, in which all her excellence became burlesque. [...]⁴⁴³

---

⁴⁴³ *The Monthly Mirror reflecting Men and Manners, with strictures on their epitome, The Stage*, vol. IV, new series (Londres, 1808), p. 373-379.

BIBLIOGRAPHIE SÉLECTIVE

Textes du XVIIIe siècle

Baculard d'Arnaud, François-Thomas-Marie de, *Euphémie ou le triomphe de la religion, drame, troisième édition* (Paris, Le Jay, repris dans: *Théâtre*, t. I, Genève: Slatkine reprints, 1972).

---. *Le Comte de Comminge, drame en trois actes et en vers* (Paris: Veuve Duchesne, 1780).

Chénier, Marie-Joseph, *Fénelon ou les religieuses de Cambrai*, dans *Théâtre*, éd. G. Ambrus et F. Jacob (Paris: GF, 2002).

Diderot, Denis, *Œuvres complètes* (Paris: Le Club Français du Livre, 1970).

Dubois-Fontanelle, Joseph-Gaspard, *Éricie ou la vestale,* drame en trois actes et en vers (Londres: s.n., 1768).

Fiévée, Joseph, *Les Rigueurs du cloître* (Paris: Lepetit, s.d.).

Fleury, *Mémoires de Fleury de la Comédie Française*, publiés par J.B.P. Lafitte (Paris: Gosselin, 1844).

Grimm, Friedrich Melchior von, et *al.*, *Correspondance littéraire, philosophique et critique*, éd. Maurice Tourneux, 16 vol. (Paris: Garnier Frères, 1877).

Grimod de la Reynière, Alexandre Balthazar Laurent, *Le Censeur dramatique*, 10 novembre 1797.

La Harpe, Jean-François de, *Mélanie*, dans *Théâtre du XVIIIe siècle*, éd. J. Truchet, (Paris: Gallimard, « Bibliothèque de la Pléiade », 1974), II. 883-85.

---. *Correspondance littéraire adressée à Son A. I. Mgr le Grand-Duc, aujourd'hui empereur de Russie et à M. le comte André Schowalow, depuis 1774, jusqu'à 1789* (Genève: Slatkine reprints, 1968).

Lewis, Matthew G., *Venoni or The Novice of St. Mark's*, a drama in three acts (Londres: Longman, 1809).

Monvel, Jacques-Marie Boutet de, *L'Amant bourru, comédie en trois actes et en vers libres, représentée pour la première fois aux Tuileries sur le théâtre des Comédiens Français le mercredi 14 août 1777, Nouvelle édition revue et corrigée par le citoyen Monvel* (Paris: Barba, 1796).

---. *L'Amant bourru, comédie, nouvelle édition conforme à la représentation* (Paris: Duchesne, 1797).

---. *Théâtre, discours politiques et réflexions diverses*, éd. R. Laplace (Paris: Honoré Champion, 2001).

---. *Frédégonde et Brunehaut, roman historique* (Londres et Paris: Veuve Duchesne, 1775).
---. *Raoul, sire de Créqui, comédie en trois actes en prose* (Paris: s.n., 1790).
Pougens, Charles, *Julie ou la religieuse de Nîmes, drame historique en un acte et en prose* (Paris: Dupont, an IV).

Périodiques des XVIIIe et XIXe siècles

Affiches, annonces et avis divers ou Journal général de France
Chronique de Paris
Le Corsaire, journal des spectacles, de la littérature, des arts, mœurs et modes
Courrier des théâtres
L'esprit des journaux, français et étrangers
Gazette nationale ou Le Moniteur universel
Journal encyclopédique
Journal de Paris
Journal des comédiens
Journal des Théâtres
Mercure de France

Bibliographie secondaire

Les Cahiers du Théâtre des Pays du Nord, Centre Dramatique National du Nord Pas de Calais, n°17 (1989).
Traité du mélodrame, par MM. A! A! A! (Paris: Delaunay, Pélicier, Plancher, 1817).

Ambrière, Francis, *Mademoiselle Mars et Marie Dorval au théâtre et dans la vie* (Paris: Le Seuil, 1992).
Bara, Olivier, 'L'imaginaire scénique de la prison sous la Révolution. Éloquence et plasticité d'un lieu commun', dans *Les Arts de la scène et la Révolution française,* sous la direction de Ph. Bourdin et G. Loubinoux (Clermont-Ferrand: Presses de l'Université Blaise-Pascal, 2004), pp. 395-418
Brooks, Peter, « L'ouverture de l'abîme », traduit par Vincent Giroud, *Poésie,* n° 49 (Paris: Belin, 1989).

Daudet, Alphonse, *Chroniques dramatiques,* éd. A.-S. Dufief (Paris: Champion, 2006).

Duvignaud, Jean, *Sociologie du théâtre* [1965] (Paris: PUF, « Quadrige », 1999).

Estève, Edmond, 'Le théâtre « monacal » sous la Révolution, ses précédents et ses suites', dans *Études de littérature préromantique* (Paris: Honoré Champion, 1923), pp. 83-137.

Étienne, Charles et Alphonse Martainville, *Histoire du théâtre français depuis le commencement de la Révolution* (Paris: Barba, 1802).

Frantz, Pierre, 'L'espace dramatique de *La Brouette du vinaigrier* à *Cœlina*', *Revue des Sciences humaines,* 162, (avril-juin 1976), 151-61.

---. *L'Esthétique du tableau dans le théâtre du XVIIIe siècle* (Paris: PUF, 1998).

---. 'Les tréteaux de la Révolution', dans Jacqueline de Jomaron (dir.), *Le théâtre en France du Moyen-âge à nos jours* (Paris: Armand Colin, 1992), II, 9-33.

Gaiffe, Félix, *Le Drame en France au XVIIIe siècle* (Paris: Armand Colin, 1971).

Geoffroy, Julien-Louis, *Cours de littérature dramatique* (Genève: Slatkine reprints, 1970).

Ginisty, Paul, *Le Mélodrame,* (Paris: Éditions d'Aujourd'hui, « Les introuvables », 1982).

Guibert, Noëlle et Jacqueline Razgonnikoff, *Le Journal de la Comédie-Française, 1787-1799. La comédie aux trois couleurs* (Paris: SIDES, 1989).

Jauffret, Eugène, *Le Théâtre révolutionnaire (1788-1799)* (Paris: Furne, Jouvet et Cie, 1869; réimp. Genève: Slatkine, 1970).

Kennedy, Emmet, Marie-Laurence Netter, James P. McGregor and Mark V. Olsen, *Theatre, Opera and Audiences in Revolutionary Paris. Analysis and Repertory* (Westport et Londres: Greenwood Press, 1996)

Laplace, Roselyne, *Monvel. Un aventurier du théâtre au siècle des Lumières* (Paris: Honoré Champion, 1998).

Levayer, Paul-Édouard, 'Le « noir » au théâtre, des *Victimes cloîtrées* au mélodrame', *Europe, Le roman gothique,* 659 (mars 1984), 88-96.

Lucas, Hippolyte, *Histoire philosophique et littéraire du théâtre français*, 3e édition (Paris: Flammarion, s . d).

Lumière, Henry, *Le Théâtre-Français pendant la Révolution (1789-1799)* (Paris: Dentu, 1894).

Manne, Edmond de, *Galerie historique des comédiens français de la troupe de Voltaire* (Lyon: N. Scheuring, 1877).

Muret, Théodore, *L'histoire par le théâtre (1789-1851)* (Paris: Amyot, 1865).

Peck, Louis F., *A Life of Matthew G. Lewis,* (Cambridge, MA: Harvard University Press, 1961).

Peyronnet, Pierre, *La Mise en scène au XVIIIe siècle* (Paris: Nizet, 1974).

Razgonnikoff, Jacqueline, et Barry Daniels, *Patriotes en scène. Le Théâtre de la République (1790-1799)* (Vizille: Artlys, 2007).

Tissier, André. *Les Spectacles à Paris pendant la Révolution: Répertoire analytique, chronologique et biographie. Tome I: De la réunion des États généraux à la chute de la royauté (1789-1792)* (Genève: Droz, 1992).

---. *Les Spectacles à Paris pendant la Révolution: Répertoire analytique, chronologique et biographie Tome II: De la Proclamation de la République à la fin de la Convention nationale* (Genève: Droz, 2002).

Van Bellen, Else Carel, *Les Origines du mélodrame* (Paris: Nizet, 1928).

Welschinger, Henri, *Le théâtre de la Révolution 1789-1799, avec documents inédits,* (Paris: Charavay frères, 1880; réimpr. Genève: Slatkine reprints, 1968).

MHRA Critical Texts

Phoenix

Phoenix is a series dedicated to eighteenth-century French drama. With a particular attention to performance history and the audience's experience, these editions make accessible to students and scholars alike a range of plays that testify to the diversity and vibrancy of that period's theatre. Phoenix is a joint project between the Université de Paris-Sorbonne and Durham University.

Phoenix est une collection consacrée au théâtre français du dix-huitième siècle. Ses publications portent une attention particulière à l'histoire des représentations et à la place du spectateur. Elles mettent à la disposition des étudiants comme des spécialistes un ensemble de pièces qui témoignent de la variété et du dynamisme de la scène théâtrale de l'époque. Phoenix est le résultat d'une collaboration entre l'Université de Paris-Sorbonne et l'Université de Durham

www.phoenix.mhra.org.uk

www.ingramcontent.com/pod-product-compliance
Lightning Source LLC
Chambersburg PA
CBHW071433150426
43191CB00008B/1111